増補新版

包摂と排除の教育学

マイノリティ研究から
教育福祉社会史へ

倉石一郎

生活書院

［増補新版］包摂と排除の教育学——マイノリティ研究から教育福祉社会史へ

目次

補章1　福祉教員の自律性・自発性・民主性──その呼称問題を手がかりに

第2章　三つの実践記録を結ぶもの・隔てるもの
──福祉教員が経験した「歴史的断層」に関する考察

第3章　草創期の福祉教員は語る（1）――福岡弘幸の場合

第4章　草創期の福祉教員は語る（2）――谷内照義の場合

終　章　教育福祉論のために

教育における包摂と排除への視点

本書は、戦後日本社会を舞台に、主に被差別部落や在日朝鮮人といったマイノリティ集団に属する子どもを念頭に行われてきた教育への〈包摂〉のとりくみを、教育福祉論の観点から考察したものである。前半では、戦後の長欠・不就学問題をきっかけに部落の子どもが多く通う学校に配置され、生活・生存保障と教育の論理のはざまで身をよじりながら大きな役割を果たした高知県の福祉教員に集中的にスポットを当てる。後半では、民族学校史の影にかくれあまり注目されない、公教育（いわゆる日本の学校）のなかでの在日朝鮮人教育をテーマとし、一九五〇年代末から六〇年代にかけての大阪市での動きを起点に、その後各地に点状に広がっていったとりくみを俎上にのせる。

序章にあたる本章ではまず、本書を読むにあたって念頭においてもらいたい社会学・教育学・社会政策論等の理論動向として、次の諸点について述べたい。

（一）包摂と排除をめぐる議論の展開
（二）シティズンシップ概念への注目
（三）比較教育・福祉社会史研究の新たな展開からの示唆

（一）包摂と排除をめぐる議論の展開

包摂と排除は、本書においてもっとも鍵となる重要概念である。だが旧版『包摂と排除の教育学』においては、必ずしも理論的視座を明確にすることができなかった。旧版において私は、包摂と排除をめぐって次のように記した。

本書の叙述の中心は〈包摂〉そのものでなく、その周辺界隈にある。筆者の関心は〈包摂〉そのものより、ある水ぎわから〈包摂〉というものが立ち上がってくる、その動きの方にある。[1]

今日生じているさまざまなゆがみや困難も〈包摂〉が終わったことで発生したのではなく、〈包摂〉の帰結として生じているのではないか。少なくとも、〈包摂〉のあり方の中に問題の淵源があるのではないか。[2]

以上で示した関心や認識は、この新版においても継承されている。増補新版においては、それをさらに一段深め、理論化をはかる方向に踏み出したいと考えている。この序章では、包摂と排除をめぐって考えなければならないいくつかの論点を提示し、理論的見取り図をスケッチしてみたい。

第一の論点は、包摂と排除をめぐる時間的序列と価値的序列をめぐる常識的思考にメスが入れられなければならない、ということである。時間的序列をめぐる常識的思考とは、かならず「包摂」が先で「排除」が後にくるというものだという、時間的前後関係の自明性を疑わないことである。また価値的序列をめぐる常識的思考とは、文字どおり「排除」が悪で「包摂」を善とする価値序列を自明視する考えである。この二つは密接に絡まり合っているため、その解体作業もまた二つ同時に一挙に行わねばならない。

このために私が提唱したのが、包摂と排除の「入れ子構造」論である[3]。入れ子構造とは、排除のなかに包摂の種子がはじめから宿されており、排除が進むにつれて包摂もまた姿を現わし、それが実を結ぶことによって排除がより完結したものとなる、という事態を説明するものである。その逆のケースもある。つまり包摂において予め排除の過程がプログラミングされていて、包摂の進行とともに排除も姿を現わし、その顕在化によって初めて包摂そのものも完成をみる、というのも同様に「入れ子構造」を示す。前者の典型例としては、在日朝鮮人に対する公教育の対応が挙げられる。外国籍者には憲法上の教育・学習権の保障は適用されないとのみなし認識に立脚し、外国籍児童生徒を無権利状態にとどめる強い排除を行使した上で、就学案内の送付や課外民族教育の場の追認など、排除的性格を部分的に緩和した包摂的弥縫策をはかり、二級市民としての処遇を固定化するというなりゆきからは、排除に宿された包摂という「入れ子構造」を確認することができる。後者、すなわち包摂のなかに予め排除が宿されている構図の典型例は、戦後日本における障害児に対する公教育の対応に見られるだろう。就学猶予・免除という排除性を核とする障害児教育は、排除の前提として、障害児も含むすべての（日本国籍の）児童生徒を同一の公教育体系に位置づける「包摂」が先行していなければならなかった。また、さまざまな公的支援制度について、それ自体「包摂的」なものだとしても、その運用過程に「支援に値する者」とそうでない者との選別が内包されていることが今日、さまざまな文脈で指摘されている[4]。これもまた、包摂に入れ子状に組み込まれた排除の事例であろう。

このような包摂と排除の「入れ子構造」論は、包摂と排除を二項対立的に捉えようとする常識を覆し、両者が互いに他を必要とする共犯関係に目を開かせようとするものである。この視座に立つことによって、教育のみならず福祉的支援一般に対しても、そこにひそむパターナリスティックな側面やある種の抑圧性に対して注意を払うことが可能となる。

第二の論点は、自己言及・自己観察の重要性である。公教育の包摂と排除を論ずる際のオーソドックスなスタンスは、まず公教育の「排除性」が（それは教育ではない、あるいは非-教育的だというロジックで）何らかのエビデンスに基づいて指摘（告発）され、その根拠に基づいて排除を克服する「包摂」

策の必要性が主張されるというものである。しかしこのスタンスには大きな落とし穴がひそんでいる。こうした議論自体がすでに、公教育の包摂過程の不可欠の部分として組み込まれている点が十分に自覚されていないのである。システム論の視座に立てば、公教育もまた、社会を構成する相対的に自律した自己完結的システムの一つである。そしてシステム論、とりわけニクラス・ルーマンの所論からの示唆は、いかなるシステムもその維持のためたえず自己と非 - 自己（環境）とを区別し自他の境界を確かめつづけねばならず、さらに、そのシステムと環境との区別はシステムの中に転写される（内部転写）ということである[5]。教育システムの場合、このシステム内に内部転写された自他の区別を表象するのが、教育的／非教育的（＝排除）の二項対立をコードとする教育学の言説である。教育学言説は、非教育すなわち排除の告発を繰り返し行うことを通じて、何が「教育（的）」であり何が「教育（的）でない」かを峻別する。たとえば、本書のテーマの一つである在日朝鮮人教育に関するある教育学者の以下の立論には、二項対立コードを特徴とする教育学言説の性格が鮮明に表れている。

朝鮮人教育体系のなかで育ったものが突然日本人教育体系のなかに移されていったことは、…まったくの非教育的な措置である、といわねばならない。[6]

政治による同化教育の強制が、朝鮮人学校で学ぶ生徒を日本人学校に転校させることによって、在日朝鮮人生徒一人ひとりの発達をゆがめ、その内面にいやしがたい傷痕をきざみつけたという、反教育的な諸事実を残したことをここで逸してはならないと思う。[7]

こうした言説を駆使するのは何も教育学者や評論家だけではない。本書第1章の福祉教員の項で明らかにするように、より現場に近いレベルでも、こうした言説を媒介とするシステム作動は観察される。ただここで自己言及・自己観察の重要性を強調するのは、教育における「排除」をこれから語ろうとする一人として、こうした教育学言説の生産に加担することを通じて包摂と排除という記述対象にいつの間にか自らが巻き込まれてしまう可能性を自覚することに、一定の効用があるからである。その可能性を自覚することによって、前段で述べた排除と包摂をめぐる時間的序列と価値的序列をアプリオリなものとみなす常識から自由になる道が開けると思われる。すなわち排除がつねに自明な所与として先にあり、それを克服する善なる営みとして包摂が後から来るという常識に、亀裂を入れることがこの自己観察によって可能となるのだ。果たして本書でどこまで自己観察が貫けたか心もとないが、緊張感をもった叙述を心がけていきたい。

以上の二点はいずれも、包摂と排除という現象を把握するために必要な方法的態度に関わるものであり、言うなればプラクティカルなものであった。それに対して最後となる第三の論点は、特に「包摂」に関連するより規範的なものである。ここで参照したいのが、教育哲学者ガート・ビースタが、民主主義をめぐる政治哲学者ジャック・ランシエールの所説に依拠しながら展開した議論である。ビースタの出発点は、「包摂とはより多くの人々を既存の秩序に引き入れることに過ぎない」[8]という前提への挑戦にある。このような包摂の捉え方の問題点は、それが「他者に対してなされる何か」[9]と考えられ、秩序そのものは包摂の結果何の変容もこうむらないと考えられている点である。ビースタはランシエールにならってそれを「植民地主義的方法」「帝国主義的拡張」[10]と批判する。そうではなくかれらが主張する包摂は「人々が自分たち自身にしか行ないえない何か」[11]である。この包摂の主体が、「以前は存在していなかった特定のアイデンティティを伴ったグループ」[12]である点は極めて重要である。そもそもビースタ＝ランシエールが捉える秩序とは、いわゆる被差別者も含めて全ての者が何らかの地位、役割、身分をその内部に持っており、その点で「全包括的」なものであり「誰もその秩序から排除されない」[13]。そうした秩序に割け目を入れる主体、すなわちそれが包摂の主体なのだが、これは秩序の側からマイノリティとしてまなざされたことさえない、生成的外部とも言うべき存在である。「要求する人々は、現存する秩序に単に包括されたいわけではない。つまり彼らは、新しいアイデンティティ、すなわち、新しい行動の仕方や存在の仕方が可能になり、そして『勘定に入れ』られるような方法で、秩序を再定義したいのだ」[14]。つまり包摂とは「排除された団体を既存の秩序に包括するプロセスではなく、むしろその秩序を平等の名の下に変形させること」[15]である。

このように、既存の秩序により多数の他者を取り込むのでなく秩序を「中断」させ変形させるものとしての包摂、また「中心から発生して周縁に広がるプロセス」[16]ではなく外側から、それも「知られていない外側」から起動されるものとしての包摂、というビースタ＝ランシエールの規範的議論は、やはりこれまでの包摂／排除論につきまとっていた常識に大きく揺さぶりをかけるものである。それは、政府・地方自治体など行政機関主導による合理的な社会政策のあり方を探究する社会工学的研究アプローチに流れがちな傾向を厳しくいましめ、社会問題の社会学で提起された構築主義的センス[17]を見る者に要求するだろう。また包摂を「散発的なものとして、すなわち時々そしてきわめて特定の状況においてのみ『起こる』何か」[18]として捉える姿勢は、その一回性・歴史性を重視するものであり、人々が発する草の根の「必要の声」に耳を傾ける社会史的アプローチを要請すると考えられる。

（二）シティズンシップ概念への着目

シティズンシップ概念の意味するところは大変幅広いが、二〇世紀に入り国家が「人々の生活の質の保証」[19]に積極的に関わり始めて以降は、教育や福祉を考える上でも欠かせないキーワードとなっている。その基本的枠組みを与えるのは英国の社会学者T・H・マーシャルによる、市民権／政治権／社会権をそれぞれ一八、一九、二〇世紀に対応させた段階理論である。本書の取り組みに対しても大きな示唆を与えると思われるのが、こうしたマーシャルの議論を踏まえ、独自のアメリカ社会史研究を展開し「二〇世紀国民秩序の形成」を跡づけた中野耕太郎の研究である[20]。

中野によれば前世紀転換期までの米国はおおむね、マーシャル言うところの市民的権利ならびに政治的権利に対応する、自由な個人への形式的なシティズンシップの承認のみが問題とされてきた。だが一九世紀末の産業資本主義の発展による過酷な収奪や貧困の亢進、階級間矛盾の激化を受けて、個人と国家の間に「社会的な領域」（マーシャルのいう社会権に対応）が見いだされた。ようやくこの国で貧困や失業、富の不平等が社会問題として「発見」されたわけである。それは革新主義期の合理的社会改造運動の苗床となり、セツルメント運動に典型的に見られる新しい社会的紐帯・連帯構築のさまざまな試みを生み出していったが、「同時に様々な社会問題に固着するエスノ・レイシャルな差異の政治をアメリカ・ナショナリズムの言論空間に引き入れることにもつながった」[21]。国家・社会による生への介入のあらゆる局面でカラーラインが顕著になり、権利をめぐる闘争主体にもカラーラインが穿たれることになった。だがこの新しいナショナリズムは一九世紀的それと必ずしも対立するものではなく、むしろそれを「エスノ・レイシャルな語彙で上書きし、再定義するかたちで表現」[22]したものであった。たとえばそれは、投票権を無条件に付与するのでなく識字テストへのパスを投票の要件に課すことで、黒人からの参政権の実質的剥奪を可能にする制度導入に象徴される、市民的なものと社会的なものとの「接合」という事態をもたらした。また識字能力の欠如や低い生活水準を、「市民的資質」欠如の根拠とするロジックも、移民排斥法推進などで用いられた。このように二〇世紀米国のナショナリズムは「エスノ・レイシャルな同質性の追求と境界形成」[23]を特徴とするものであった。

日本と米国では文脈が異なるのは言うまでもないが、それでもなお中野の議論は日本をフィールドとした研究にも示唆に富むと思われる。教育や福祉の充実をはかることを通じた「生活の質の保障」が課題に浮上した戦後日本においても、国家と個人の間に存在する中間集団が認識されるようになり、米国で言うカラーラインに相当するところのさまざまな社会内部の分断線（部落か非部落か、外国人か日本人かなどを分かつ線）が改めて浮き彫りにされてきた。本書で取り上げた部落、在日朝鮮人を対象とする「包摂」の試みにも、こうした「二〇世紀シティズンシップ」の性格が鮮明に刻印されている。それのみならず「エスノ・レイシャルな政治」は、この同時代にも生々しくその刻印を残している。民主党政権のもとで二〇一〇年に実施された高校無償化という「教育福祉」政策の実施過程で、朝鮮学校に対する排除が大々的に行使されたことはまだ記憶に新しい。シティズンシップ概念を研究に取り入れることは、過去と現在を架橋する視座を確保することにつながることが期待される。

（三）比較教育・福祉社会史研究の新たな展開からの示唆

近年、橋本伸也らをリーダーとする一群の比較教育社会史研究の共同成果が続々と刊行され注目を浴びている[24]。その議論の中でも特に本書にとって示唆的なのが、西洋史研究における「福祉複合体論」の成果を教育史の側で引きとるかたちで展開された、公教育像見直しの議論である。

橋本らの議論は、「もっぱら国家による一元的な制度的掌握として描き出す単純化された像」[25]を描いてきたこれまでの伝統的教育史学に対する批判から出発している。その中核的主張は、実際には「教育は、時代と国家や社会のあり方に対応して多様なエージェント（家族、地域共同体、宗派共同体、身分的社団、教会、信徒団体、都市自治体、領主、名望家、国家、任意団体、営利企業や非営利組織、労働組合と協同組合、私人等々）の複合的関係に支えられて維持展開されてきた」[26]というものである。その認識において国家の果たす機能は、かなり厳密に限定して把握し直されている。すなわち「国家はそれ自体が一つのエージェントとして機能する一方で、慈善活動や共同事業に取り組む諸エージェント間の関係を整序・統制するなどの関与ないし介入をおこなってきた」[27]のである。

西洋史研究と戦後日本を対象とする研究との文脈的違いはあるにせよ、多様なエージェントの関与に注目して公教育像を描き出すという提起は本書の研究にとってもきわめて重要である。第一部で詳述する高知県の福祉教員制度は、当時顕在化していた長欠・不就学問題に対応したものであるが、全国的現象であった長欠問題に文部省が取り組むようになるより早く、県のイニシアチブで実現したものであった。さらにその過程に目を凝らすと、形の上では県教育行政の施策ではあっても、その構想は民間人から出され、積極的な陳情活動が行われ、県教員組合など多様なエージェントが実現に尽力したことが明らかになってきた（本書第1章、第3章参照）。また福祉教員制度が動き出してからも、必要に応じて教員免許を持たない民間人が起用されるなど、その運用は官／民、公／私の区別を乗り越える柔軟なものだった（本書第4章参照）。また福祉教員の組織も県行政のコントロールをあまり受けず、自律性・自発性・民主性を特徴とするものだった（本書補章1参照）。このように、福祉教員をめぐる一連の事象においては国家の影はほとんどないばかりか、イニシアチブを発揮したと言われる県行政にしても「それ自体が一エージェントとして機能」したに過ぎなかったという位置づけが妥当だと思われる。また福祉教員の時代が、法的根拠を持って国による同和対策事業が始まる一九七〇年代以降とはまったく異なる政治状況に置かれていたことも、多様なエージェントが関与することを促したと言えるかもしれない。

比較教育社会史研究の動向から本書が得たもう一つの大きな示唆は、媒介者への着眼という視点である。岩下誠によれば、一九世紀末以降の教育保障の経緯を精緻に考察するためには「下からの」同意がどのように調達されたかの分析が不可欠であるが、その過程で欠かせないのが「国家レベルの施策を具体化し同意を調達していく媒介者の存在」[28]であるという。就学義務のような国家レベルの施策を、末端にまで行き渡らせる要員である福祉教員はまさに媒介者の典型であるし、他に英国の就学督励官[29]、米国のビジティング・ティーチャー[30]など教育福祉に関わる媒介者の存在が近年注目を集めている。こうした媒介者をめぐる歴史的考察の知見を、たとえば組織社会学の文脈で提出された一般理論である「ストリートレベルの官僚制」論[31]と突き合わせてみることで、さらに有益な理論構築がはかられるかもしれない。

一方第二部で扱う公教育の枠内での在日朝鮮人教育についても、これまで否定的な文脈で語られてきたその「私教育」性、あるいは「点の状態のままで線としてつながったり面として広がっていかない」という呪詛に表われたその性質に、新たな光を当てることが可能かもしれない。私教育性とは、取り組みがどこまでも在日朝鮮人問題に熱心な個別教員による個人的、私的な努力の域を出ないという意味である。そこで比較の準拠対象だったのが、国家の関与によって一定の「線や面」への広がりが達成された同和教育だった。しかしそれは、国家による在日朝鮮人教育への徹底的な無視・無関心・放置のうんだ必然的帰結でもある。むしろ重要なのは、国家的関心の空隙をぬうかたちで、どのようにさまざまなアクターが在日朝鮮人「教育」（ここでは教育を広義に考えている）に携わっていったかを明らかにすることにある。本書では、飯田正という教師の存在に注目しながら大阪市立玉津中学校での在日朝鮮人教育実践を論じた第5章において、「私教育」に傾いていく以前にもっていた未完の可能性を跡づけた一方、第8章においてはキリスト教を基盤とする地域福祉活動からの「教育」へのアプローチを素描した。いずれの事例も、従来の狭隘な公教育論では想定されないような多様なエージェントが関わっていた。まだまだこれだけでは所期の目標は達成されたとは言い難いが、ある意味で在日朝鮮人教育というフィールドは、橋本伸也らが提唱した新しい「公教育」へのアプローチの真価を試すことができる絶好の場である。これを今後の研究の足がかりとしたい。

本書の構成

それでは、旧版からの異同を確認しながら本書の構成を説明する。

旧版からの大きな変更点として、まず、第1部と第2部の順序をいれかえ、高知県の福祉教員を扱ったパートを先にした。先頭に配置するにあたり、もっぱら福祉教員を対象としその全体像をくまなく描くよう、旧版から内容を変更した。在日朝鮮人教育を論じた第2部では、時系列に沿うよう章の配列を変更し、読者の便宜をはかった。全体にわたり旧稿の一部を削除し新たな章との入れかえ、増補をおこなったほか、旧版から再録した章についても（特に第1部の福祉教員に関するものについては）適宜アップデートを行い、その後の調査で明らかになった情報を追加した。

本書は二部構成をとる。第1部では敗戦後間もない混乱期から一九七〇年代にかけて高知県地方において、子どもをとりまく生活や地域の状況と学校教育との間に起こるさまざまな矛盾に立ち向かおうと奮闘した「福祉教員」たちの軌跡をえがく。戦後の長欠・不就学への取り組みは日本の教育福祉のメインストリームを構成するという立場から、〈包摂〉の原像としての姿を多様な面から描写する。第2部では、大阪を発起点としつつその後広がりを見せていった日本の公教育の中での在日朝鮮人教育を俎上にのせる。福祉教員の事例とは対照的に、公教育において在日朝鮮人教育を追求する動きは、結局のところ教育福祉の流れに合流することができなかったのではないか。初期の実践が宿していた生活との密着という可能性が後退し、精神論的色彩が増していったという見立て[32]を、第2

部の「浮遊する〈包摂〉」という題に込めた。

それでは以下に、各章の概要を説明しよう。

第1部は四つの章と補章二つの合計六章から成っている。第1章は、福祉教員配置の経緯、初期の長欠・不就学への取り組みから、メディアの注目によって県民から一定の認知を得てその活動がピークを迎える一九五〇年代を中心に扱うとともに、福祉教員が〈社会〉にはたらきかける二つの回路という基本枠組みがここで明らかにされる。新たに増補した補章1では、福祉教員という名称が定着するまでの経緯をトレースし、あらためてなぜ「福祉」教員だったのかを問う。第2章は、高度成長期を迎えた一九六一年に高知市内の福祉教員によって刊行された実践記録『子らをみつめて』、さらに高知市立朝倉中学校の一九六一年から六六年までの教育実践に照準を合わせ、それらを初期の福祉教員の活動の様子を代表する『きょうも机にあの子がいない』（一九五四年）との比較で読み解くことで、変貌する社会のなかの福祉教員や同和教育の肖像を描く。第3章は、最古参の福祉教員経験者の福岡弘幸氏に晩年お目にかかることができ、貴重なお話しを伺うことができたインタビューの経験を手がかりに、福祉教員の歴史的コンテクストを再考したものである。新たに増補した第4章では、福岡弘幸とならぶ福祉教員のキーパーソンである谷内照義氏が福祉教員時代に記していたパーソナルドキュメントを手がかりに、朝倉中学校における長欠・不就学対策の実相にせまる。新たに増補した補章2では、高知市長浜を舞台とする教科書無償闘争を念頭に置き、無償闘争を準備したもの、またそれを継承したものという視点から、水田精喜を中心とする長浜地区での教育運動を再評価する。

第2部は四つの章と補章一つの合計五章から成っている。第5章は、一九六〇年代までの大阪市内公立中学校における在日朝鮮人教育の姿に焦点を合わせたものである。この時代は、のちに日本人教師たちによる一定の運動が立ち上がる七〇年代以降の視点から「不毛の時代」と断じられるものであるが、飯田正を中心とする玉津中学校の実践はそうしたイメージを払しょくする。それは、在日の生活実態に即した支援を目指した、現実主義的で地に足ついたものだった。新たに増補した補章3では、在日朝鮮人教育の流れを現在の方向に決定づけたモメントとして、一九六五年文部次官通達の意義を論じる。日韓国交正常化という重要な節目に出されたこの通達は、単に政府当局の同化主義的姿勢を鮮明にしたものと解されるべきでなく、政府・行政当局と民族教育運動側が対立しつつも妥協点を見出し折り合いをつけてきた現実主義の時代の終焉を宣するものと考えられる。第6章では、大阪市における在日朝鮮人教育の「言説の交代劇」を手がかりに、一九七〇年前後に走った一つの「断層」を浮き彫りにし、のちの時代に続いていく民族アイデンティティ形成を主軸とした新たな〈包摂〉の立ち上がりを検証する。続く第7章は、一九八〇‐九〇年代を中心とする「全国在日朝鮮人教育研究協議会（全朝教）」の実践記録群を読み解く。6章でみた「交代劇」を経て、八〇年代から九〇年代はじめにかけて、新たに立ち上げられた〈包摂〉のかたちが本格的に教育実践のレベルに落とし込まれ、それ自体読み応えのある、しかし個々の教師の「個人戦」的色彩が色濃くなった在日朝鮮人教育が生み出されていったさまを描く。新たに増補した第8章では着眼点を少し変え、学校教育とは違ってキリスト教による博愛活動を基盤とする地域への包摂の試みとして、京都・東九条の「希望の家」の事例を取り上げる。この事業は在日朝鮮人だけではなく地域住民全体を対象とするものであるが、東九条地域は京都市における最大の在日朝鮮人集住地帯として知られ、また活動のなかで在日朝鮮人への働きかけが重要なモメントとして意識されてきたので、第二部に収録することとした。

そして終章では、被差別部落、あるいは在日朝鮮人という特定領域に注目した本研究が、どのような大きな文脈に寄与する可能性があるかを教育福祉論という枠組みで検討し、今後の議論につなげていく礎石とした。

■注

1 倉石 2009、九頁
2 前掲、一八頁
3 詳細は倉石 2012 を参照のこと。
4 たとえば Katz2013、岩下 2016 などを参照。
5 Luhmann 2002=2004、一五四頁
6 小沢 1973、二九八頁、強調は筆者が加えた。
7 前掲、三〇四頁、強調は筆者が加えた。
8 Biesta2010=2016、一七七頁

9 前掲、一七八頁。強調は原著による。
10 前掲、一七七頁
11 前掲、一七八頁
12 前掲、一七四頁
13 前掲、一七二頁
14 前掲、一七五頁。強調は原著による。
15 前掲、一七五頁
16 前掲、一七五頁
17 Kitsuse & Spector 1977=1990、中河 1999 などを参照。
18 Biesta2010=2016、一七一頁。強調は原著による。
19 橋本 2013
20 中野 2015
21 前掲、三三六頁。
22 前掲、三三六頁
23 前掲、三三六頁
24 主なものに、望田・橋本 2004、駒込・橋本 2008、広田・橋本・岩下 2013、秋葉・橋本 2014、沢山・橋本 2014 などがある。これらは叢書比較教育社会史シリーズとして昭和堂より刊行されている。またより若い世代による最新の研究成果に、三時・岩下・江口・河合・北村 2016 がある。
25 橋本 2013、二四頁
26 前掲、二四頁

27 前掲、二四頁

28 岩下 2016、八頁

29 内山 2016

30 倉石 2014, 2016b

31 ストリートレベルの官僚制論を打ち立てたマイケル・リプスキーによる定義は、「仕事を通して市民と直接相互作用し、職務の遂行について実質上裁量を任されている行政サービス従事者」である（Lipsky1980=1986、一七頁）。

32 この見立てにおいて参考になった議論として片田・孫 2016 を挙げておく。

第1部　〈包摂〉の原像——高知県の「福祉教員」に関する研究

第1章

〈社会〉と教壇のはざまに立つ人びと

「ゲートキーパー」としての福祉教員

はじめに

福祉教員とは、敗戦後間もない混乱期における長欠・不就学問題を直接的理由として高知県が独自に配置し、それ以後一九七〇年代にいたるまで、特定の学校に籍を置く教員でありながら校外を駆けめぐることを主たる務めとし、児童・生徒の生活状況と学校教育との間に起こるさまざまな矛盾に立ち向かおうと奮闘した教員たちのことである。配置当初から、福祉教員が取り組んだ最大の課題は、被差別部落出身児童生徒における長欠・不就学等の問題であった[1]。その後、課題は変質しながらも、その活動の中心領域は一貫として被差別部落をめぐる問題であった。こうした経緯から今日、高知においては勿論のこと、戦後日本における同和教育の原点として、福祉教員の存在が言及されることがある。

本章では、敗戦後の混乱の中で長欠・不就学問題に対応する「特別教員」配置を模索した人びとの動きから、最初期における福祉教員の活動ぶり、そしてその存在がメディア等を通して広く県内に認知され、その活動が一つの頂点に達する観のある一九五〇年代までを射程に入れる。そのために、文献資料に基づく調査のみならず、事象にかかわった当事者からの聞き取り資料も適宜参照することで、そのありようを浮き彫りにしたい。また福祉教員の位置取りを理解するための仕掛けとして、学校と外部世界との境界線、その線上にあって門の開閉を取り仕切るゲートキーパー（門番）という比喩を導入することとしたい。

1 視点

高知県を中心とする福祉教員の存在に、教育学の立場から注目したのが小川太郎であった。小川は、教室にいない子どもの姿を追って地域（後述するように多くは被差別部落）へと入っていった福祉教員が見たのは「生活が教育と絶対的に矛盾するという現実」であり、かれらはそこに「子どもの教育が、子どもの生活のじっさいにたいする理解と配慮を欠いては成りたたない」ことを深く学んだとしている[2]。的確な把握だと言えるが、小川の議論の力点は福祉教員の活躍よりも、その次段階に来るクラス集団づくりによる（元）長欠児への取り組みの方にあったため、「絶対矛盾」の中から福祉教員が何を紡ぎ出したかは残念ながら明らかにしていない。また小川以外に、同和教育の通史的記述において福祉教員への言及を見ることがあっても、おおむね平板な事実史記述にとどまり教育学的考察は十分に展開されていなかった[3]。

こうした研究状況にかんがみて、高知県の福祉教員にスポットを当てることは、次のような理由で日本の教育学研究、さらに同和教育研究に大きく資するものであると考える。敗戦直後から復興期にかけての長欠・不就学問題は、戦後教育が直面した大きな試練だった。教員としての安定した日常が、外部の脅威からまもられ、教育実践に没頭することができる状態を仮に「安定構造」あるいは「常態」と呼ぶとすれば、長欠・不就学問題とはこの安定構造を危機にさらすものであった。むろん、教員の種々の活動を超え、その力の及ばない外部はつねに存在している。しかし安定構造が安泰なかぎり、外部は、実践を遂行する際に考慮すべき「入力変数」の一つに変換され、淡々と処理される。そして教育実践者は応分の自己効能感を保持し、「教育に何ができるか」という探究に自己を集中することができるのである。ところが時として、外部が、教育実践に際して考慮すべき入力変数といった次元をはるかに超え、自らの教育実践の存立基盤を掘り崩しかねないものとして認識せざるをえないときがある。このときの外部を〈社会〉と呼ぶことにしよう。外部としての〈社会〉に直面せざるをえなくなったとき、教育実践者は、自己効能感をしたたかに破壊され、「教育にできること」以上に

「できないこと」の大きさに直面する。長欠・不就学問題の一般的背景には戦災による広範な生活破壊があったが、本章の舞台である高知県の場合そこに部落差別の現実が重なったため、傾斜したかたちで問題が現れた。福祉教員たちの前にはこうして二重の意味で〈社会〉が立ち塞がった。

こうした危機に対する教育の側の対処は、比喩的に言えば「開く」か「閉じる」かのいずれかしかない。まず前者の場合、外部の侵食によって教員としての職分が融解の危機に瀕したとき、教員は自らの領分を再定義し、外部を構成する問題に取り組むアクターの一人として、より広い〈社会〉というフィールドで活動することになる[4]。具体的には、〈社会〉のなかの問題の根源に迫り直接的改善をはかろうとしたり、外部の有用な資源を大胆に教育内部に導入したりする行為が含まれる。侵食という事態を逆手にとり、教員としての従来の営みを外側へと押し開こうとする半面、その教員としてのアイデンティティは拡散の危機にさらされることになる。「開く」対処によって、教育実践を介在せずダイレクトに〈社会〉とつながる回路が、教員によって創出されることになる。

これに対して後者、「閉じる」対処は、危機のなかで揺らいでいる教育実践者の立ち位置にそれでも踏みとどまり、自らの本拠地でできることを行っていくスタンスである。その最大の眼目は、実践者にあって失われかけた効能感の回復、あるいは外部によって侵食された教育という砦の再建であり、その性格は基本的には内向きである。ただ注意すべきは、かつての安定構造のなかでの実践への没入とは根本的に異なり、〈社会〉との緊張関係に依然として置かれるという意味で、そこには否定的な形であれ〈社会〉との接点が存在することである。「閉じる」対処が結果するのは、あくまで教育実践を通して〈社会〉へとつながる回路である。

このような視点の構成にあたり参考になったのが、佐藤学による教職の「無境界性」の議論である[5]。それは学校現場の多忙化や教師の専門領域の空洞化をもたらし、規則主義や形式主義で自己防衛しようとする教師の行為を誘発するが、他方で伝統的な教育概念を編み直し拡大・再構成する契機を準備する点で両義的であるという。この「境界」のメタファをヒントに本章では、基本的に授業を持たず長欠問題に専念する立場にあった福祉教員を、学校とその外部の境界上に立つ存在として捉え、その職務を、この境界の開け閉めを通じて学校と外部との調整をはかること、すなわち一種のゲートキーパー（＝門番）として捉える。こうした枠組みのもとで福祉教員の諸相を描くことで、佐藤の言う両義性や「伝統的な教育概念を編み直し拡大・再構成する契機」がより具体的に浮き彫りにできるものと考える。

2　福祉教員制度の誕生

（1）県当局の長欠・不就学認識

高知県において福祉教員制度が誕生していく流れを見ておきたい。まずはじめに、地方教育行政当局である高知県教育委員会が長欠・不就学問題をどのように捉えていたのか、そのスタンスを確認することから始めよう。第一七回高知県議会（一九四九年四月二八日）において西村正男教育次長は、不就学対策の答弁の中で、次のように述べた。

家庭の経済的事情に基づくものもございますが、最も大きな原因をなすものは、結局、保護者の義務教育に対する認識の不徹底…、その生徒並びに児童の自覚の不足…に帰着すると思うのであります。[6]

この答弁に示された「親の無理解」が最大の原因という基本線は、のちの福祉教員の主要ルーティンワークの一つが家庭訪問、すなわち長欠・不就学児の家庭をまわって親を説得、出席督励してまわる業務であることと密接に関わっている。

さらに注目されるのが、議員の指摘に答えるかたちで、同和地区においてこの問題が顕著なことを認めている点である。

小松議員さんの挙げられました吉川・長岡両村につきましては、なかなか複離した原因があるように私は考えられます。同時に、同和教育というふうなものの徹底も考えてゆかなければならないのじゃないかと思います。…こういうふうな地区に対しましては、教護に当る教員を特別に置くというようなことが理想案として考えられますが、現状ではそれが許されません。[7]

ここで言われる「教護に当る特別な教員」こそが、のちに福祉教員として制度化されるものであるが、一九四九年四月時点では、それを配置することは財政的事情から不可能だという県教育行政の立場が示されている。しかしこの時点ですでに、福祉教員制度化へ向けて事態は動き出していた。県議会でこうしたアクションが示されるに至るまでの底流にあった経緯を、次節で見ていきたい。その主要な舞台の一つは長岡郡長岡村（現・高知県南国市）の鳶ヶ池中学校区、とりわけその中の被差別部落野中地区であり、主役の一人は福岡弘幸という地区出身の青年教師である。

（2）福祉教員配置にむかう底流

福祉教員制度誕生の経緯をさぐるには、一九五〇年度からの正式の配置に先立つ一九四八年に、長岡村の鳶ヶ池中学校に「長欠対策教員」が試験的に配置されたときにまでさかのぼらなければならない[8]。このとき二名の教員が配置されたとされるが、そのうちの一人福岡弘幸は、二〇〇五年三月に筆者が行ったインタビュー[9]において、この試験的配置当時について次のように語っている。

昭和二二年に私は戻ったでしょ、それは青年学校の先生。まだ福祉教員というのはない。で。二三年に、定員外配置ができたわけ。二三年、二四年と定員外の教師をね、二人配置しました。ところが、そのうちのもう一人は女の先生だった。音楽の先生いなかったから、この先生は音楽を教えててね、定員外は、本当の定員外は私だけだったわけ。

この証言から分かるように、正しい意味で最古参、福祉教員の草分けであった福岡は回顧録のなかで、試験配置に先立って知事や県議会議長といった有力者に、じかに配置を陳情したことも明らかにしている。

昭和二十二年四月から学制改革（六・三・三制）で新制中学校が発足した。敗戦で希望を失い、食う為には家族全員で働かなければならない時代になったのと、義務制となった新制中学校になじまない家庭が多かった。特に県下最大の同和地区野中地区の生徒の長期欠席、不就学が多く、出席しても学業不振と非行が多く、鳶ケ池中学校草創時の苦難の道がはじまった。…今は亡き「溝渕信義先生」は、こうした混乱を予測し、「県下の同和地区に校長級の教員三十人を特別に配置し、同和教育を徹底する以外に収拾の方法はない。何年かかっても県にやらさなければならない。福岡君その陳情書を書け。」ということで陳情書を書いたのが、昭和二十年十二月の事、昭和二十一年一月から、時の知事、桃井直美氏に陳情をはじめた。桃井知事は旧姓公文、国府出身で、溝渕先生と長岡の高等で同じ時代ということもあって、溝渕先生の私宅に知事を招いて、二～三回一盃くみかわしながら主として私が陳情した。この間、時の県議会議長高橋義高氏や警察隊長平井学氏にも数回陳情した。この陳情は、昭和二十二年度いっぱい続けられた。…昭和二十三年四月、試験的に特別配置教員二名が定員の枠外で配置された。私と谷村婦美子先生であった。漸く陳情が認められたのである。[10]

きわめて興味深い内容であるが、この回顧はいくつかの悩ましい問題をはらんでもいる。冒頭には、一九四七年四月の新学制により新たに設置された新制中学校において、長期欠席、非行、低学力、さらにその背景に貧困問題があったことが述べられている。しかし実際に特別教員配置の陳情を開始したのは一九四五年一二月、一九四六年一月頃、すなわち新学制に伴い諸問題が一気に噴出するより以前の時期とされている。これでは、新学制が実施され長欠や非行が深刻化したため福祉教員が配置されたという因果関係が覆されてしまう。福岡の回顧の中ではその矛盾は、「そうした未来の混乱を予測して」陳情がなされた、というレトリックによって解決されている。福岡の中ではそれでよくても、後世に残され歴史に関心をもつ者にとっては不都合きわまりない。もう一点の問題は、文中に登場する桃井知事の在任期間が一九四八年一月一〇日から一九五一年一一月一二日の間であり、一九四六年一月から「時の知事桃井氏に陳情を始めた」という回顧と食い違うという点である。これらの矛盾や食い違いの解消には、今後の新たな資料発掘に待つほかないだろう。

ともあれここでしっかり押さえておきたいのが、福岡の恩師溝渕信義の存在である。一介の教員にこのような陳情が可能となった背景には、野中地区出身の融和運動家にして教育者であり、高知県農業補習学校教員養成所を経て高知青年師範学校教授の地位にあった溝渕信義の存在が大きかった。溝渕が福祉教員制度成立の最大の立役者であることは、福岡ばかりでなくこの問題に触れた多くの文献・証言が一致して指摘するところである[11]。のち溝渕は改組によって高知大学農学部教員となり、一九五四年にこうした功労により県教育委員会文化賞を受賞する。その時に紹介されたプロフィールには、

溝渕氏は、『同和問題は教育で解決する』という基本方針で、第一に教育者を作るという信念を持ち、自身一日僅か七十五戔の農夫よりたたき上げ、資格を取り、次々と後輩を教員養成所に入所させた。……次に欠席児童皆無を目標に先ず長岡村に福祉教員を置き、それから県に交渉し二十数ケ所に専任福祉教員を配置させ、欠席児童皆無に近いまでに成功した。[12]

とある。これに関連して、県同和教育関係者で生前の溝渕を直接知る一人である中沢勇夫は、筆者が行ったインタビューのなかで、溝渕の周辺をこう語っている。

ぼくが書生に入っちゅった溝渕信義先生は、部落の子どもたちの、頭のいい子どもたちを、師範学校に行かしちゅうわけですよ。それで学校へ行かして、教員にさしちゅうわけですよ。ほんでいわゆる、安定した仕事に就けていくということが一番。他にこういうような資産がないわけですから。…それから（溝渕の自宅の——筆者注）前にはね、人夫小屋いうて小屋を建てましてね、仕事のない人を、全部その小屋へ集めましてね、そして、トラックで仕事の場を、毎日見て、それから仕事場へ走っていくと。[13]

このように見てくると、福祉教員制度の原点に、部落・同和問題へのアプローチやその中での教育の位置づけをめぐる独特の行動原理があったことに気づかされる。制度誕生の舞台となった野中地区は、中沢の「資産がない」という表現にあるように、穀倉地帯に位置しながらも多くの住民が土地所有関係で劣位に立たされ、雑業に従事せざるをえない状態にあり[14]、こうした経済構造が同地区における長欠・不就学問題の背景をなしていた。そうした状況下にあった地域で、溝渕から受け継がれ福祉教員の行動や実践の基底となったのは、教育実践を介するよりもより直接的な回路で部落の生活を改善するというテーマであった。したがって、溝渕の受賞時の紹介文における「同和問題は教育で解決する」という文言における「教育」は、一般に考えられるような、教育という活動が未来に対して及ぼすポジティブな影響という含意とともに、それ以上に中沢の証言にあるように、生産手段の乏しい地区で育った若者に、安定した経済生活を直接的にもたらす「教育職」を指すものと考えるべきであろう。

福祉教員制度誕生にむかう底流のメインストリームが、ここまで述べてきた野中地区を舞台とする溝渕・福岡のラインにあることは動かしがたい事実であるが、近年の資料調査によって、これとは別に県教員組合のラインでも推進の動きがあったことが確かめられた[15]。その要望項目の中には、「学校経営上必要ありと認められる学校に専任教員を増員すること」という一項が含まれていた。これに先立つ一九四九年二月二四日に「この件に関し直接教育指導の任にある組合員（学校長）の協議会を県厚生課の後援のもとに開催し、括弧・現在の反省と将来への希望、対策につき隔意なき討議を重ね」た結果、まとめられた要望である。二月の協議会の開催通知も発見され、それには協議題の一として「部落不就学児童状況並に対策の件」とある[16]。このことから、要望された「専任教員の増員」とは部落出身の子どもの長欠・不就学問題の対応にあたる教員の増員であり、のちに福祉教員制度として実現するものがこの陳情書で要望されていたと判断することができる。もし福岡がこの協議会のメンバーに加わっていたとすれば、回顧で福岡が語っていた「陳情書」が実際にはこれであった可能性もある（宛先の一人が桃井知事である点も合致する）。だが、時期が回顧と大幅にずれていることに加え、協議会が「直接教育指導の任にある組合員（学校長）」を構成員とするとあるため、福岡はやはりメンバーに加わっていなかった可能性が高い（一九四八年度時点で福岡は校長職にはない）。いずれにせよ福祉教員制度に向けた動きは、溝渕や福岡といった強い思いをもつ個人の発意を超えた大きな流れを形成してはじめて、県政を動かしていったと考えられるだろう。

(3)「高知県福祉教育協議会」の発足とその雑居性

福祉教員制度創設期の動きの中でもう一つ見落とすことができないのが、福祉教員の活動を活性化し「児童生徒の福祉増進をはかるを目的」(会則第一条)として、一九五〇年五月に結成された「高知県福祉教育協議会」の発足である。初代会長に高知県教育長・杉村盛茂が就任し、副会長には県教委教務課長の楠瀬洋吉と朝倉小学校教員・福吉利雄が充てられた[17]。同協議会は三つの部会からなっており、一部は異常児教育、二部は不就学督励、三部は同和教育とそれぞれ分野が割り振られた[18]。のちに第四部として「盲ろう教育」部が加えられることになる[19]。この協議会が果たした最も重要な役割の一つは、以後約五年間にわたり、半年に一回のペースで県内各地で「福祉教育発表会」を開催し、県関係者に広く福祉教員の存在を知らしめその認知度を向上させたことである。また「福祉教員」という名称の定着に関わってもこの協議会の存在は見落とせない。この点は補章1で論じたい。

部会構成から明らかなように協議会の内部は、同和教育のみならずさまざまな「福祉」問題に関心を寄せる人びとが雑居する状態であった。今日ではまったく別ものとして考えられ扱われている同和教育と障害児(特殊)教育とが、違和感なく福祉の名のもとに括られ、隣接した位置におかれているのは非常に興味深い現象である。人脈的なことで言っても、たとえば協議会の副会長(のち会長)を務め、草創期の福祉教員のなかでもリーダー格だった福吉利雄はのちに、障害児教育を自らのライフワークと定め、高知市立養護学校の開校に尽力して初代校長を務め、退職後には知的障害者授産施設「昭光園」の初代園長も務めた[20]。また室戸市立佐喜浜中学校の初代福祉教員だった米倉益は、のちに同校に室戸地域で最初の特殊学級を設立し、教員退職後は私財を投げ打って知的障害者更生施設「むろと・はまゆう園」を設立し現在も園長を務めている[21]。このように出発点は福祉教員として部落問題に深く関わりながら、その後障害児教育や障害者福祉の道に邁進していった者も少なくない。

また実態として、福祉教員が特殊学級受持ちのような形で、障害児（特殊）教育を担当していた事実も見受けられる。以下は長岡郡本山小学校に関する新聞記事である。「長岡郡本山町教委は六日、県教委に対し特殊学級の新設と専任教員の配置方を文書で申請した。同町内の知能指数の低い児童を一ヶ所に集め、特別授業を行おうというもので、町教委の調べによると、町内には約六十人の対象児童がおり、すでに本山小学校ではさる一月から中学進学を控えて、六年生のうち十二人を一般児童とわけ、永吉誉教諭（三六）が三年生程度の学力指導を行っている」[22]。永吉とは本山小学校福祉教員で、のちにみるように「教育美談」の主としてその献身ぶりが『高知新聞』の紙面を飾ることになる人物である。再三強調しているように、高知県における福祉教員の活動の背景には色濃く部落問題が横たわっており、本山小の場合もその例外ではないが、他方でその実践の形式・内容に、のちの障害児（特殊）教育として分化していくものが胚胎していたことに注意をしておきたい。

こうした雑居性は、同一教員が単に、同和教育的なものと障害児教育的なものとを一手に引き受けていた、ということだけではなさそうである。福祉教育協議会は四つの部会構成をとり、「同和教育」と「特殊教育」は截然と分かたれていた。したがって担い手が重なることはあまりなかったと思われる。しかし他方で、福祉教育協議会を中心に福祉教員たちが頻繁に接触し実践交流や情報交換を重ねていたことを考えると、同和教育部門と特殊教育部門はそのようなチャンネルで互いに触発し合っていたものと考えられる。しかしより重要なのは、そうした制度的・物理的な次元の接触にとどまらない深い交流が、当時の両者間にはあったのではないかという点である。のちに全同教はじめ部落解放教育の中に「健康」というジャンルが位置づけられることからも察しがつくが、この時代の部落において疾病、障害、死といった問題は、今日において推測が困難なほど日常に深く食い込んだ、文字通り生と背中合わせの存在だったに違いない。差別や貧困の問題と疾病・障害の問題がもはや、どちらが原因でどちらが結果か分からぬほど渾然一体となって、部落に覆いかぶさっていたとすれば、「純粋」な同和教育、特殊教育（障害児教育）というカテゴリー分けは今日以上にナンセンスなことだったかもしれない。また当時の時代背景として、戦災の爪痕が依然として残り、それが問題を深く、重くしていたことに眼を向けなければならない。福祉教員の実践記録をひもとくと、「問題児」の背景に「父は戦死」「母は空襲で死亡」といった記述にしばしばぶつかる。死や病、障害等をともすれば身体の次元に押し込め、非社会化・個体化して捉えようとする今日的感覚に慣らされた我々と違い、当時の人々にとって、それらは即人間社会の問題を意味していたのかもしれない。そうした感覚があって、同和教育と特殊教育（障害児教育）を同一カテゴリーに括ることに、さほどの抵抗感を覚えなかったということかもしれない。

3 〈社会〉というフィールドでのアクターとしての福祉教員

本節ならびに次節での福祉教員の活動の検討から明らかになるのは、理論的には相容れない開放的／閉鎖的、あるいは外向き／内向きという両面が、ともに存在することである。そのことの考察は後回しにし、まずここでは前者、すなわち福祉教員が、教育の側に身を置くにもかかわらず、教育実践という回路を介さず、部落問題に取り組む一アクターとして、〈社会〉というフィールドを駆け回ったありさまを点描する。

(1) 『高知新聞』紙面から読み取った福祉教員の肖像

はじめに、一九五〇年以降に地元有力紙である『高知新聞』に掲載された福祉教員、あるいは「福祉教育」関係記事を手がかりとする。図1-1に、収拾した関係記事の一覧を示した（ただし後述する安芸の「馬追」追放関連の記事はすべて除外してある）。紙面に初めて「福祉教員」の文字が登場したのは一九五〇年七月二四日であるが、不就学克服にめざましい成果をあげたことが判明する一九五一年以降、そのプレゼンスが徐々に高まっていく。県内で福祉教員の研究発表会が開かれる前後には、必ずと言っていいほどそのことが報じられている。本数でみると一九五五年、五六年の八本、そして五九年の一〇本がピークを形成している。しかし一九六〇年代に入ってから減少に転じ、一九六五年を事実上の最後に紙面からほとんど姿を消してしまう。

では記事の内容に立ち入ってみよう。一九五三年一一月一八日付「転落の少年に愛の里親／長岡小、一教諭の善行明るみへ」は、前述した野中部落を校区にふくむ長岡小学校における、福祉教員山崎真一郎の行動を記事にしたものである。それによれば山崎は、現在鳶ヶ池中学校一年生のある少年を二年ほど前から自宅に引き取り「実子同様に可愛がり」、その結果「同君も安住の場所を得たか喜々として通学するようになった」。この少年の父は戦死し、終戦後母は少年を連れて長岡村で再婚した。少年は長岡小学校五年に編入したが「両親が不仲のため家庭はもちろん学校も面白くなく欠席勝ちだった」。「これを不就学児の調査にあたった福祉教員の山崎氏が知り、…同君の身の上について種々眼をつけていたがだんだん浮浪性を帯びて家にも寄りつかなくなったので市の県立中央児童相談所へ一時預けた」。しかし少年は「在所中に悪友に万引の監視をやらされたこともあるがこのような不良行為は嫌で帰って来」てしまい「安住の場所は学校であり宿直室などに寝泊まりしていた」。そして「これでは少年の将来が思いやられると特に山崎氏になついていたところから同氏が引取り世話をしようと二十六年十一月に引取った」。記事は、教員のこの行動が「同僚はじめ父兄間にうるわしい話題を投げている」とし、これを知った地域のPTAが「教育界の佳話として」教員を表彰したことを伝えている。

これと同様のエピソードが、一九五五年一一月六日付の記事でも県西部の須崎中学校の福祉教員について報じられている。ここでは、身寄りがなく非行の道に入りかかった少年A君を福祉教員が「（自分の）家庭にひきとり寝食をともにしてこの更生に心を砕いた」こと、その甲斐あって「通学にもだんだん励みが見え始め」、「A君の見違えるばかりの進境に感動した山中校長は全校生徒集会の席上、A君の努力を温かく激励した」ことが、「かつての非行少年と福祉教員をめぐる美しい教育佳話」として伝えられている。また一九五六年二月二八日付記事には、同じ中学校で、都会に就職する卒業生の身支度を調える金を、福祉教員らの奔走によって実現した映画興行の売上金で賄ったとある。さらに一九五六年七月二三日付記事は、県北部にある本山小学校の福祉教員永吉誉（既出）が、欠席率一五・五％という状況に衝撃を受け「直ちに町教委に困窮児対策を、また町役場にこの選からもれた準困窮児童に対する就学奨励金を要請、自らは率先して薄給のなかから衣類、昼食のパンをこれら児童に買い与えときには自分の弁当まで分けて経済援助を行う」などしながら、戸別訪問を重ね就学の必要を説いてまわった結果「一学期も終りに近づいた現在では長欠、不就学児は皆無となった」と報じている。

日付	見出し
1957.5.7	長期欠席／家計と勉強の板挟み／家庭や学校で温かい目を
1957.6.25	道徳教育へ〝礼儀〟を／不良化防止に福祉教員：県下高校長会
1957.7.10	不就学児救って回る／少ない予算で足も棒：同和教育と真剣に取り組む
1957.8.9	高校にも「福祉教員」／生徒の指導を強化／まず高知市内校へ
1957.11.14	研修会設置など福祉教員申し入れ
1958.11.11	非行青少年の防止対策／第七回青少年問題中、四国地区会議／市町村にも協議会を：必要な福祉教員の配置
1959.2.23	福祉教員の増員などを要望／四国同和教育研究会終わる
1959.5.12	ある福祉教員のくりごと
1959.5.27	キズをいやす愛の灯／罰することは最後の手段／家庭・学校・警察が三位一体に／良心を呼びさませ／必要な正しい〝シツケ〟
1959.6.18	室戸市／市費で福祉教員
1959.6.27	福祉教員に機動力／高知市／スクーターの贈物
1959.7.1	新しい〝許可証〟胸に／贈呈式の高知市内福祉教員／スクーターで勢ぞろい
1959.7.14	長欠児童は減ってはいるが
1959.8.12	福祉教員　(※コラム「閑人調」)
1959.11.19	〝高知の福祉教員を重視〟／山根全同協委員長
1959.12.26	〝燃料代を支給して〟／高知の福祉教員／もらった「足」に悲鳴
1960.4.12	※コラム「小社会」にて言及。タイトルなし。
1960.6.7	福祉教員を引き揚げ／高知市教委／早くも揺らぐ少年補導センター／〝法的性格に疑問〟／市教組の主張を入れる／不満の色濃い警察側
1960.6.7	福祉教員　(※コラム「話題」)
1960.6.28	福祉教員の専従を解く／少年補導センター
1960.10.16	個人プレーではダメ／同和教育いくたびか壁に／同和問題にウェート／理解のなさに憤り／もっと横の連絡を
1960.10.29	ここに光を　教育の底辺 (13) ／貧困児童／学力は低下する一方／小さな胸痛めて家業に
1961.6.28	福祉教員の適正配置を要望
1962.5.18	10年間で1/3に／県下の長欠児童・生徒ぐんと減る／家庭経済よくなり／実った福祉教員制
1963.8.19	昔の不良仲間につきまとわれる／断固とした決意で／保護司や福祉教員に相談
1964.1.31	辺地校に多い朗報／福祉教員・辺地校指導教員／今後の折衝にかかる
1965.1.27	暖かい目をこの子らに／日活映画「非行少年」を見て／進学競争などに原因／一人ひとりは純真だが…

図1－1『高知新聞』福祉教員関係記事

日付	見出し
1950.7.24	社会福祉教員も配置か／不就学児童根絶に幡郡の対策
1951.1.19	実を結ぶ一年の努力／朝倉中、みんな揃って登校／悩みの不就学問題に光明〝この例をみならえ〟／県教委も不就学生徒一掃へ
1951.1.22	社説　不就学問題を解決せよ
1951.5.1	なくなった不就学　戸波中、小学／村あげての熱意みのる
1952.5.24	問題児の現状はこうだ／悲し「十六円がない」／ゲタを交代にはいて登校
1952.10.20	まず家庭環境の改善／不就学・長欠対策研究会
1953.6.29	教育阻む貧困と頽廃／研究発表〝福祉教員の難問題〟
1953.11.11	長欠児童対策を研究／須崎で問題児対策協議会
1953.11.18	転落の少年に愛の里親／長岡小、一教諭の善行明るみへ
1953.11.19	高郡で福祉教育協議会結成
1954.1.26	長欠対策など協議／30日、安芸で県下福祉教育研究会
1954.2.2	胸うつ体験も発表／県社会福祉教育研究大会
1954.6.8	福祉教育の研究会
1954.11.23	25日に大方中で福祉教研発表会
1955.3.7	同和部落児の就職に援助を／福祉教員が知事に要望
1955.3.24	特殊児童に救いの手／須崎小、福祉教員の配慮も要望
1955.5.17	不幸な子供の救済へ／高岡郡教組、福祉教育部を設置
1955.6.14	きけない口を開いて／ろう児の発声指導など／福祉教育研究会開く
1955.6.15	対策部を設置／同和教育に県教組
1955.9.24	恵まれない青少年の問題／県教研協議会と福祉教育
1955.11.6	非行少年救った福祉教員／引取って更生指導／転落の孤児模範生に／須崎中学堀内教諭
1955.12.6	貧しい友を救おう／城西中で年末たすけあい運動
1956.1.29	長欠、問題児ら補導／本山町に児童福祉教育協議会
1956.2.7	高郡四校から福祉教員配置を要望
1956.2.11	忘れられた子らに光／高岡郡六地区に福祉委組織
1956.2.21	薄幸の子らに理解を／須崎小学で福祉教育研究発表会
1956.2.28	映画募金で身支度を／須崎中　貧しい就職生に援助
1956.6.20	姿を消した長欠児／須崎小、中の福祉教育実る
1956.6.25	愛の環境／ある学校教師の体験から
1956.7.23	長欠児皆無の悲願かなう／自費で児童に衣類を／永吉教諭（本山小）熱意で説得
1957.1.20	体験もとに討論／本県で初の福祉教員懇談会

これらの新聞紙面を飾るエピソードは、いみじくも「美しい教育佳話」なる言葉が出てくるように、メディア向きに過度に美談的側面が強調されていることは言うまでもない。しかしながら、本来は地味な存在である福祉教員がこれだけメディアの脚光を浴びるのは、社会に向けてのアピール力が活動のどこかに備わっていたからだとも考えられる。このアピール力を本章では、美談という通俗的解釈ではなく、福祉教員が〈社会〉へと向き合う際の開放的な回路という枠組みにそって解釈してみたいのである。

上に示した事例に共通するのは、福祉教員と生徒との間に通常の教育関係が結ばれておらず、自宅への生徒の「引取り」や金品の直接的授与のように教員が問題状況にある生徒の生活に直接改善をはたらきかけたり、福祉機関等に支援をはたらきかけて外部の有用とされる資源を教育内部に直接導き入れたりしていることである。本章の序論で筆者は、福祉教員は教育界の内と外との境界線上にいてゲートキーパー的な役目を担ったと述べたが、この場合「門」が開けられ、必要な外部資源が教育内部に導き入れられたり、あるいは教員が「門外」に出て狭義の職分を超えた援助行為に及んだりしているわけだ。

(2) 実践のなかでの福祉教員像　その一

それでは次に、当の福祉教員たちが書き残した実践記録をひもとき、その日常活動に接近してみたい。福祉教員が残した実践記録として最も名高い『きょうも机にあの子がいない』[23]から、特に中心部分を執筆した福祉教員水田精喜の記録[24]に焦点を合わせてみたい。

水田が福祉教員として着任した長浜小学校の校区には、「当時約八〇〇戸、三〇〇〇人の人口をもつ」[25]漁村部落H地区があった。水田が着任する前年度、前々年度の長浜小学校長欠・不就学者に占める同和地区出身者の割合は、それぞれ九二%、九〇%であった[26]。そうしたなかで水田の記録が興味深いのは、同和教育実践史上に残る福祉教員、といった触れ込みでは語られることのない、等身大の福祉教員像を知る手がかりとなるからである。長欠・不就学問題に対する「平均的」福祉教員の姿勢は、たとえば次のように記録されている。

> 義務教育だからというので、教育委員会に出席督励状を出させたり、警察や児童相談所の名前を出しておどしてみたりすることが、福祉部会で話し合われた…[27]

福祉部会とはおそらく、福祉教員の集まりである高知県福祉教育協議会（既述）の会合のことを指すものと思われる。その席上で、こうした「強硬策」がよく話題にのぼっていたという箇所は、単に福祉教員たちの「意識水準の低さ」を表わす指標としてよりも、再三強調しているように、福祉教員たちが置かれた、外部と教育世界とを仲立ちするゲートキーパー的な位置を考慮に入れて解釈されなければならない。この場合は、問題解決のために「門」を開いて、外部世界の然るべき権力エージェント（教委、警察、児相）を導き入れることが、福祉教員間で検討されていたものと考えられる。それらエージェントのなかでも、特に警察とは密に連絡を取り、通報機能も担っていたことが次のように記されている。

H子（二年）Sの件をもって、母子課及び児童相談所へ依頼に行く。H子はすでに二十日前、市内某特飲店に働く母と、妹と共に行方不明、残された七十六才の祖父は、生活扶助を受けながら、姉M子（五年）と二人淋しく暮している。諸種の情報を綜合すると、母は二人の子供を連れて情夫と共に逃避したらしい。何よりも母の行先を探してもらうよう警察との連絡も依頼する。[28]

今日は本校で市の福祉教育懇談を開く。市警、相談所長、市教委等来場の中で…[29]

福祉教員が密接に関わっていた外部エージェントにはいわゆる「施設」も含まれていた。

K子、f子欠席。浜辺の家は留守。母親のいるM料理店へ行く。姉妹共にここで遊んでいる。母親は相変わらずの不気嫌な調子でいう。「私も子供についちょって、一々学校へ行け行けよう言いません」。考えてみれば、この愚かにも悲しい言葉も、接客婦という夜の仕事なれば仕方もあるまい。結局は母親の希望もあり、適当な施設へあずけることにして、一応相談所へ話をもち込む事にする。[30]

さらに、水田の実践記録から読み取れる福祉教員の日常業務の一つとして、これまでにも指摘してきたように金銭の差配というものがある。

> 始めての事であるので扶助金の分配に一日を費す。殊に市役所の計算に間違いが多い為に一苦労。受給児一七六名で、その九割までが同和地区である。我々の手で何ともならないと思えば、何となく暗い気持ちになる。[31]

福祉教員の、こうした金銭をあつかう業務については、経験者に直接インタビューした際にも同様の証言がえられた。室戸市立佐喜浜中学校で福祉教員を経験した米倉益は、筆者のインタビューでこう語っていた。

> ほんとに貧しい所は、要保護ですからあのー生活保護をもらえる、ところが生活保護をもらえなくて、しかもひじょーにこう、学用品もととのわんという子どもを、準要保護というかたちで、学校でこうい

う子どもがおるということを、あのー確認をして、職員会議でね、それをこんどは民生委員とか、教育委員会にあげて、準要保護の認定をしてもらうの。それにはかなりの金がきよったんですよ。その金も、私が、権限もっとって。教育委員会が預ける。…修学旅行の援助費なんかもはいっとったんですよ。[32]

また別の経験者は、福祉教員のもつ権限の大きさについて、ある漁村部落を校区にもつ学校の事例を次のように証言する。

＊＊の福祉教員はね、ものすご権限があったんですよ。どういうことかいうたら、学用品いうの、準要保護費てありますよ。家へ渡したら、すぐ酒に代えてしまうんですよ。で不漁のときらは。で子どもにせんので、その、福祉教員が、チケット券いうて、金券もっちゅうました。で相談に来て、で福祉教員の判がすわったら、その券をもって商品を買いてきて、お金を役場から振り込まれるいう仕組でしたので、結構権限がありましたね、＊＊は。けどその背景には、そういうこう、渡しても使こうてしまう、特に不漁の時らは。[33]

話を水田精喜の実践に戻そう。水田はこの扶助金分配という問題に関連して、こう語っている。

私はよく、休んでいる子ども、そしてその親たちにあうために、浜の木陰で網の上がるのをまちました。その働く姿を眼の前に見て、明日からは学校へ来いとは、どうしても言えませんでした。それよりもむしろ、福祉事務所（長浜支所）へ走って、生活扶助をもらう手だてをする仕事の方が多かった。[34]

この引用文は、教育の内と外との境界に位置を占めるがゆえの、福祉教員の「引き裂かれ」の状態を見事に端的に言い当てている。「福祉事務所に走って生活扶助の手だてをする」という部分は、「門」を開いて子どもにとって有用と思える外部資源を直接内部に導き入れることであるのに対し、漁を終えて帰ってくる親を待ち受けて、就学督励や出席督励を行うのは、「門」を閉じて外部から子どもを守る、つまりは教育の側に囲おうとすることである。後者が「どうしてもできなかった」と言うのは、裏返せば「やらねばならない」「やりたい」という価値観の表れである。ここには閉鎖性の側面、すなわち「教員」としての常態に回帰したいという願望、「帰巣本能」の表れとも言うべきものを見て取ることができる。

（3）実践のなかでの福祉教員像　その二

県東部の沿岸部・安芸市に位置する安芸第一小学校は、制度開始当初からの福祉教員配置校であった。同校は「能力に応じた指導」を学校の目標に掲げ、長欠児の出席督励と特別学級の編成を両輪とした体制をしいて問題にのぞんでいた。その沿革は以下の抜粋からうかがうことができる。「当時はまだ長欠、出欠不定のものや、反社会的で学級経営を阻害するものなどがあり、…まず出席督励を中心にして、右のような問題児を一学級に編成して近森重彦教諭が担当した。二、三年児が主であったが四年五年児も含まれていて相当困難な仕事であったが…二ヶ年の努力の結果、学校全体の出席率は次第に向上して九十五%を越え、反社会的な問題児もずっと減少するに至った」。「近森教諭の転任の後をうけて現在の北川正水教諭が担当するに当って、学校の『能力に応じた指導』の目標とも考え合せ、特に能力が低く到底普通学級ではついて行けない児童を二年に進級した二百二十名のなかから二十二名集めて特別学級を編成し、これらの学力不振児をいかにして救うかを目標にして努力をつづけてきた」[35]。

ここでは、右記引用に名前が登場する福祉教員北川正水が残した実践報告(一九五二年『第三回福祉教育発表要録』所収[36])に拠りながら、福祉教員の学級実践に焦点を合わせてみたい。その貴重な記録からは、学校の公式見解である「あくまでも『特別学級扱いにしないように』との温かい、しかも行届いた指導によって、子供たちは明るくいきいきとして伸び、一年の後には三年の普通学級に七名を帰えすことができるようになった」[37]云々という文言の向こう側にある、生々しい現実を見て取ることができる[38]。なお北川の実践を解釈する補助線として、形式的機械的平等・能力差に応じた平等・社会的環境要因に配慮した傾斜的資源配分を基礎とする平等の三層からなる「平等」概念を導入する[39]。

北川はむろん、特別学級での実践と並行して、他の福祉教員と同様に家庭訪問をはじめとする就学督励も行っていた。

私とても学級をもって居たのであるが学級内にのみ止る事なく勿論、朝登校前に児童の家へ廻り又月一回は必ず月初めに家庭訪問を又同一町内に借家を得ている関係上夕方の散歩や日曜休日の際の巡視をやらなかったわけではないが学校へ来ることは容易であるが案外に学校が苦痛である子供達が多い事は特に長欠児には多いのではなかろうか。40

北川はこのように福祉教員の仕事のむずかしさを「学校に来させるまで」以上に、「学校に来てから／学校につなぎ止めておくこと」に見出している。彼の苦闘の現場は、「能力に応じた指導」という学校の大方針のもとで彼に任された「特殊学級」であった。ただ形態は特殊（特別）学級であったとしても、その性格は北川が以下に分析するようなものだった。

本校では学業不振児の為の特別学級の形態をとっているがそれはむしろ南海学園的な精神薄弱児或は知能異常児のための教育と云うよりはむしろ此の…〈中略〉…漁業群落出身児童のための福祉教育と云っても過言ではなく為に他校の例にもれず長欠児の問題や同和教育の問題に直結し常に悩まねばならない

事は言を要しない。[41]

以上の言明から、北川が福祉教員として関わった特別学級には、腑分けの必要な異質な平等概念が層をなして存在していることが分かる。第一に基層として、「最も簡素な平等概念」[42]としての形式的、機械的平等が、長欠・不就学という事態にともない問題化する。同じ権利資格を有していながら、ある環境下の子どもだけ学校教育にアクセスできない事態は、たしかに形式的平等が満たされない状態である。しかし、この第一の平等概念では現場レベルの対処が不可能なことを言明したのが、「学校へ来ることは容易であるが…学校が苦痛である子供達が多い」という言葉である。そこには第二層として、個人差に応じた教育を提供することを要請する、第二の「平等」概念が顔を出している。すでに学校の方針が「能力に応じた指導」に定まり、それに基づき「学業不振児向け」特別学級が設置されたことも、これを裏づけている。しかしここにさらに、能力差に応じた平等概念でもなお括れない現実があったことが、上の抜粋に語られている。そこで要請されるのは、能力でなく社会的環境要因に配慮した、傾斜的資源配分をもって平等とみなす第三の平等概念である。この第三の概念の特性は、第一（形式的平等）および第二（個人差に応じた平等）のものと異なり、教育という閉域を超え出た子どもの生活環境・社会環境を問題とする点である。

この第三の平等概念に対応しているのが、「精神薄弱児或は知能異常児のための教育」と弁別されるところの「福祉教育」である。漁業群落出身児童と遠回しに述べているのは、実際には被差別部落の子どもを指す[43]。北川の学級の「福祉教育」は、以下の抜粋で示されるように、部落の生活と教育実践を結合した独自のペダゴジー[44]として立ち現れた。

その点私は純教科的なものは全くといってよい程すててしまって（教科書等持っていないのだから出来よう筈がなく又それが幸いとなったのであるが）教科書採択に各会社から学校へ見本に送られて来たもの全冊を学年の所は紙を貼り何学年のものか分らぬ様にし各個ばらばらによましたと云っても良い…〈中略〉…そして自由によます上にかく事は絵日記ばかりであったがまがりなりに自分が生活をかくことは子供はうれしいものであることを発見すると共に平仮名の五十音を表的に覚えさすより又教科書で覚えるより「先生あという字はどう、さと云う字は」と次から次へ質問して案外に記憶が早く確かである事におどろいたものである。[45]

ここで「五十音表や教科書をおぼえる」と対置される「生活をかく」ペダゴジーが、部落出身児ばかりの教室に立ち現れたのは、貧困ゆえに教科書が買えないというマイナスの条件から生まれたものだった。この形式的レベルの不平等を軽く見てよいわけではない（のちにそれを克服するべく教科書無償闘争が起きる。本書補章2参照）。だがここで強調したいのは、教育福祉の現場での待ったなしの対応のなかで、第一の平等概念だけを切り出して対応することは不可能であり、実際には第二、第三の平等概念まで含みこんだ対応が日常的につねに／すでに行われている、ということである。

そしてこの第三の平等概念こそが、北川の実践における生活・生存保障の論理と教育の論理とのむすびつきの核にあるものである。北川はそれを、「実生活即教育」「例えそれが小さな生活であっても良い、生活即教育が長欠児や学業不振児対策の最も根本となるものでなければならない」[46]と述べている。ここでの北川の実践は素朴なものかもしれないが、「五十音表や教科書」という公式の学校知に準拠することなく、子どもの生活や実態に根ざしたオルタナティブで内発的なペダゴジーを教室内に打ち立てることで、部落の子どもたちを書きことばの世界につなげようとするものだった。これまで見てきたように福祉教員はおしなべて、学校学習が生活・生存保障に順接することに対して悲観的である一方、学校知に代わる独自のペダゴジーの立ち上げにも無関心であった。そのなかにあって北川の実践は異彩を放つものである。ほとんど未発の可能性として終わってしまったが、北川が一瞬垣間見せてくれたのは、福祉教員（福祉教育）の力で学校知が転成し、貨幣価値への変換を媒介することなく直截に、教育が生活・生存保障につながっていきうる可能性であった。

(4)「規制」としての教育福祉――年少労働慣行打破の取り組み

前項で述べた北川正水が特別学級という実践の場で直面した現実と、〈社会〉をフィールドにしたアクターとしてより直接的に格闘したのが、安芸中学校による「馬追」の子の長欠問題への取り組みである。その中心人物は安芸中学校福祉教員であった川島茂生で、川島は教育雑誌『青少年問題』第3巻3号に論稿「わたし達はこうして長欠の原因を絶滅させた」[47]をよせ、また第五次日教組教研全国集会での高知からの報告には、川島による安芸中実践のレポートが付されている[48]。川島こそは、全国レベルにまで名を轟かせた最初の福祉教員だったかもしれない。そして川島を結節点とする安芸地区の取り組みは、馬追という年少者雇用の慣行そのものの打破による長欠問題の解消をねらった点で、ダイレクトに〈社会〉に働きかけるベクトルの典型と言える。さらにこの取り組みには、前項までで見てきた物品や金銭の「給付」とは次元の異なる教育福祉の性格、すなわち「規制」による年少者保護という側面を観察することもできる[49]。以下では川島のレポートを参照しながら、この実践について記述してみよう。

安芸市は高知県東部最大の物資集散都市で、その背後に豊かな森林地帯が控えることから、切り出した木材を阪神方面に搬出する拠点だった。しかし同市は地形上の理由から港湾施設に恵まれなかったため、木材の集積地から海岸線まで、トラックや荷車の使えない砂浜を七〇～八〇メートルも運搬せねばならず、ここに馬追と呼ばれる独特の原始的な運搬方法が採られていた。その名からわかるとおり、馬の背に荷鞍を置き、そこに木材を載せて砂浜を運搬する方法である。馬に同行する馬追の役目を地元の小中学生年齢相当の子どもが務めることがままあり、それが地域の長欠・不就学問題の最大原因と目されていた。賃金は「朝昼食事付きで一日百円乃至百二、三〇円…仕事の少ない時には五、六〇円」[50]とのことだった。

馬追の子どもたちは、単に学校を頻繁に休むのみならず、その「不良化」が指摘されていた。「港に船が着くと、馬方はソレッとばかり授業中でも子供を呼びに来る。呼ばれた子供はそのまま飛び出して馬上の人となり、正服白線帽のまま馬上の隊列に加わりこの列は延々と打ちつづく。馬上の彼等は天国であろう。金がもらえる。映画に行ける。自由な小遣銭で買い喰いができる。…十二、三才の子供でさえ馬追生活と特異な生活に馴れて、言語動作も粗暴な第二の個性が築き上げられている」[51]。

この少年たちの背後＝〈社会〉に貧困の問題を見るのは、他の福祉教員と同様であるが、川島の場合、漠然と貧困を語るのでなく、〈社会〉の範囲をより限定して確定しようとするところに特徴がある。「成る程、彼等の家庭は貧困には違いなかろう。だが、それ以上貧困な子供はざらにあってその多くは真面目に学校生活を続けているのを見れば、問題は貧困にあるのではなく、本を与えてもノートを与えても学校へ来ないところにあると思う。貧困や農繁期の理由で欠席する子供は欠席しても人間性はむしばまれてはいない。教育効果によって更正されてくる。が馬追の子供にかぎって、学力は…せいぜい小学校四、五年程度、…それでいて口は非常に達者で…反抗的な言葉は立て板に水の如く馬追の大人社会の卑猥な戯言は生のままで子供達は受けとっている。粗野な言葉は何の判断の咀嚼もなく学校の内に持ち込まれ、しかも彼等の集団的団結は固く強い」[52]。

以上見てきた論理によって、ダイレクトなはたらきかけの対象を「馬追」の因習に限定しきった川島らは、市の官民諸団体の有志を含めて「安芸福祉協議会」を結成し、問題生徒の個人指導や地域訪問による督励によって、父母の意識を変えるよう努めた。しかしそうした努力のみでの限界から、警察と学校との強力な連携関係を「安芸市学校警察連絡協議会」の結成によって確立した（一九五四年五月）。そして警察による調査によって、「今まで手のつけられなかった領域であった馬追作業における生徒と馬方の繋り、世話人、廻送店、船主との組織的な裏面関係及び請負賃金」[53]等が、はじめて明るみに出された。このようにして握った情報を武器に、次にかれらが行ったのが「強力な世論の醸成」であった。五四年六月以降、福祉協議会が主催して、馬追の少年たちの主たる居住地である西浜部落その他で、馬追問題や長欠をテーマとした懇談会が積極的に開かれ、そのことを盛んに、メディアを利用して発信した。「報道機関は明るいニュースとして大きく取り上げ建設的な記事によって盛んに報道した。かくて馬追の問題が世論の焦点として市民全体のものとなって来たのである。そして遂にこのような急速な世論のたかまりと会合によって、次のような声を聞くようになった。(1)最近馬追問題が新聞に出たり、各種会合が批判されたりするので馬追に出る子供が少くなった。(2)…父兄も子供を馬追に出さないようになった。(3)この機会に市内の長欠児童をなくする為運搬業者に少年を雇傭しないように申し入れようではないか、という意見が生れた」[54]。

ちなみに一九五四年から五六年にかけて『高知新聞』に掲載された馬追関係記事で、見出しが確認できたものは以下の通りである。「安芸地区児童福祉対策協議会生る／安芸中では三九名も／関係者が長欠防止に必死」（一九五四／一／二六）、「重労働の割に低賃金／安芸署が〝馬追い〟生徒の実態調査」（一九五五／六／二四）、「〝馬追い〟児童の善導／安芸市学校警察連絡協議会」（一九五五／七／五）、「〝馬追い〟夏休み対策など／安芸市児童生徒福祉協で協議」（一九五五／七／七）、「姿消す学童の〝馬追い〟／安芸」（一九五五／七／一〇）、「夜間の児童動態調査も／安芸市児童生徒福祉対策協議会」（一九五五／八／九）、「実を結んだ福祉教育／安芸中学／〝長欠校〟の汚名返上」（一九五六／五／二〇）。以上から、この問題がクライマックスを迎える一九五五年七月にピークを合わせて、紙面上でも馬追関係記事が増えてきていることがわかる。川島らのメディア戦略が奏功していることが読み取れる。

このようにして醸成された世論の高まりを背景に、いよいよ一九五五年七月八日、馬追問題の抜本的な解決を目指しての話し合いの場がもたれた。主な出席者は学校、労基局、警察、廻漕店、馬主の各サイドからの者たちであった。その結果、「学校、警察、労基局から馬追による弊害と少年の馬追禁止を強調し、業者同志の話し合による円満な解決をすすめた所、相当な議論も取りかわされたが、結局七月一〇日以降は少年を馬追に使用しない。運賃は製炭、製材業者、船主、廻漕店、馬主が分担して解決することに話はきまり、ついに六〇年来の因習に終止符が打たれたのである」[55]。その一〇日後、川島が勤務する安芸中では「仲間の出席を喜ぶ会」が開かれていた。当時の入野照基校長は、その席上「マイクに立った川島（茂生）さんの声は感激にふるえていた」と記している[56]。なお川島は、安芸第一小学校校長を最後に教職を引いたあと、安芸市会議員などをつとめた[57]。

（5）山間・漁村部におけるアクターとしての福祉教員

これまで取り上げた福祉教員の事例は、県中央部の高知平野や安芸など小都市部におけるものであるが、同県の大半を占める山間あるいは漁村地帯での活動に目を移すと、かえって鮮明に、〈社会〉をフィールドに部落問題に取り組んだアクターとしての姿が浮かび上がる。吉本珖は室戸市立羽根中学校の福祉教員であったとき、「羽根上段婦人学級」を組織し活躍した。実はこの吉本は若年の頃、先述の福岡弘幸と同様、溝渕信義のもとで農業を学んでいた。もともと溝渕から受け継いだ、部落の生活へのダイレクトな改善というモチーフが、山間部の同和地区というフィールドと農業というツールをえたことで、「生産点に立った同和教育」[58]の典型例となるような独自の教育実践として結実することとなった。

羽根上段婦人学級は別名「キウリ婦人学級」とも呼ばれている。羽根町では広く普及していながら、高地にある上段地区ではそれまでキュウリの促成栽培は不可能と目されていた。かなわぬ夢であったキュウリの促成を目指して学習を始めたのが、吉本が組織した婦人学級であった。そこに至るまでに吉本は、この婦人学級のなかで部落問題の学習にとどまらず、洋裁の講習や、食生活、環境衛生、行事の簡素化といった生活改善運動に近接したトピックを積極的に扱い、その功あって婦人学級は「上段部落にがっちり根を下ろすことが出来た」[59]。こうした四年間の積み上げをへて、土壌の改善、肥料要素の学習、作物管理の学習などに取り組み、一九六一年九月から実際の栽培に着手した。収穫されたキウリの売上金は部落経済をうるおしたという[60]。

当時、同じ室戸市内の福祉教員として、吉本を先輩としてあおぐ立場にあった前出の米倉益の証言を聞こう。

そこはねー、どぶろくの産地だったんですよ。ほいでもー、あれが来る、税務署が来るいうたらねー、あのほら、畑へ、埋め込んで、畑とか、砂浜へ。けんどあんなもん埋め込んだち、あの臭いはね、そーんなもん生やさしいもんじゃないんですよ。そんなことあって、よう摘発されたりして。それでなんとかそのこの人たちがね、そういうどぶろく、違反事業せずに生きていけるようにならないかと、…彼（筆者注、吉本）はね、非常にその生業、生きていくわざをね、あのーつける実践をしました。…そういう時代でしたわ。もうとにかく、問題児を追っかけるだけじゃいかんと、要するにそこの底辺にある、生活そのものを高めん限りはね、いかんという。[61]

吉本がこうした実践を行った一九六〇年前後は、かつてに比べ長欠・不就学問題は下火になり、いわゆる問題（非行）児対策がクローズアップされ始めていた。しかし吉本が言っていたとされる「問題児を追っかけるだけじゃいかん、そこの底辺にある、生活そのものを高めん限りは、いかん」という言葉は、部落問題という外部に直面するなかでの〈社会〉とのつながりの模索が、福祉教員によって継続されていたことをよく示している。

この吉本と同様の志向をもつ福祉教員の実践として、大方中学校の植田文彦のそれがある。県西部の沿岸地帯に位置する大方町万行地区は、漁港に適さない地形である一方、農作物栽培に不向きな砂地でもあった。植田は万行の経済を助けるためラッキョウの栽培を研究し、人びとに広めた。また私財を投じて竹細工工場を建て、雇用の安定化に尽力した[62]。

4　福祉教員における閉鎖的側面の再検討

前節では福祉教員の開放的、あるいは外向きの側面を見たが、かれらは実は外側だけを向いていたわけではなかった。一方で内向きの顔、つまり学校組織に所属する教師としての側面があった。ここでは福祉教員が、教育実践を通じて〈社会〉とつながる回路を作り出すことにどう関わったのかを検討する。

多岐に及ぶ福祉教員の業務のなかで、家庭訪問、すなわち長欠・不就学児の家庭をまわって親を説得、出席督励してまわる業務が最も主要なものの一つであった。そしてこの業務は、内と外の両方に開かれたゲートキーパー的位置にある福祉教員にとって、「無理解な親」という子どもの最も身近にある外部から、子ども及び教員の教壇での実践を守ろうとする行いにほかならなかった。この背後には、長欠・不就学問題の最大の原因は親の無理解にあるとする、議会答弁に示された県当局の認識が多くの福祉教員にも共有されていたことがある。家庭訪問を、閉鎖的側面をもった実践として位置づける立場から、水田精喜の記録の中の親とのせめぎ合いを記述した箇所を検討してみよう。

N部落、それは海岸の松原の中に、二十数戸のバラック長屋が並んでいる。一歩ここに足をふみ入れると、二棟のバラックの間にある、炊事場と便所からの悪臭に、ほとんど息をひそめて通らなくてはならない程だ。ここに住むK子（五年）f子（三年）の姉妹もよく欠席する。父は戦死、母は町内某料理店の接客婦である。何となく眼の縁にくまが出来、見るからにこうした水商売にあり勝ちの不健康な顔つきをしており、すでに心まで蝕まれているようだ。扶助の金も、一時金も、殆んど情婦との享楽に使い果たし、子供達の学用品など買ったことはない。[63]

この断片の舞台である「N部落」は、のちに「同和地区の中でも最も貧しい人たちの生活があった」場所であると述懐されている[64]。しかし、当時の記録にあってはそうした背景の言及はない。その代わりに実践日記には、当該の母親の人物像として、「一言話せばヒステリックにかみつくように物を言う始末」で「とてもこみいった話にならない」ないことが記されている。親に対する叙述がこうしたきつい表現になってしまうのは、幾分かは時代性によるものかもしれないが、それ以上に家庭訪問という場が、福祉教員にとって、教員というアイデンティティの防衛を賭けたたたかいの場であり、「本来」の安定した教育関係に回帰させようとする強烈な引力が発露する場であるからだと思われる。

ではつぎに、一九四八年の試験配置以来の福祉教員の草分け的存在である福岡弘幸の残した記録に立ち返ってみよう。鳶ヶ池中学校の特別教員・福祉教員時代の自らの実践を振り返った回想で福岡は、「県下最大の同和地区N地区は生徒の不就学・長期欠席が多く、出席しても学業不振と非行が多く、鳶ヶ池中学校草創期の苦難の道がはじまった」こと、そして「特別配置教員の勤務は授業を持たないのが原則で」自身も「フリーとなり、長欠不就学生徒の解消と学力回復に当た」ったこと、そしてその結果「不就学は、身体障害児を除くと一〇〇%解消、出席率九二〜九五%までに上昇した」[65]と述べている。以下の抜粋は、そうした実践の柱を整理して記したものである。

○部落欠席黒板もその一つである。朝一時間目の終わりには、その学級の欠席生徒の氏名を黒板に記入、福岡は午前中にその生徒を訪問し、学校へつれて来るのである。つれて来てもすぐ飛び出す。また追いかける。そんな日が毎日のように続いたこともある。

○能力別授業の実施……国語、数学の二教科を能力別に編成した。他教科は同一組で行うが、能力差の大きい二教科は基礎教科として重視し、学年枠をはずして（特に二、三年）に実施した。
○部活動の重視……スポーツ活動に若い情熱を発散さすことにより、非行へ走る時間のないようにするのに貢献した。…
○生徒カルテの作製……全生徒の家庭調査等カードを作製し一ヶ所に集め、教員なら誰でも何時でも出して見られるようにし、必要事項、指導事項等を自由に記入するようにした。[66]

これらのうち、一点目は家庭訪問にかかわることである。前出の水田と異なり、家庭訪問時の生々しい記述を福岡はあまり残していない。残る能力別編成、部活動の重視、生徒カルテ作製の三点を一瞥して、どれも生徒管理の常道的、定番的手法である。すべて、いわゆる「教壇教員」にも可能な、あるいはすでに実施されているであろう内容で、福祉教員が見せる「内向きの顔」が思いのほか平凡で特徴のないものであることを予想させる。

同じ鳶ヶ池中学校の事例を、福岡が第二次日教組教研全国集会で県代表として報告した「特異児童の問題とその対策」[67]に見てみたい[68]。この中で福岡は、同中学校の「K児」に密着した事例報告を行っている。社会環境の項で「K児の住居は、同和地区の中でも特に悪いと言われる○区で」[69]と背景に触れられているが、他方でそこには、知能指数をはじめ八種類もの心理テスト結果が併記されていたり、家族間の遺伝歴の図示が見られたり、また「気分変異性自尊感情自己統制の低いパーセンタイルを持つK」「内閉性強迫性を蓄積させたK」[70]といった語り口も見られる。前掲の水田の事例に比べ「科学」的装いをこらしてはいるが、やはりここには問題を個体内に帰属させる語り口が見出せる。本章で先に「帰巣本能」と表現したところの、教員をして何とか常態に近づきたいと思わせる教員アイデンティティの発揮する引力が、福岡をも捉えたものと思われる。

ただ、以上述べてきたような「内向き」の性格が少なからず福祉教員にあったことは事実としても、その存在が安易に、一般教員に和してしまっていたわけでは決してなく、一般教員の意識を高め、時には強くたしなめることもあるような、葛藤を含んだ関係も存在したことを忘れてはならない。高岡郡戸波町（現土佐市）の戸波中学校で、一九五一年から五三年にかけて福祉教員として活躍した森本武雄は、筆者に対してこの点を、「職場闘争」という言葉で何度も強調した。

一番やっぱり私の頭にあるのは、なにか言うたら、職場闘争でした。ええ。教員の頭の切り替えでした。もうはっきり言うて、そのねー中学の教師言いましたらねー…いわゆるそのー同和問題というか、そういうーのに対しては、非常に知識が古いと言うよりも、自分が一つえらい階級と、いうような頭があったわけですわ。そういうのでものを見ていきゆうわけですわ。だから、あのー学校に来ようが来まいがどうでもええと。来ゆうがばー教えていたらそれでいいというような、ほんとにその当時の、中学校の教師の知恵でしたねー、小学校でもまあ、そういうの多かったですね。だからまず内部闘争というか、教師の教育をせないかんいうのが、私の頭に一つあったわけです。[71]

おわりに——福祉教員の二面性をめぐって

本章の結部にあたるこの節では、まず、見てきたような福祉教員の相反する二つの面が、福祉教員という同一存在内部でどのような連関にあったのかを考察する。そしてそのあと、同和教育の歴史に一つの「区切り」がついたとされる今日においてなお、福祉教員の足跡から何が学べるかについて述べたい。

福祉教員は、教育の内と外を隔てる境界線上にあって、その仕切りの開閉を通して学校と〈社会〉との調整をはかる位置にあった。かれらは一方で、仕切りを開けて外との風通しをよくし（裏返せば従来の安定構造を放棄し）、学校教育にとっての危機的状態に応えて〈社会〉へとつながっていく道を選んだ。金品の差配などの「給付」や外部の諸エージェントとの連携による「規制」などのはたらきを通じて、問題状況を呈している子どもの社会生活に、教育関係を媒介せずに直接的に働きかける回路を作り出してきたことに、それが現れていた。その一方で、同和地区の子どもに対して、問題を属人化させ子どもの個体内に帰着させるアプローチをとったことに見られるように、むしろ自らが盾となって外部をできるだけ遮断し、かつての安定構造への回帰をもくろむという側面も見られた。矛盾とも逆説ともとれるこの二面性に対して、ここでは教員の意識の持ち方の問題としてでなく、福祉教員が占めた構造的位置による解釈を試みたい。

福祉教員はその構造的な立場上、〈社会〉と接点をもつことが日常化していた。このことを裏側から言えば、福祉教員が〈社会〉にはたらきかけたり、つながりをもとうとしたとき、この回路を用いさえすれば十分ということであった。そのため、通常の教育関係や教育実践（教壇実践）という回路の内部に、社会的テーマを組み込まねばならない必然性も必要性もなくなった。そうした構造的背景が、結果的に危機が迫っていない際の安定構造と同じ「守り」の機能を果たし、ひとたび内側に顔を向けたときには、ややもすると外部と対峙する緊張感を忘却してしまいそうになる。そうした間隙を突くように、「本来」の姿に回帰したいとする教員アイデンティティの引力が頭をもたげてくるのではないか。社会的背景を捨象した上で、相手の人間性・性格・態度のみに関心を集中させる心理主義的関係性や、問題を属人化させ、関係当事者の身体の内部に問題の所在を求めるまなざしはこのようにして発生したものと考えられる。一見広く社会へと開かれた性格を持つようにみえる福祉教員たちの実践活動が、属人的、個体内アプローチの方向に閉じてもいるという逆説を、ここに見て取ることができる。

福祉教員における開放性と閉鎖性の接合をめぐる以上の考察は、「日本の学校では「問題」が徹底的に「個人」化して捉えられる」[72]との従来からの指摘を、より動的枠組みで捉え直す必要性を示唆した。それは傾向や体質といった静的なものでなく、〈社会〉への直面という具体的文脈において、教員の間に、安定構造に回帰しようとする防衛衝動が解発され、教員アイデンティティを守る種々の行動となって現象する。

しかしながら、以上述べてきたような矛盾や逆説をはらみつつも、高知県の福祉教員の事例が有する今日的示唆はなお小さくないと考える。まず注目したいのが、その開かれた側面として叙述した、社会的アクターとしての福祉教員の姿である。確かにそこにおいては、教員の職分を画していた従来の境界は融解し、多くの未知なるものの流入による混沌状況が生じていた。しかしそれは、巷間言われる「全てを抱え込んでしまってパンク寸前」の教員像とはニュアンスが異なっている。そこにあるのは、自分がなし得ることの小ささの自覚とともに、青・少年に携わるさまざまな他の社会エージェントに問題を投げ、協働関係を築こうとする志向性であった。他のエージェントの領域を侵食していく「抱え込み」にあっては教員の全能感は温存され続ける。しかし福祉教員の場合は教員アイデンティティを敢えて危機にさらしつつも、協働の輪のなかで子どもとのかかわりを継続しようとする。このような姿は、かたちを変えた種々の〈社会〉が立ち塞がる新自由主義・格差社会下の今日の教員像にも大きな示唆を与えるし、問題含みの「チーム学校」構想にも一縷の希望を与えるのではないだろうか。

その点は、福祉教員が格闘した部落問題・同和教育のコンテクストに立ち戻ることで、より鮮明となる。高知県の同和教育運動においては、「高知市福祉教員の実践記録である〝きょうも机にあの子がいない〟は、様々な問題をかもしながらも、次期の同和教育を見出すための一つの段階でもあった」[73]と位置づけられ、先駆性を評価しつつ、理論的にはすでに乗り越えられたとしている。しかしながらこうした単線的尺度だけでは、福祉教員という存在の歴史的、教育論的意義を組み尽くすことはとうていできないと思われる。本章では、福祉教員のあゆみを貫く太い芯として開放的側面、「教育実践を媒介せずにダイレクトに〈社会〉へとつながろうとする回路」が存在することを繰り返し論じてきた。とりわけ強調したいのが、一つの教育運動におけるこの芯の重要性である。この回路をめざすことは、場合によっては教員としてのアイデンティティを崩壊の瀬戸際に追いやる危険性もはらんでいる。それでもなお決定的に重要だと考えるのは、この方向性が、そしてこれだけが、教育危機が教育神話の強化に寄与する「自己増殖的」構造[74]を断ち切る力を持つからである。教育の問題に、教育（の改革）をもって解決にのぞむことはある意味で当然のことかもしれない。しかしそれによって、当該問題に教育を超えた多様なファクターが関与していることから目がそらされ、十分な解決には到達しないまま、「教育万能主義」[75]イデオロギーだけが強化される。こうした事態を、われわれは繰り返し目撃してきた。教育危機を、「教育万能主義」からの離陸の好機ととらえどう対応するかのヒントが、福祉教員が身をもって体現した開放性に隠されていると思われる。

高知県における同和教育のあゆみに目を転じても、本章が扱った時代のあと、福祉教員が徐々に退場し、同和教育の「教壇実践」化が起こる。高知県では一九七〇年に同和教育主任が設置され、かつて福祉教員が担っていた職務の多くはそちらへと移行していったのである。その後一九八〇年代初頭まで、学校によっては同和教育主任と福祉教員との「二頭立て」体制が維持され、職務の分担も行われていたが、以前のように重きをなす存在ではもはやなかった。八〇年代には用語としても「福祉教員」はほぼ完全に消滅し、制度は終焉を迎えることになった。言うまでもなく、同和教育の観点からの授業作りや学校作りが多様なかたちで取り組まれ、少なからぬ成果が生まれたことは正当に評価され尊重されねばならない。だがそれとは別に、こうした過程のなかで、教育の問題に教育（改革）をもってするという「教育万能主義」的循環構造が、強固なものになっていったこともまた確かなことである。むろんこの背景には、特措法ほかの仕組みによって同和地区の生活が改善され、以前よりも教員が狭義の教育実践に没入できる安定構造が生み出されたという事情もある。しかしなお部落問題は、教育が向き合わざるをえないだけの迫力を秘めた外部としての〈社会〉であり続けている。「教育万能主義」のみでは乗りきれない厳しさをもつ同和教育という航海の方位磁針として、あるいはわれわれの内なる「教育万能主義」に揺さぶりをかける好機として同和教育を認識するために、かつての福祉教員のありかたに学ぶべき点は多い。

■注

1　戦後初期の被差別部落における長欠・不就学問題については、いくつかの研究がある。和歌山県の事例についてのものに西1955、仲田1978、奈良県の事例についてのものに伊藤2004がある。また近年、教育学・教育史・教育社会学などの領域においてこの時期の長欠・不就学問題に新たな光が投げかけられている。代表的なものに、加藤 2012、木村 2015 などがある。ほかに夜間中学校（夜間二部学級）に焦点を合わせた江口怜の一連の研究がある（江口怜 2014、江口 2015a, 2015b）。

2 小川 1980、一一四頁

3 部落問題研究所 1978、全国解放教育研究会 1985、中尾 2000 など

4 この教員たちによる教育という仕事の再定義（領分の拡張をはかる方向での再定義）には、序章で取り上げたルーマンの「システム／環境区分の内部転写」の作動を認めることができる。二値コードを特徴とする内部転写において、この場合、欠席する子どもの窮状に無頓着な教育者が「非‐教育的」と断じられたわけである。

5 佐藤 1997

6 高知県議会 1949、二九頁

7 前掲、二九頁

8 南国市史編纂委員会 1982、三二六頁

9 このインタビューの詳細は、本書第3章を見られたい。

10 福岡 1987a、一一八‐一一九頁

11 高知県同和教育研究協議会 1977; 山崎 1982; 高知県部落史研究会 1994 など。

12 大黒 1954、四七頁

13 二〇〇六年九月に高知市内において実施した。

14 部落問題研究所 1958

15 吉田文茂氏（高知市在住、部落史研究者）のご紹介により、高知県教組本部が入っている高知県教育会館屋上倉庫保管の文書綴を渉猟した結果、一九四九年三月五日付、県教員組合執行委員長吉原勇名で桃井県知事、県議会議長、県教育委員会に宛てた同和教育振興を求める陳情書が発見された。

16 強調は引用者による。

17 「高知県社会福祉教育協議会役員名簿」による（高知県教員組合文書『県公文書綴・昭和二五年度』所収）。

18 「高知県社会福祉教育協議会会則」による（高知県教員組合文書『県公文書綴・昭和二五年度』所収）。
19 橋本 1954、五八頁。高知県教育史編集委員会 1972、五四一頁
20 一九七九年一月一二日付『高知新聞』
21 二〇〇八年八月に筆者が園を訪問しインタビューを行った時点で。
22 『高知新聞』一九五九年三月七日、傍線倉石
23 高知市福祉部会 1954
24 この記録の筆者は発表時匿名だったが、のちに水田は「『きょうも机にあの子がいない』の中にある日記風の家庭訪問記録は、わたしのものである」と明かしている（水田 1987, 一三頁）。
25 水田 1987、一〇頁
26 高知県教育委員会 1955
27 高知市福祉部会 1954、一三頁
28 高知市福祉部会 1954、三九頁、傍線は以下すべて筆者による。
29 前掲、四三頁
30 前掲、四四頁
31 前掲、三七頁
32 二〇〇八年四月八日に実施。なおここで米倉が語っている「扶助金」は、厳密には水田の実践記録にある「扶助金」と性質が異なることに注意が必要である。水田の記録にあるのは、生活保護を受けている世帯が、子どもの就学に際して給付を受けられる「教育扶助」である。一九五〇年制定の「生活保護法」第一三条を根拠とし、扶助の範囲は「一、義務教育にともなって必要な教科書その他の学用品、二、義務教育にともなって必要な通学用品、三、学校給食その他義務教育にともなって必要なもの」と定められた（福吉 1950b、一五頁）。それに対して米倉が証言しているのは、就学中の子どもがいる準要保護世帯に対して市町村から給付がなされる「就学援助」のことと推測される。この制度の法的根拠は、一九五七年制定の「就学困難な児童及び生徒に係る就学奨励についての国の援助に関する法律」第二条にある。米倉が福祉教員をしていたのは一九六〇～六二

年度であり、水田実践の一九五三年頃とは制度的背景が異なっていると推察される。
33 二〇〇八年四月八日に実施。
34 水田・熊沢 1976、一八頁
35 安芸第一小学校 1954、四二 - 三頁
36 高岡教職員組合所蔵文書より。この資料は吉田文茂氏からの提供によるものである。
37 安芸第一小学校 1954、四三頁
38 当時高知県教委主事であった上岡武猪によれば、一九五三年七月一日現在の高知県下における特殊学級の設置状況は「九校一一個学級となっており、それは安芸第一、奈半利（長欠児）、赤岡（長欠児）、三里、昭和、旭、戸波、中村の各一個学級と伊野の三個学級である」（上岡 1954、六頁）。このうち奈半利、赤岡、戸波は、部落問題の影響を色濃く受けた学校運営を行っていたと推測される。この記述からも、特殊教育と同和教育が渾然一体に絡み合ったさまがうかがわれる。
39 那須 2009
40 高知県福祉教育協議会 1952、三一頁。傍線は筆者が加えた。
41 高知県福祉教育協議会 1952、二五頁。傍線は筆者が加えた。
42 那須 2009
43 前掲注 38 を参照。ここで取り上げている安芸第一以外でも、奈半利、赤岡、戸波の各小学校の特殊学級は、部落問題の影響を色濃く受けた学級運営を行っていた。
44 ここでは、教育の内容・方法およびその背後にある思想の全体を指して用いる。
45 高知県福祉教育協議会 1952、三二頁
46 前掲、三三頁
47 川島 1956
48 高知県教職員組合 1956
49 福祉国家の機能として、「給付」に注目が集まりがちな一方で見過ごされがちな「規制」の側面に注意を促して

いる議論として武川 2007、森 2013 などがある。
50 川島 1956、四九頁
51 前掲、四九 - 五〇頁
52 前掲、五〇頁
53 前掲、五一頁
54 前掲、五四頁
55 前掲、五五頁
56 安芸中学校 1955、七頁
57 川島 1989
58 福岡 1987b
59 吉本 1965、一〇四頁
60 吉本は、一九六三年一月現在、上段部落三二世帯三〇七人のうち、キウリ栽培生産世帯一六、生活保護世帯九、商業その他の世帯七という数字をあげ「キウリ婦人学級が、いかに部落を変え、私たちの暮しを変えたか」を強調している（吉本 1963、一〇八頁）。
61 二〇〇八年四月八日に室戸市内で実施したインタビューによる。
62 大方町解放のまつり実行委員会 2000、二七頁
63 高知市福祉部会 1954、三九頁
64 水田 1987、九頁
65 福岡 1990、三六 - 三七頁、三九頁
66 福岡 1990、三九頁
67 高知県教職員組合 1953
68 資料に報告者名は記されていないが、自身が「口頭発表の指定を受けた。『「福祉教員」について』である」（福岡 1953、七一頁）と記していることから、そう断じて間違いない。

69 前掲、四六頁
70 前掲、四六頁
71 二〇〇八年三月二五日に筆者が行ったインタビュー
72 志水 1996、七四頁
73 高知県同和教育研究協議会 1980、三九四頁
74 Meyer, et al. 1977, p.247
75 広田 2003

補章1

福祉教員の自律性・自発性・民主性

その呼称問題を手がかりに

はじめに

本補章では、福祉教員という名称・呼称がどのように成立していったかを跡づけることを通して、標題にあるその自律的、自発的、民主的性格を浮き彫りにすることをねらいとする。

広く一般に「福祉教員」と称され、本書も便宜的にその慣例に従っているわけだが、この名称は徐々に定着していったものに過ぎない。少なくとも高知県教育委員会による設置がなされた一九五〇年四月当初において、以下に述べるように福祉教員の名称は使われていなかった。しかしこれまでの歴史叙述ではあたかも、福祉教員という実在が初めから存在するかのごとく、名称や呼称の揺れがないかのごとく語られてきた。この反省にたって、一見瑣末に思える名称の変遷をここで丁寧に追いかけてみたい。

1　当初は「生活指導教員」等々の呼称だった

ここで焦点を、福祉教員制度が本格的にスタートした一九五〇年度当初に合わせてみよう。この時点で最も重要な動きと考えられるのが、福祉教員の活動の推進役となった高知県福祉教育協議会の結成である（第1章2節（4）参照）。のちの資料調査によって、この協議会結成の会合を告げる高知県教育長名の通知文を発見できた[1]。

図補1-1

二五教四四〇号
昭和二五年四月一九日
高知県教育長
特殊教員配当学校長殿

生活指導特別教員第一回協議会について

生活指導特別教育計画を樹立するために左記の通り第一回協議会を開催しますので必ず出席するよう御配慮願います

記

一、日時　昭和二五年四月二一日午前十時
二、場所　高知市立第六小学校二階作法室
三、協議題　1. 二十五年度教育計画について
①同和教育
②出席督励
③異常児童教育
2. 参会者
①担当教員
②厚生課係員
③児童課係員
④教委指導課係員
⑤教委社会教育課係員
⑥教務課管理、人事

この案内文で通知された一九五〇年四月二一日の高知市立第六小学校での会合について、出席者の一人、福吉利雄が翌月の『教育月報』（高知県教育委員会）に、「社会福祉教育協議会の誕生について」と題する記事を書いている。

四月二十一日高知市第六小学校で教育長の招集による生活指導教員第一回打合せ会が楠瀬教務課長司

会のもとに催され課長の「戦後次々に法令、法規が出されたが、当局のいろいろな施策、かつ又教育指導の面においても、万全であったとは決していいえなかった。そこに思いを致すとき、本年度は異常児教育、同和教育、不就学督励といった面につき、とくに皆さん方の御努力に期待するところが大きいのです」との挨拶があって協議会に入った。つづいて同和教育、出席督励、異常児教育等の二十五年度の計画について、児童課の中島児童福祉司から法的な裏付を詳細に説明があり、上岡指導主事の精神薄弱児の指導についての計画、前島主事の社会教育年次計画説明等を中心として、質疑応答をかわし、各出席者の体験をもとにしての話題が交換されるうち、出席者の意向が期せずして、「われわれ教育実際家が主軸となり、関係官庁、有識者、諸団体を網羅する協議体を作り、積極的にやっては」の方向に動いて、進行係を勤めていた川添主事の産婆役よろしく、ついにめでたく産声を発し、一同が名づけ親となって「社会福祉教育協議会」とした。（傍線は倉石による）2

筆者の福吉利雄はその後、高知県教組委員長の重責を務め、高知市内の主要な同和教育校の一つである朝倉中学校校長を務めるなど、重要な役回りを演じた人物である。福吉が経緯を記したこの会合が、のちに福祉教員の呼称で呼ばれるところの、長欠・不就学対策や同和教育、障害児教育の発展に大きく寄与した教員たちの初会合であったことは、内容的に疑う余地がない。いま大変興味深いのは、いずれにおいても福祉教員という文言は見当たらず、その代わりに呼称として「生活指導（特別）教員」が用いられている点である[3]。

もう一つ、呼称に関わってこの四月二一日の会合が果たした重要な役割がある。それはこの場の合議によって、会そのものの名称が「社会福祉教育協議会」に決まったということである。案内通知では暫定的に「生活指導特別教員第一回協議会」となっていたが、民主的な方法で、より活動の本質をあらわすにふさわしいと思える名称を決定し、その中に「福祉」という文言が盛り込まれたことが注目される。会合をしつらえた県教委・行政側が用意した、ある程度教育用語として通りのいい「生活指導」をあえて退け、「社会福祉教育」の名を掲げたところに、ここに集った人々の強い意気込みを感じる。

会の名称の自律的決定プロセスが象徴するのは、「実行部隊」としての個々の教員たちと、任命者である県側との力関係である。端的にその関係性を言えば、県側のコントロールの度合いは低く、集められた「特別教員」たちの自律性が極めて高かったのではないだろうか。福吉の記事に、「われわれ教育実際家が主軸となり、関係官庁、有識者、諸団体を網羅する協議体を作り、積極的にやっては」という声がわざわざ紹介されている点にそのことが見て取れる。また、そもそもこのような、長期欠席者に対する督励や同和教育に専ら当たる特別教員制度については、前章でみたようにその設置が有志によって繰り返し県側に求められてきた経緯がある。その要望がかない、ようやく実現したのがこの日の会合であった。当日席上に呼ばれた初代「福祉教員」たちの中には、その要望活動の中心となり、試行的運用段階で出席督励教員を経験したりしてきた福岡弘幸のような者が含まれていた[4]。戦前・戦中から同和教育について経験や見識をもつ者もいたし、上述の福吉のような組合運動の実力者もいた。一言でいえば「猛者」たちの集団であり、そう簡単に県が御すことができる相手ではなかった。いずれにせよ重要なのは、「福祉教員」という後の定番となる呼称が徐々に定着していく背景に、このような行政との力関係や極めて自律的で民主的な空気があったことである。

2 「福祉教員」の使用例

のちに定着し後世にいたるまで広範に用いられることになる「福祉教員」の名称が、当初から存在したわけではないことを確認してきた。だが、使用例が全くなかったわけではない。きわめて早期の段階で、県教委関係者が「福祉教員」の語を用いている例を紹介したい。やや長い引用で福祉教員の語は末尾に登場するにすぎないが、文脈が重要なのでそのまま引用する。

三、特殊教育の現状

（中略）つぎに、教育委員会はどのような施設をもち、どのような推進をはかっているか。

その一つ、盲・ろう児教育のために、盲ろう学校があることは周知のとおりである。

その二つ、精神的欠陥のために、特別学級のもうけられている学校が、安芸第一、高知三里、同昭和、同旭、吾川伊野の五校がある。

その三つ、同和教育や出席督励のために特別任務をもつ教師の配置されている学校が、安芸郡に、室戸小・中、室戸岬第一中、香美郡に、城山中、赤岡小・中、長岡郡に、長岡小、鳶ケ池中、高知市に、朝倉小・中、長浜小・中、高岡郡に、日下小、戸波中、須崎中、幡多郡に宿毛中の十六校である。（中略）最後に、高知県社会福祉教育協議会について、ぜひふれられなくてはならない。これは、直接に特殊教育推進の役目をになって配置された人たちが、中核となり、その発起によって生まれた、いわばこの教育前進のための挺身隊なのである。（中略）この協議会の歩みに対し、本県特殊教育前進のためによせられる期待は実に大きい。だが、この会をして、遺憾なき活躍をなさしめ、その成果の大を望もうとするならば、あらゆる方面からの、物心両面にわたる、おしみなき支援がうらづけとならなくてはならないことを特に強調したい。以上のように、つらねあけてみれば、必ずしも、おろそかにされている特殊教育ではない。しかしながら、これは、おろそかとか、なおざりどころのさわぎではなくて、つねに万全の方策がたてられ、措置が講ぜられていなくてはならないことだ。そのためには、相当数の児童生徒をもつ学校には、特別学級がそれぞれ、生まれてよいことだし、あるいはまた、市または郡単位に、組合立か県立の養護学校というか、特別学校が設立されて不可なく、福祉教員が一校一名位は設置されて然るべきものである。（傍線は倉石による）[5]

この文章の筆者、上岡武猪は県教委指導主事の立場にあった人物であるが、特殊教育（障害児教育）への情熱がとりわけ強く、同じ『教育月報』にたびたび、障害児教育の振興を訴える論考を発表している。ここでの文脈も当然、障害児問題を念頭においたものと考えられるが、理想論と分かりつつも上岡が「一校一名位は設置されて然るべき」と主張する「福祉教員」なるものが、もっぱら障害児問題だけに専念する教員を想定していたとは考えにくい。同和教育や出席督励といったテーマが、特殊教育と同一ではないにせよ、極めて密接に関連する問題として、何の不自然も感じさせず文中に登場することに注意しなければならない。ここでの「福祉教員」とは障害児の専門家と言うより、各学校が置かれた状況に応じて、いわゆる特別な配慮を要するさまざまな子どもたちのニーズを満たすため、フレキシブルに動ける要員を含意していたのではないかと考えられる。

3 「福祉教員」が徐々に定着へ

それでは次に、本格的に制度が始動してからの名称・呼称の変遷を見ていきたい。福祉教育協議会結成に続く重要な節目は、一九五〇年一二月一五日開催の第一回社会福祉教育発表会である。これは結成間もない協議会の、もっと言えばデビュー後間もない特別教員たちの、世間へのお披露目の場であった。以下は、組合委員長に宛てたこの発表会案内の公文書の抜粋である[6]。

図補1-2

二五児第五三五号
昭和二十五年十二月七日
高知県民生部長
高知県教育長
井上苗繁　殿
社会福祉教育発表会開催について

〈中略〉

記
一、主催　高知県、高知県教育委員会
県社会福祉教育協議会
二、後援　高知市教育民生部
高知県教員組合
三、場所　高知市朝倉小学校講堂
四、期日　昭和二十五年十二月十五日
五、参加者（順序不同）
県民生部長
教育長
県議会厚生常任委員

全　文教常任委員
高知市教育民生部長
県厚生課長
全児童課長
市厚生課長・市教育課長
全公民課長
県児童福祉審議会委員　八名
県青少年問題対策協議会員　九名
市民生委員常務
朝倉地区民生委員
県社会福祉教員・その他一般教員
P．T．A．会員・町村長・全厚生主任
県・市教員組合長・全文化部長

六、日程
午前
九、三〇　開会のあいさつ
九、四〇　体験研究発表
一一、四〇
(イ) 出席督励を顧みて　山本実子（長浜）
(ロ) 同和教育の断片　福岡弘幸（鳶ヶ池中）
(ハ) 精神薄弱児児童取扱の留意点　川崎誠樹（昭和小）
(ニ) 不就学生徒について　谷内照義（朝倉中）

（ホ）不就学児童生徒受け入れについて　長尾正利（戸波中）
一一、四五　メッセージ
一二、〇〇
正午　昼食
午後一，〇〇　発表を中心としての討議
二、三〇
二、四〇　特別講演　四国民事部教育課　和田正夫
三、四〇
三、四五　閉会の挨拶

まずここから読み取れるのは、傍線で強調したとおり「社会福祉教員」の名が登場することである。この名が、特別教員たちの結集の場である「社会福祉教育協議会」の名にちなむことは一目瞭然である。のちに社会が外れて「福祉教員」の名が定着することは周知のとおりだが、そのルーツは、「生活指導」という通りのよい名称をあえて退け、自らの意志で主体的に会の名称に付けた「福祉」の語にあったことが確認できる。またもう一つ重要なのが、来賓として四国民事部[7]の人間、すなわち占領軍当局者がこの場に呼ばれていた点である。発表会の場が、占領軍当局へのプレゼンテーションの意味も兼ねていたことを押さえておきたい。

一方、民間レベルでこの教員たちがどのように呼ばれたかをある程度物語るのが、地元紙『高知新聞』の記事である。以下時系列に沿って、四つの記事から引用する（以下すべて傍線は倉石による）。

①不就学生の就学促進につき県教委教務課は県下全学園の就学状況を調査中だが、うち市朝倉中、長浜小、中三校は予想以上によく（中略）また朝倉中は四月三十一名いたのが十九名に減ったほか「出席常ならざるもの」が同月十一名あったのが完全就学の好成績を示している。これは今年度から各校に特別教官を配置して就学を促進した好結果とみられているが、同時に朝倉中など県厚生課から学生服三十着を実費で、児童課からは無償で衣服四着の特配を受け学費を補助、またＰＴＡによる補助などによって不就学の主な原因である家庭の貧困を救ったためともみられ、さらに同校では二学期を迎え一年生の完全就学（現在二名）長期欠席のまんえん防止、特別学級編成による特別教育など対策を立てゝおり、いま県下的に不就学生が一掃されてようとしている。[8]

②学校がいやだったり家庭が貧乏などのため学校にゆけず毎年学校はもちろん町村や県当局の頭痛のタネとなる不就学生徒は（中略）なお県下中学校で千二百名（全生徒の二・五％）にのぼり、これに対し今年からは就学促進のため特別に配置した社会福祉教員を主に十八日準備会を開いたのち今月末ごろ県下就学児童生徒問題対策協議会が結成され具体策を立て解決に全力を集中、不就学児童一掃に乗出すことになった。[9]

③県福祉教育協議会、香美郡赤岡小中学校および赤岡町共催の不就学長欠児童生徒の教育研究会は（中

略）一八日午前十時から赤岡中学校講堂で（中略）二百余名出席して開かれ、志磨村赤岡町長ほか主催者側のあいさつについで近藤赤岡小学校、山崎同組合中学校、山田室戸中学校の各福祉関係教諭の体験、赤岡ＰＴＡ代表吉田糸喜さんの家庭環境についての発表、川村知事の福祉教育に対する激励の辞があって昼食ののち小中学生のレクリエーションについで神崎氏から前期四氏の発表を中心に福祉教育の在り方について一時間半にわたって講演があり、…[10]

④（「昨年度の本県教育界・座談会」）

福祉教員制実を結ぶ

――義務教育の振興について、不就学児は減ったか

福吉　昨年はほとんど解消した

楠瀬　これは福祉教員制三年目の大きな成果であるが最近は父兄も理解してきた

福吉　一昨年の教研大会で発表して以来他府県でもマネをしている[11]

記事④の座談会からの抜粋は、本格配置から丸三年が経過した一九五三年四月のもので、見出しに「福祉教員制実を結ぶ」とつけられ、県教委内部で深くこの制度に関わった楠瀬洋吉もその言葉を口にするなど、この呼び名が定着した感がある。一方でそこに至るまでには、「特別教官」「社会福祉

教員」「福祉関係教諭」などさまざまな呼称が使われ、この面で不安定な時期が続いたことが分かる。おおむね三年を経て、名称・呼称の問題が落着したと考えることができる。また関連して注目されるのが記事③中の、「川村知事による福祉教育に対する激励の辞」のくだりである。長欠・不就学問題を直接の契機として配置された特別な教員たちの呼称が、じょじょに「福祉教員」へと収斂していくのに合わせるように、この教員たちが担う教育実践に対する総称として、「福祉教育」という語が登場してくる。以後、福祉教育の語も定着し頻繁に用いられることになり、生活指導をはじめとする既存のカテゴリーはここに完全に退けられることとなった。

4 「福祉」という用語の含意

特別に配置された教員の呼称をめぐる曲折を追うことを通して、福祉教員制度の成立直後の動向、そこから解釈できるこの制度の特性を明らかにしてきた。特に強調したのは、この制度のもと糾合された教員たちが県教育行政に対して高い自律性を有し、そのことが従来の教育関係者の語彙にはなかった「福祉教員」「福祉教育」という新たな名称や概念の創出につながっていった、という点である。まとめにあたる本節では、教育関係者に耳慣れない「福祉」という語が、なぜ新時代の教育を語るキーワードとして選び出されたのかの事情について、視野を広げながらもう少し掘り下げて考察してみたい。以下、筆者なりの二つの仮説を提示する。

(1) 占領軍当局を意識した言葉遣いとしての「福祉」

「福祉」の名称が占領軍当局を意識した用語法であることを論証する前提として、占領軍当局(高知軍政局、のち高知民事部)が同県の長欠・不就学問題に強い関心と深い憂慮の念を持っていたことをおさえておきたい。ここでは一九四七年から四九年まで二ヶ年にわたり高知に滞在し、高知軍政部(民事部)教育課長の任にあったW・A・クラムの言に着目する。

クラムはスタンフォード大学で学位を取得後、オレゴン州のリード大学やハワイ大学教授として教育心理学を講じた教育専門家[12]で、高知赴任後次第に県民の人気を博し、高知新聞にもたびたびその名が登場した[13]。そのクラムが「高知縣における教育」と題して一九四九年二月から五月にかけて書き残した文章[14]のなかに、長欠・不就学に言及したものがある。

日本は多年間義務教育を行って来ている。併しながら、義務年限が延長せられたのは極く最近のことであり、現在では児童は皆九年級を終る迄通学を要求されている。之は著しい進歩で、一層よい教育及び市民資格に対し関心を持っている人は皆之を歓迎する筈である。しかし法律は実行されない限り価値がない。高知県には通学していない義務教育の生徒が約二千いる。其の中のあるものは病気或は怪我という通学していないのに対するよい理由がある。しかし大部分のものはその両親及び役人が義務を適当に果たしているならば通学していることであろう。[15]

児童を通学させずに置く両親は皆国家に対し非常な不正を行ってをるので、その心得違を直に改める必要がある。通学していない高知市の二百六十六人の生徒及び全県下の町村の登校していない生徒は新学期が始まると、夫々の級に帰って行くのが当然である。若し帰って行かなければ当局は直に有効な処置を講じなければならない。[16]

以上、高知の教育を間近で監督する占領軍当局のまなざしを確認したところで、次にもう一つのポイントである部落差別、特に「同和」という言葉の占領下における微妙な位置に目を移したい。

周知のようにサンフランシスコ条約の発効によって日本が「独立」を回復したことを契機として、それまで占領下で見合わせられてきたさまざまな政策が、日本政府の手で始動することになった。同和教育推進も、その中の一つであった。一九五二年六月二七日付の文部次官通達では、「わが国には永年にわたって一部少数の同胞をことさらに区別してこれをべっ視するろう習を残している地方もないでは」ないとした上で「学校及び社会の教育を通じて同胞一和精神を徹底させることが最も必要且つ適切である」と述べている[17]。同和教育振興を説く通達が、占領解除を待っていたかのように発せられたことは逆に、占領下という環境がいかに、このことを公然と語りにくいものであったかを物語る。その理由は明白であり、「同和教育」という言葉自体が、一九四一年六月に大政翼賛体制の一環として諸融和団体を吸収・併合した同和奉公会の設立とともに使用されるようになった経緯に明らかなように、軍国主義と切っても切れない関係にあったためである。それまで広く用いられてきたのは融和教育、融和事業などの言葉であり、「同和」はまさに総力戦体制とともに出現した官製語彙にほかならない[18]。

このように、福祉教員制度の立ち上げ期、あるいはそれに先立つ模索期ともいうべき戦後初期の時代においては、「同和」ないし「同和教育」の看板を堂々と掲げた公的事業を推進することはなかなか困難であったと推察することができる。しかし他方で、戦後新学制のもとで長期欠席問題が極めて深刻な状況を呈し、高知県においてはその出現が特に被差別部落（同和地区）の子どもにおいて顕著に現れているなかで、クラム博士の批判にうかがえるように待ったなしの対応に迫られていた。こうした矛盾を切り抜けるための方便として、「同和」に代わる看板として「福祉」に白羽の矢が立った、という仮説を立てることができるのではないか。これを例証する存在が、一九四八年六月に成立をみた高知県社会福祉委員会である。一九四七年におきた校長差別事件が県議会で追及され、知事が善処を約束したことを受け、同和対策の施策を進めるための「知事の諮問機関」として発足したものである[19]。戦後高知県における同和事業の始まりを画する組織が、占領下で「社会福祉委員会」という名で発足したことは、関係者による苦心の打開策だったのではないだろうか。もしこの仮説が正しいとすれば、「福祉」教員の自律性は県当局に対してのみならず、もっと巨大な権力に対しても発揮されていたものと言えるかもしれない。

(2)「特別(＝暫定)」を駆逐するレトリックとしての「福祉(＝恒久)」

先に述べた「同和」と「福祉」という言葉の対比ほど目立たないもかもしれないが、当該教員たちに対する当初の呼称には、特別配置教員、生活指導特別教員など、「特別」という文字が必ずといってよいほど付されていたのが、福祉教員へと名称が収斂されていく過程で「特別」が抜け落ちていった問題、これを取り上げてみたい。

「特別」が消え去っていった理由については、いくつかの説明を考えることが可能だ。いわく、福祉教育が取り組もうとしている問題は決して教育の傍流、周縁に位置するのでなく、むしろ学校教育の存立にかかわる基礎、土台に関わるものであり、その本質的なものを「特別」視するとはなにごとか……。こうした本質論がたたかわされた可能性も十分に考えられるが、ここではもう少し当時の状況に即した実際的な仮説を提示してみたい。

すでに見たように福祉教員制度は、以前から部落問題や融和教育に関わってきた人々の熱心な陳情が実を結び、県を動かして設置されたものであったと同時に、県当局の側でフロントに立って尽力した県教委関係者らのこの問題に対する並々ならぬ思い入れ、熱意があってこそ実現したものであった。両者の間には相響き合う良好な関係が存在したはずである。しかしながら、この制度の将来構想について両者がどれほどのすり合わせを行ったかについては全く不明のままである。もっと具体的に言えば、県当局側のなかには長欠・不就学問題が激化していることへの対応、対策としての制度という考えが念頭にあったはずであり、この問題が鎮静化したあと福祉教員が何を責務とするのか、そもそも制度はその後も存続するのかについては、白紙の状態であったと考えられる。当初の名称に「特別」の語が付されていた含意の一つとして、それが決して恒久的なものでなく、あくまで緊急避難的措置として考えられていたのではないだろうか。それに対して、福祉教員制度の実現を要望してきた運動関係者、教員の側は、この制度がさらに発展し恒久化することを望んだものと推察される。少なくとも、福祉教員制度が早期に打ち切られ廃止されることを望んでいなかったことだけは確実だろう。このように双方の間には、暫定かそれとも恒久かをめぐる思惑の違いが、くすぶり続けていたものと考えられる。

ここで仮説的に提示する考え方は、県当局の「暫定論」をけん制し、できる限り長く制度が存続することを望む側が、その主張を込めて「福祉」の語を使ったのではないかという仮説である。福祉というのは言うまでもなく生老病死といった人生のあらゆる局面につきまとう、普遍的な課題である。決して付け焼刃の、その場しのぎの対応で片づけられる課題ではない。教員、教育に「福祉」をつけた福祉教員、福祉教育という造語によって、その存在の普遍妥当性をアピールしようとしたのではないか。不十分ながらこのことの傍証として参照したいのが、先に引用した県教委指導主事上岡武猪による「福祉教員一校一名配置論」である。この文脈で上岡は、当然のことながら暫定論にくみしておらず、恒久的な配置を主張している。さきに考察したように、上岡は障害児教育の専門家であり、その文脈で理解すべき提言ではあるが、かと言ってここで言う「福祉教員」には、狭義の障害児教育プロパーにとどまらない、幅広い問題に柔軟に対処できる社会活動家的教員像が含意されていた。いずれにせよ、いち早く福祉教員の呼称を用いたことで銘記された上岡が同時に恒久配置論を主張したことには、偶然の一致とは思えない深い意味があると考えるべきではないだろうか。

おわりに

以上本補章では、やや周縁的な問題とも考えられがちな福祉教員という「呼称」の問題にこだわり、その定着過程を跡づけてきた。またその名称にこめた諸アクターの思惑や願を読み取ってきた。ここからは、福祉教員制度にいかに多くのアクターが関与したかが改めて浮き彫りになった。福祉教員組織の自律性・自発性・民主性といった特徴は、制度設立にイニシアチブを発揮したと思われがちな県教育行政さえも一エージェントとして機能したに過ぎなかったことを傍証しているものと考えられる。

■注

1 吉田文茂氏の仲介により実現した、高知県教育会館屋上倉庫内調査において発見。昭和二五年度文書綴に含まれていた。

2 福吉 1950、二四頁。

3 生活指導という概念については、のちに政府・文部省サイドから出された官製概念である生徒指導との対比で「民衆の側に立つ現場の教師たちが生み出したペダゴジー」(木村・小玉・船橋 2009、一五五頁)だとする評価がある。

4 当日の会合に出席した教員は、西岡力、中沢嘉夫、疋田英雄、岩崎弘、山中浩氣、福岡弘幸、山崎真一郎、谷内照義、福吉利雄、山本実子、川添軍治、久保五九百、川崎誠樹、高野信寛、荒川弥一郎、長尾正利、伊藤敏夫の一七名である(福吉、前掲、二五頁)。このうち鳶ヶ池中学校からは校長の山中、福岡の二名が出席しているのが目にとまる。

5 上岡 1950、三三 - 三四頁。

6 吉田文茂氏の仲介により実現した、高知県教育会館屋上倉庫内調査において発見。昭和二五年度文書綴に含まれていた。

7 高知軍政部は一九四九年七月に高知民事部に改称され、さらに同年一一月、整理統合により閉鎖された。その機能は、高松に置かれた四国民事部に移された。

8 『高知新聞』一九五〇年九月一八日付。

9 『高知新聞』一九五一年五月一三日付。

10 『高知新聞』一九五二年一〇月二〇日付。

11 『高知新聞』一九五三年四月六日付。

12 Cram(高知縣弘報委員会事務局編集)1949、五頁

13 広瀬 1970。阿部彰は、地方軍政部教育課の教育官のなかで「教育上の一家言をもち真摯な教育者として誠実か

つ対等に日本人と対応し、関係者に感銘を与えた」一人としてクラムの名を挙げている（阿部1978、一三六頁）。

14 Cram、前掲、一〇頁

15 前掲、一三三頁。旧漢字は新漢字に改めてある。以下同様。

16 前掲、一二五頁。

17 一九五二年六月二七日付、文部次官日高第四郎より、教員養成学部を置く国立大学長、都道府県教育委員会宛に発信された文大教第四七二号通達。

18 そのことを示すものとしてよく引き合いに出されるのが文部省社会教育局1942である。

19 吉田2010、二五六頁。

第2章

三つの実践記録を結ぶもの・隔てるもの

福祉教員が経験した「歴史的断層」に関する考察

はじめに

高知県において長欠・不就学問題解決に尽力した「福祉教員」の実践記録としては、一九五四年に刊行された『きょうも机にあの子がいない』が広く知られており、第1章における叙述においても重要な資料として参照した。しかし言うまでもなく、その刊行で福祉教員の活動が途絶えたわけではない。高知での現地調査において、その七年後の一九六一年、執筆メンバーも一新して刊行された福祉教員の実践記録『子らをみつめて』を発掘した。両者とも、高知市内の福祉教員による記録である。本章ではまずこの両者を比較検討することから、高度成長期を迎えた一九六〇年代における福祉教員を取り巻く環境の変貌を浮き彫りにする。さらにそれに加えて、初代福祉教員であった谷内照義を校長に迎えた高知市立朝倉中学校における同和教育の諸相（一九六一～六六年在任）を、学校刊行の実践記録『あさかぜ』を手がかりに検討していきたい。

これらの作業をとおして、『きょうも机にあの子がいない』――『子らをみつめて』――『あさかぜ』という、時代を異にする三つの実践記録に引き継がれているもの、また断絶してしまったものを浮き彫りにすることが期待される。すなわち、制度草創期の一九五〇年代前半から高度成長期に入った一九六〇年代後半までのタイムスパンで、福祉教員の経験に生じたある「断層」が明らかにできると思われる。またそのことを通じて、1章とは異なる角度から、福祉教員をめぐるある種の通史的な認識が得られるものと思われる。

1 『きょうも机にあの子がいない』

高知の福祉教員といえば「きょうも机にあの子がいない」――。こんな連想ゲームが成立するほど、この実践記録の標題は時空を超えて人びとの心に刻まれている。まさに名キャッチフレーズだったと言うべきだろう。だが、一九五四年五月三一日に刊行された実践報告冊子『きょうも机にあの子がいない』[1]の内容は、意外にあまり知られていない。もともとガリ版冊子として刊行されたものだが、歴史的意義をもつとの判断から、東上高志の監修のもと一九八七年に『同和教育実践選書』の一冊して復刻されたほか、近年では高知・高岡解放教育研究会が原典のガリ版冊子を復刻している[2][3]。

この実践記録は、今日の視点から見れば「カタログ的」な作り方をされていて、内容を客観的にまとめにくい構成になっている。全体は六章から成っている。一章が「問題の提起」で、その前半部は「五つの事例」として福祉教員が出会った具体的事例の略述、後半は「福祉教育の位置」としてその本質を論じている。二章は「学校の責に帰する諸問題」と題して、福祉教育の対象となる「問題児」たちの国語・数学の学力テストならびに漢字能力テストの結果分析がデータ呈示と共に行われ、残りは「一般教員の手記から」「卒業生の寄せた二つの手紙」と題する小節が占めている。三章は「問題の地域的偏在」と題し、朝倉・南海・潮江の三中学校校区の生活実態と長欠・不就学問題の概況が述べられ、「失対就労者地区別表」が付加されている。四章は「実践記録」で、前半が匿名の福祉教員の日記の抄録、後半が「問題児対策の跡を追った記録」と題して五本の実践記録が収録されている。また「福祉教員活動実績」として、どれだけ欠席が減少したかのデータが掲げられている。五章「問題生徒の早期発見(南海中学校)」、六章「関係機関の機能」の二つはごく短いもので、事実上は一章から四章の四部構成といってよいだろう。あとがきに筆者として名を連ねているのは橋本碩治、松下盛夫、横田登志雄、水田精喜、寺崎伸一で、いずれも高知市内に勤務する福祉教員たちである。

すでに前章でもこの実践記録の内容に触れているので、重複を避けて簡明に述べることにしたい。そのためここでは、一章「問題の提起」の中の「五つの事例」の記述から断片を拾うことで、この背景にある福祉教員の仕事をとりまく一九五三年ごろの状況を把握する。その第二例には「子供の為に、子供の人権が無視せられる封建的な処生観」と小見出しがつけられている。本人Hは中学三年生男子、父の職業は「農業、荷車曳」、生活程度は「経済状態は部落に於て中の上位に属し、家も納屋も、がっちりと大きく立派な百姓家である」。ここで特に取り上げられているのが、父親の教育に対する関心である。

「Hは学によって飯は食わないから、今から仕事に馴れさせておかんといかん。それに少しでも財産をふやしておいてやらなければ、自分が死んだ後が心配である。」これは父の持論である。或日また父はこんなことを平気で語った事がある。「三年前、福祉係のT先生と、娘の出席のことについて随分喧嘩したものだ。一体先生、もし学校へやらなかったら罪につくかよ。」「勿論、義務教育だからね。それを家庭の理由で勝手に欠席させて出さないとすると、当然親がその責任を問われるね。」「一体罰金はなんぼ取られるろうのう。もう先に払っちょくが。」「…そりゃまあおまんくの田をちっと売らにゃいかんかも知れんのう。」「それがたまるか、おまんそう払えるかよ、馬鹿言いなや。」「馬鹿はおまんが言いゆうじゃないか。だから学校へやらにゃいかなよ」。果たして馬鹿はいずれにありや。4

福祉教員の実践記録の至るところに顔を出す、子を学校にやらぬ親との攻防の一幕であるが、父親から「罰金なら先に払っとく」と機先を制され、一瞬言葉に詰まってから「それには田を売って金に換えないといけない」と出任せを言って、その場をしのいでいる。子どもは「学によって飯を食わない」から、学校に寄越す必要はないとし、罪になるなら金も出すとまで言う父親に対して、福祉教員の側が、それに対抗するだけの〈教育〉の論理を持ちえておらず、説得しあぐねている様が手に取るように分かる。「不就学の家には、田を売らねばならないほど高額の罰金が科せられる」、と苦しまぎれの出任せを口にせざるをえないところに、逆に福祉教員がひっさげる〈教育〉の論理に対抗するような、オルタナティヴとしての〈生活〉の論理の強固さを感じる。

次に、より直接的に部落問題に言及した部分として、三章「問題の地域的偏在」の「(一)朝倉小学校の過去と現在」を参照してみよう。この箇所では、まず朝倉地区における明治初年以来の教育のあゆみを概観したのち、「過去の出席不良地区は判らないが、現在本校に於けるそれは同和地区である。すべての児童がそうであるのではなく、地区の中でも休む児童の家庭は固定しつつある」と述べ、現代的課題が部落差別問題と密接に関わっているとの立場を明らかにしている。そして「不安定な生活を続ける保護者の声」として、次のようなものを挙げている。

○学校に出しても出来が悪いから、休ませて今から仕事を覚えさせる。
○学校を出ても就職出来ないから、無理して出しても役に立たない。

○大学に行くのでもなし、先生にもなれんから、余り言わんでくれ。
○まあ今日働いてもらわんと困るから休ませてくれ。
○一日位休んでも子供は大したことはない。
○今日始めて家内にも仕事があったので、子守に休ませてくれ。明日は出す。
○仕事場に子供をつれていくと嫌われるから、子守に休ませてほしい。
○夫婦共に働くので、人の事全部させねばならんので休ませる。

ここにあげられた声からもまた、学校を中心に組み立てられた今日の学歴主義的価値秩序とは異なる秩序が、当時の部落にひろく見られたことが読みとれる。しかし先ほど見た「田んぼを売る」話と比較しても、朝倉地区の親たちの声は、悲痛な叫びともいえるようなトーンを帯びている。多くの被差別部落について共通して言えることであるが、朝倉地区の場合、オルタナティヴな価値秩序を支えるような生産基盤はきわめて脆弱で、主流の価値に抵抗する強さに欠ける分、よりスティグマを深く内面化してしまうおそれがある。特にこの当時の朝倉地区の場合、伝統的な部落産業への従事よりも失体事業が主流となっていたと思われるので、よりそうしたおそれが強い。実際、この章でも「同和地区の保護者の中で、定期、不定期を問わず、日傭労働に働いている数は、一九四名もあり、家庭訪問に行っても、その多くは生活の困難を訴え、毎月行われている授業参観日にも、同和地区の保護者の出席は固定化しており、日傭労務に働く保護者は、殆んど出席しない」ことが指摘されている。そのことは、同じ「(一) 朝倉小学校の過去と現在」の中の、「学校行事について、保護者がどれ位来てくれているのか」に関する調査結果にも示されている。それによると、一九五三年度の体育大会に子供自身で親に来てもらえないと考えた数は、一〜六年の合計で一六九名、だが当日実際に来なかった数は合計六五名でそのうち同和地区が半数を占めたという。ところが他方、学芸会において次のような事態が生じた。

本校は学芸会発表には、全児童の参加を主としているが、欠席や長欠の為、四年間一度も発表した事のない児童を主として、発表を行ったが、一度も来た事のない親が、早くから来て坐っているのを見た時、やはり子供のことは忘れていたのではなかったことを知る事が出来る。来る機会を与えてやらなかった、われわれの責任を痛感する。[6]

この箇所の筆者は、「やはり親は子どものことが気になるものだ」という一般論で結論づけている。しかし同地区の保護者たちは、一方で主流の学校に親和的な価値秩序になじまず、他方でそれに抗するオルタナティヴな価値秩序を支えるだけの生産条件を持ちえないという、宙づり状態に置かれていたと考えられる。そうした中から、こうした学芸会のエピソードに象徴されるような、学校に密着することも、離れきることもできないディレンマ状態におかれたのではないかとも解釈できる。

『きょうも机にあの子がいない』が世に出たころに福祉教員が直面した困難の背景には、いまだ学校を中心とする価値秩序が定着しきれず、社会のそこかしこにおいて学校とは異なる価値秩序に基づいた固有の社会文化的世界が、そしてそれに付随して独自の「生活」の論理が、確固として存在していたことがある。しかしながら、そうしたオルタナティヴな価値に基づく「抵抗」をあまり過大に評価してはならないことにも注意せねばならない。朝倉地区の事例に明らかなように、被差別部落の中には、そうしたオルタナティヴな価値からも疎外される条件下に歴史的におかれてきた地域も存在するからだ。この当時、朝倉地区のように全面的に失体事業に依存せず、いわゆる部落産業や地区独自の生業がそれなりに機能していた場合もある。そうしたものが、ある程度、学校とは異なる価値秩序に基づいた固有の社会文化的世界を築くのに資したと言えるかもしれないが、そうした産業や生業もまた、部落が農・林・漁業という第一次産業の中心部分から疎外され、その周縁に位置づけられた結果にほかならなかった。こうした点を留保しつつ、いちおう以下では『きょうも机にあの子がいない』の時代、いまだ学校にとってオルタナティヴな価値秩序が地域社会に存在し、それが福祉教員の主たる課題を構成していた、との枠組みで議論を進めていくことにする。

最後に、『きょうも机にあの子がいない』を執筆した一九五三年度当時の五人の福祉教員のその後について、補章2で詳しく言及する水田精喜を除いた他のメンバーに少しふれておこう。橋本碩治はその後長く福祉教員として活躍し、のちに青少年非行対策の分野で重鎮と目されるようになる。次節でふれる高知市少年補導センターの主事も務めている[7]。横田登志雄は当時、南海中学校福祉教員であったが、早世している[8]。寺崎伸一はその後長く、朝倉小・中学校で福祉教員を務めた（補章1参照）。市内の福祉教員にスクーターへの配給決定を受けて、寺崎は、「本決まりになりましたか、大助かりです。福祉担当になって九年目ですが、受持ち地域には坂道が多く、半分ぐらいは自転車を押してました」[9]との談話を残している。

2 『子らをみつめて』

一九六一年四月二〇日付刊行のこの実践記録（高知市福祉教員部会 1961）の執筆者は、巻末の奥付によれば次の七名の福祉教員であった——森川義弘、川添渉（渡）、小坂則雄、田島清衛、米津洪志、上野静子、寺崎伸一。これを『きょうも机にあの子がいない』執筆メンバーと見比べると、わずかに寺崎伸一のみが重複しており、あとの六名は新参メンバーであることが分かる。

次に目次を見てみよう。全六章から構成されている。「はじめに」「一、疎外を生むもの」、「二、問題性の諸相」、「三、同和教育と部落差別」、「四、くりごと」、「五、同和教育の広場をつくろう」、「六、家庭のカベ」。このうち、ガリ版二段組で全一二四頁のうちのおよそ半分近くの六〇頁が「一、疎外を生むもの」で占められているのが目につく。また各章ごとの分担執筆者名は記されていない。

この実践記録の背景をつかむため、まずは「はじめに」の文章からフレーズを幾つか抜き出してみよう。「地域性の中で行動している福祉教員は、さまざまな問題にぶつかりながら、子どもたちのしあわせを守り、同じあやまちを二度とくりかえさないための努力をしてきました」[10]。地域性という言葉に示されている背景に注意したい。この当時、高知市内において福祉教員は「地域担任制」[11]のもとで一人が複数の学校区を受け持ち、場合によっては相当広範囲を担当していたという実情があった。続けて「しかしながら、どの学校でも、それぞれの教育目標に向かい、その達成に、不断の努力がされていますが、非行は、いぜんとしてあとをたたず、児童生徒の生活指導に追われているのが実情ではないでしょうか」[12]。ここに、本実践記録集の主題がはっきりと示されている。それは児童生徒の非行や生活指導上の諸問題であり、『きょうも机にあの子がいない』で強調されていた長欠・不就学問題は、もはやその影すら見出せないのである。もとより、『きょうも机に…』の中でも非行や生活指導は重大なテーマの一つであった。しかしこの時期、そうした問題への向き合い方に「取り締まり色」が以前より色濃くなりつつあった面は否めない。

このことと深く関わる歴史的事実として触れねばならないのが、高知市少年補導センターの発足

（一九六〇年四月）と、福祉教員のそこへの配置問題である。『子らをみつめて』に収録された活動日誌の中にも、「学年はじめまで三日間、異動問題等で終日走り、話し合いして暮れる。福祉教員異動についての、解放同盟、生徒、父兄一丸となっての対市教委交渉が、その主題である。補導センターに福祉教員を配置したことの当、不当をめぐって紛糾したためであった」[13]とある。このセンターは、学校と警察との緊密な連携によって少年非行に対処するため設置され、警察官とともに高知市内の福祉教員を常駐させる体制をとった[14]。ところがその後批判の対象となり、大きな社会問題となるにおよんでついに同年六月、福祉教員「引き揚げ」という事態に発展する[15]。一方、同センター側はこの問題について、「福祉教員の任務については、今のところ人によって若干の異なった見解がある」[16]とコメントしている。いずれにしてもこのエピソードは、二つの実践記録の間に横たわる落差、隔たりを象徴するものとして心に留めておきたい。

そしてしばらく先に、やや唐突に登場するフレーズが次のものである。「同和教育の現状をみるに、そのひろがりはきわめて不充分であります。わたくしたちは如何なる条件の中でも、同和教育は実践しなければならないし、また、それは学校教育のみでなく社会教育においても、当然とり上げられなければならないことであると考え、この点についても、努力はしてきたとはいうものの、かえりみて、その不充分さをつくづく感じているものです」[17]。非行問題が福祉教員にとって焦眉の課題であると述べた直後に、同和教育の重要性が改めて強調されるというこの論理展開は、唐突と言ってしまえばそれまでである。しかしこの唐突さが何を物語っているかを読み取ることが重要である。福祉教員がなすべき教育課題、いま仮にそれを「福祉教育」と称するとすれば、福祉教育の中の不可欠の要素として同和教育が、何の疑問も差し挟む余地もないほど自明のこととして、位置づいていること。それをこの前文から確認することができるのである。

この実践報告集のうち、もっとも注目しなければならないのが、全体のほぼ半分のページを占める第一章、「疎外をうむもの」であろう。先述のようにこれだけで二段組六〇ページに及ぶ、大作の実践報告である。この中で、冒頭付近の総論的な文章のなかに頻出する「負目（おいめ）」という言葉の使用法に注目しながら、この大部の実践報告の背後にあるものの見方を浮き彫りにしていきたい。

この章自体、大きく三つのパートに分かれている。（一）打ちこわされた人間関係、（二）能面の子どもたち、（三）集団化への苦闘、である。このうち（一）（二）はいわば前置きで、書き手の福祉教員がこれまで出会ってきたさまざまな事例が、あたかもフラッシュ映像のように次々に現われ、これによって読者を福祉教員の〈世界〉に引き込むような仕掛けになっている。これは『きょうも机にあの子がいない』の方式を踏襲している。同時にこの部分によって、福祉教員が抱えもつ、仕事の範囲がスペクトラムとして示されることになる。いわば仕事の範囲を確定しようとする作業である。そうした確定作業において重宝される中心概念が、「負目（おいめ）」である。以下この言葉に注意を払いながら、スペクトラムを示した箇所をいくつか抜粋していこう。

今学期あげた三十二の事例の外に数多い負目をせおった子どもたちが、私の担当地域＝鏡川の北＝の児童生徒二万の中には多い。多くの学校では、ボーダーライン以下の子どもたちが五一一〇％の学級が多く、問題をもつ子どもの数もかなり多い現状である。[18]

…現在、欠損家庭も中学には相当数を数えられ、戦争のいたでが子どもたちの生育歴に何らかのきずあとを残し、親と子が、戦前型、戦後型と考えられる認識の基をもち、経済再編成による資本の集中化の過程のぎせいも増大しつつあり、これらの悪い条件が、子どもたちの教育を奪いつつある事例も少なくないのである。[19]

また、貧困は、肉体的消耗と同時に精神的荒廃をさえもたらすことを三十二の事例の中から引きだせる。貧乏とのたたかいに疲れはてたあげくの親たちのしわよせが、子どもたちを悪の道へ追いやった事例も少なくない。[20]

こうして、これらのおい目を背負った子どもたちはおちついて、安堵して生活する場が、家庭にも、学校にも、ほとんど見出すことができない。そしてこの子どもたちは、学級においては孤立児童となり、周辺児童となることが多い。彼らは、この不満のはけ口を、どこかで見つけようとして、補償的行動にうつる。つい外に出る。映画館に入る。ここには誘惑の手がまちかまえており、グループに誘いこまれる。何らかの機会に入手した金は、〝食け〟や〝享楽〟などに消費してしまう。無断で家の金を持ちだして自己満足のために使用する。こうして、おいめのために正常な方向への自己統制のできないようになったこれらの子どもたちは、グループをつくり、窃盗、万引、暴力、恐喝、傷害、桃色遊ぎなどまでおい目えの抵抗を拡大してゆく。21

これらのおい目は、それぞれの子どもの背後にあり、子どもたちをゆがめ、不合理、不平等、不自由などの非民主的な雰囲気が、子どもたちを包んでしまう。そして、これらのおい目を集中的に背負わされているのが、部落の子どもたちである。22

今学期の私の手記には、数多くの病気にかかった子どもたちの記録が数多く記されているが、この外にも数倍、数十倍の病気にかかった子どもたちが、私の担当地域にはいて、担任の教師たちの重荷となっている。こうした病気にかかった子どもたちは、家庭の親たちは勿論、親戚や教師から厄介者として扱われ、級友からも疎外され、同じ仲間を求めて行動し、そのつながりは学級を超え、学年を超え、学校を超えて全市的にまで拡大され、悪質化しつつある。これらのおいめは、精神身体医学的にみる必要はあることは否定できないが、ほとんどのものが子どもたちをかこむ環境からきているといっても、さしつかえない。[23]

子どもたちは、信頼と愛情から先ず、親や教師たちに向って、心の窓口をひらいてくる。実践を通し、話し合いの中からこうした一つの方向づけと認識が確認され行動されだした頃からの私の生活は、「長欠、不就学、非行等の問題を通じてその原因を探求し、学級主任に協力する」という福祉教員への県教委のお墨付きだけを忠実に実行することだけでも、十時間労働を超過する日が多かった。もし、良心的におい目をもった多くの子どもの環境的条件の改善にでも取り組もうとすると、二四時間働いてもたりないほどの分量の仕事が、おしかぶさってきた。

今まであげてきた病気にかかる可能性のある子どもたちや、病気にかかった子どもたちは、家庭集団、学級集団などから疎外されているという実態を、感性的にしかもからだで受けとめており、それが子どもたちに孤独感や劣等感をもたさせる結果を生む。[24]

以上、「負目」（原文の表記には揺れあり）という言葉の登場する前後を中心に、この当時の福祉教員の仕事のスペクトラムを示す箇所を抜粋してみた。「知的」水準、欠損家庭、貧困、戦争のいたで、部落差別、「病気」など広がりのある事象が、その中に意味として込められていることが見てとれる。ただし最後の引用にもあるようにこの実践記録の中で「病気」は多くの場合メタファとして使用されており、実態概念とは区別されている。「病気」は、他の「負目」とされるファクタと単に並列関係にあるのでなく、それらの総称（別称）としても用いられているのだ。メタファ的使用と呼ぶゆえんである。さきほど本書1章で述べたように、草創期の福祉教員たちは直接的に〈社会〉にかかわる回路として、困難を抱える子どもの生活の改善をはかるはたらきかけを行った。基本的にその関係に介在していたのは、食べ物やお金など、人間にとって外的なモノであった。しかし「病気」のメタファで、いまここで語られている困難はもはや、そうした人間にとって外的なものではない。むしろ「病気」メタファを用いることによって、福祉教員が関心をもつ子どもの〈困難〉の領域を、かつての外的なものから、より人間内在的なものへと、内化させていこうとする意思表明がなされているものと解釈できる。この点は、三人組の実践記録の解読のポイントであるので、留意いただきたい。

また上記抜粋中の、次の文に注意をうながしたい。「この子どもたちは、学級においては孤立児童となり、周辺児童となることが多い…」、「こうした病気にかかった子どもたちは、…級友からも疎外され…」。ここから読み取れるのは、福祉教員にとって対象となる子どもらについて叙述する際、「学級」や「級友」という存在が、たとえネガティヴな関係ではあれ、自明のものとして想定されていることである。ここに、福祉教員をとりまく環境のどこが、『きょうも机に…』のころと大きく違ってきているかが読み取れる。前者の時代においては、福祉教員たちはまだ、学校の外側に、学校に向こうを張るように屹立する画然とした外部の世界を感じることができた。言い換えれば問題となる子どもたちは、学校外の世界になにか確からしきものを持っていて、そこにはそれなりに筋の通った「生活者の論理」が存在した。そうだからこそ福祉教員の方も、「教育の論理」を押し立てて渾身の力でそこに立ち向かっていくことができた。ところが『子らをみつめて』になると事情が変わってくる。問題となる子どもたちはもはや、学校の外に何も確固たるものを持ち得ていない。少なくとも福祉教員の目には、確固たるものが感得できなくなった。そこにあるのはただただ刹那的に、消費行動に身を委ねることで「代償」を得ようとする姿だけである。この、学校という存在の価値の肥大化は重要な論点なので、のちにもう一度立ち返りたい。

さらに注目されるのが、たとえ本人の家庭環境が貧しくとも、消費への欲望を煽る「豊かさ」がすぐ目の前にあるという時代状況である。「あたかも手を伸ばせば届くかに思えるほどの至近距離にある」を、「手を伸ばしさえば手に入る」へと読み替えさせることを子どもたちにうながす、「豊かな」消費社会の登場。この実践記録の舞台である高知市内の「鏡川の北」は、市内でも随一の消費社会のショーウインドーのような町でもあった。こうした舞台効果もあって『子らをみつめて』は、高度経済成長初期にさしかかった時代の子どもたちの像を、鮮烈に刻むこととなった。

それでは次に、実践記録の本編ともいうべき「（三）集団化えの苦闘」に目を転じよう。こちらは、この章の筆者である福祉教員（署名がないため特定できず）が実践現場であった、O、M、Yの「三人組」との格闘を、それぞれについて記したものである。この本編では、先ほど少しふれた「病気」の子どもという表現が頻出する点、そして書き手自身の生活上の窮状を長々と「告白」した箇所が文中、突然あらわれるといった特徴がある。三人組について筆者が一括して語っているところをまずは聞いてみよう。

> この三人組は、知能指数一〇〇を超え、教育を受けても平均して中より少し高い学力が——教育環境の条件が整備されておれば——つく可能性のある子どもたちである。しかも、学力は知能指数に相応すると考える定式はぐらつきはじめ、知能指数は変化し、教育条件を整えることによって向上した実践例も発表されつつある時点においては、教育条件を整えることも、学力を高める重要な要素といえるし、知能指数も変える可能性もあるといえよう。ともあれ、この三人組は、家庭環境に彼らの病気の根源があり、人間発達の重要な時期である幼少年期を教育条件の不十分、不備を指摘できる要素を包含する家庭環境の中で、不満足な生活を十年も過ごしてきた子どもたちである。[25]

この規定を念頭におきながら、三人の少年たちとその環境が、それぞれどのように「病んだ」ものとして描写されているかを見ていこう。

まずOの叙述の際ポイントになるのは父親である。この父親は「戦前の封建的においの濃厚な、問答無益の土下座式教育」を奉じ、「徳目主義の観念論（戦前の教訓）で自己研さんをして、この考え方を子どもにおしつけようとする、戦前型の典型的な親父さんのタイプ」[26]と描かれている。また、「事務机の後のつい立には、日々の教訓を書いたカレンダーがかけてあり、これをみて、日々こころを清めている」[27]のだと、Oのことで家庭訪問した福祉教員に語ったりする、そんな父親である。こうした父親にきまって福祉教員は、いまは頭ごなしに叱って子どもが育つ時代ではないと「新時代」の価値観を、噛んで含めるように教え諭し、父親は納得したかに見えるが、しばらくするとまた家庭内でOとの間に悶着が起き、福祉教員が父親の元に駆けつける、という繰り返しが描かれている。

ここで三人組が引き起こす、ちょっとしたエピソードが描かれている。土曜日に桂浜に遠足に行ったあと「家に帰らず、遊び、防空壕跡に寝た。この間現金五〇〇円あまりを集めたこの三人組は、汽車の旅に出て愉快に見学して七時過ぎに帰ってきた」[28]というのだ。ところがOは、旅先の須崎で、帰りの汽車賃をつくるために、持ち出した兄の時計を売ったという。しかしこの時計を買い戻しに行きたいのでと、福祉教員に二〇〇円無心した。教員は金を渡してOを須崎に行かせたあと家庭訪問し、父親に次のように言った。「お父さんには、O君のこんどの行動については言い分がおありでしょうが、とにかくO君は兄さんの時計を売ったのは悪かったと考えたので買い戻しに行ったのですから、帰っても怒らないで〝お帰り。兄ちゃんの時計はあったかね〟といって暖かく迎えてあげて下さい」[29]。ところがいざ、父親のもとにOを引き渡すと、目の前で「兄ちゃんの時計でも他人のものぢゃ！　人の時計を売るということは悪いことじゃろう！　それを返すのはあたりまえぢゃ！」[30]と激しく叱責した。そこで教員は、「O君はつかれてもいるし、せっかく悪かったということに気付き、自責の念にかられて須崎まで行って取って帰っているので、そうがみがみいわず、今晩はゆっくり寝させてやって下さい」[31]と頼み込んで、帰って行った。しかし翌日訪問してみると、その後も父親の説教は夜遅くまで続いたという。そこで福祉教員はまた、父親に次のように懇々と説くはめになる。

「行動したことで、まちがいのなかった点は認めてやり、まちがっていると考えられることは、その行動の事実の一つ一つを考えさせ、自分で反省できるようにしむけるやり方が、よいではないかと思います。〝O！　そこえ座れ！〟と命令し、威圧を加え、風呂敷がないがどうしたらと詰問し、きめつけるのは、父親の愛情の発露とは他人の私でも考えられません。子どもさんにとっては、他人の前でそういうことをいわれるとなおさら愛情の発露どころか、恥ずかしいやらつらいやらの気持になるばかりだと思います」[32]、「一つ一つの行動について考えさせ、次にどうするかを立案させ、暖かい気持や態度で見守ってやり、みとめ、ほめ、はげましてやることが、今の子どもには適当なしつけ方だと思います」[33]等々。こうした言葉かけに父親は、「あんたのように言ってくれる先生ははじめてじゃあ」と、納得する模様であった。しかしやはりこの父親に、教員の真意は伝わっていなかった。

別の機会の訪問時に父親が放った「勉強をしっかりやってオール5をとったら、お父ちゃんが、何でも、何千円のものでも買ってやる」[34]との言葉に、福祉教員はふと不安にかられる。やがてその不安が現実化し、またO父子は衝突を繰り返していく……。最後にこの事例を、「こうして家庭環境が改善しきれず、子どもの安住の場とならず、学校でも教師が権威の座から降りない教育をし、学級経営も疎外者を出す経営ぶりでは、病気治療は困難度をまして行く以下にないことになる」[35]と、福祉教員の営みを医術＝病気治療にたとえる興味深い比喩でしめくくっている。

この福祉教員がOの父親に対してなしたアドバイスには、〈受容の思想〉ともいうべきアイデアがちりばめられている（上記引用文中の破線参照）。親が、子の存在を受容してやらねばならない、という言葉は今日ではありふれており、違和感はない。しかし一九六一年という時代コンテクストにおいて、受容の思想はそれほど自明ではなかった。親が子に対する際つねに、存在を受容するよう気を付けねばならないような家庭空間とは一体いかなるものだろうか。こうした発想は、次に検討するM少年をめぐる実践記録に登場する、「家庭を楽しい場に」というアドバイスとも、奇妙に共振するものである。

つぎのM少年は、家は自営業を営んでおり、両親揃っている。かつて羽振りが良かったが、徐々に経営が苦しくなり、Mへの小使銭が減っていくことで不満が高まり反抗していく。またその頃に兄の家出が起こり、Mは非行グループに足を踏み入れるなど、筆者の言葉を借りれば「病気が重くなり始める」。やがて一家は校区外に転居する。表向きは、新開地での営業で心機一転をはかるということだったが、真の理由は、Mの非行による近隣の迷惑を考えてだったという。校区外の家からMが中学に通い始めるころから、この福祉教員の家庭訪問が始まる。

実践記録の構成は、前掲のOと基本的に同じであり、Mがこまごまとしたトラブルを引き起こし、教員がそのことを話に家庭訪問する。そのやりとりが克明に再現される。たとえばある日、Mが学校で「だいぶぐれて」いたので、家庭訪問した福祉教員が「おうちで何かありましたか」と尋ねる。以下は母親の応答である。

ええ、今朝、時間がきても起きないので〝学校におくれるぞね〟と起こしますと、父親が夜遅く帰ったとなどについてきつくいって言いあいになり、〝出て行け〟〝出て行く〟で一騒動おき、あの子は荷物をまとめて〝金をくれ出て行く〟と暴れだしましたが、まぁまぁと私がとめて百円やって学校え行かしましたが、いていませんでしたかねー。36

このあと教員は学校での様子を話し、「これだけはやめてもらいたいと考えておられることがありましたら、M君に話してみますので、いってみて下さい」と母親にもちかけ、夜おそく出歩かず、めし時までに帰宅する、などのことをMに諭すことを約束する。その後また家庭訪問すると、母が「昨日は早く帰って家の手伝いをしました」と報告。それに対する福祉教員からの応答が次のものである。

それはよかったですね。マァ約束が守られおうちの手伝いもできたのですから、何らかの形で認めてやるか、ほめてやって下さい。言葉をかけてやるときにも、身体でうけとめてやり、つまりお母さんがほんとに嬉しいという気持でかけてやって下さい。〝ようできたねえ〟だけではなくて、〝ありがとう〟とか〝お母ちゃんもうれしい〟というように。[37]

ここには、先のOの事例と同じ、ロジャーズ的な「受容」の考え方が見られるが、さらに一歩進んで、母親に対してロジャーズ言うところの「一致」の態度、つまり自らが率先して感情を開示する態度をとるよう促しているのが注目される。さらに教員の言葉は続く。

また場合によっては、労働に対する報酬という意味で、小使銭を割増しして与えるとか、慰労の意味で、多少でも夕飯時にご馳走をかまえてやることも一つの方法だと思います。が、うちは楽しいと子どもたちが思う条件の一つとして考えるとしますと、〝食事をたのしみにして待つ〟ような工夫もすることが大切だということになろうと思います。私がすすめてやらせたのに〝土曜日の晩とする週一回のごちそう。一日、十五日というように月二回というやり方に、誕生日、休日等の年間計画などが加えられた方法〟などがありますが、こうすると子どもたちはその日を楽しみにし、二、三日前からたのしみにして〝お母ちゃん、あさってはごちそうぞね〟と母親にうれしい要求をして、よろこんで学校へ行くという事実もでてきました。予定して、予定したとき、一家揃ってごちそうを食べる中から、みんなから話も出、共通の話題を話し合うなかから、ほんものの、家庭の和合が誕生すると思います。[38]

この教員による助言の肝は、家庭は楽しい場でなければならない、親はそうなるよう努めねばならない、というところにある。Mの家庭が、この言に従って勧告を実行に移したかどうかまではさすがに触れていない。それはともかく、ここに示されているのは、家庭あるいは家族に対する、従来見られなかった感覚のありようである。つまり自然で所与のものとしての家族・家庭から、意識的形象体としての家族・家庭への転換である。たしかに従来も、家が明るく笑いに満ちているのに越したことはなかったであろう。しかしそれは結果としてそうなれば良い、という話に過ぎない。それに対しここで教員が展開しているのは、意図的、計画的に「楽しさ」を形成せねばならないという論である。ところでこうした教員の言葉に、Mの父親が示した反応が描きこまれた次の一節は興味深い。

日曜日に何もなければよいがと心配しながら、月曜日の朝訪問する。父母共在宅。挨拶し、父親に〝まあ目にあまることもあるかも知れませんが、病気にかかったと同じですので、たいていなら叱らないで下さい〟と頼んでみる。父親は、そう頼まれても何か割り切れない気持であるらしく、〝横着でわるさもするので親として叱ってでも躾けなければ増長する〟と不平らしい。うちを笑がおで出てきた時は、学校でもまじめにやれている点も話して、重ねて叱らないように頼む。[39]

こうした反応を示す父親とMとは、その後もときにぶつかることもあったが、決定的な破局には至らないまま、学年末をむかえる。Mの「病気」はひとまず「小康状態」といったところだろうか。ところがここにMの転校問題が浮上し、これがMの悲劇的な末路の伏線となってしまった。もともと年度途中で転居し、本来であれば別の中学校に転校しなければならなかったのだが、ここに来ていよいよ放置できなくなったのだ。

終業式の日、M君が職員室に来て転校はいやだとしきりに頑張っていた。「両親の住所が変ったので、君も学校を変らにゃァいかんことになったことは知っちゅうろう。校区が違うきにF君も変ることを承知しているのに君だけ特別扱いはできんろう」と学年主任が説得に努めてみたが〝おばあさん所から通うきに、かまんろう〟となかなか承諾しない。[40]

転校といっても、このMのようないわゆる問題児の転校をめぐっては、受入れ校予定校が討議の結果、受入れを拒否してこじれる事例が数多く生じたのが、当時の高知市の実態である、とこの実践記録にはある。Mがこれまでいた J 中学では、この記録の筆者の福祉教員がとことん付き合ってくれたのに加え「疎外状態のMを仲間に入れようとする学級主任の献身的な努力」もあり、「学習態度もよくなり、学業成績も立ち直り、働くこともいとわなくなりというように、学習の向上のきざしが見えはじめた」[41]ところだった。しかし案の定、受入れ予定校のS中学校は「可能なら J 中学校でやってもらいたい。S中にも問題児がいるので、グループに入ると益々ひどくなる」との意見を漏らしていた。その後Mは市教委にまで直訴し、抵抗をこころみるが最終的に説得されてS中に通うことになった。しかし「あの子がS中学校に来たら、すぐ施設入りじゃろう。この学校は、存外そういう手を打つきに」[42]というある人の予言どおり、その後Mは矯正施設へと追い込まれていってしまった。入学そうそう「誓の言葉」を一筆とられるなど、そこには「こんな空気なら本人の更生は困難」[43]とこの福祉教員をして言わしめる雰囲気が充満していたのである。

三人目のY少年は、前二者に比べてよりはっきりした形で「おいめ」を負わされた背景をもつ。実践記録には次のように叙述されている。「父親も母親も唖であり生存競争の敗者ともいえる生活扶助を受けている。父親は、永年のこうしたおいめが、健康をさえ損なう結果となり、健康をとりもどすための切開手術が、かえって彼の体力を消耗させ、優秀な菓子製造の技術をもちながら、生活を維持するに必要な就労時間さえも過労を感じる程の体力となってしまった」[44]。またY一家の住居についても次のような解釈が述べられている。「Yが住んでいた河原の住宅は、敗戦のおとし子で、敗戦後、河原のへりにたてられ、その後十数年三百を超える人数が、この家賃のいらないバラックだてで、人生行路のどん底時代を過すために無許可無断で建てられたものであった。したがって、小・中学校に通う子どもも多かった」[45]。しかしこの河原の住居は「市の都市計画、国の河川整備などの問題にからんで立退きを迫られ」[46]ることとなった。なお立退きに際して補償金はほとんど支払われず、また移転先が「一間千五百円~二千円の家賃を必要とし」[47]ため、Y一家の暮らしはますます困窮の一途をたどった。家庭がこうした状況にあったころ、Yは中学校にあがってきた。さきのMと同様、転居後本来であれば別の中学校に通わねばならないところを、Yは校区外のJ中学校に通い出した(河原の旧住居がJ中の校区)。この実践記録はそこから始まる。

中学一年の一学期、理解のある学級主任(担任)のもと比較的落ち着いていたが、夏頃から変調が見えはじめる。

夏休み頃から、隣りの中学卒で、保護観察中のL少年が誘いだしをかけたり、同学年のM少年やO少年とのつきあいがはじまり、元住んでいた河原町えも時々遊びに行くようになり、休んだ時訪問しても留守勝ちになりはじめた。母親と筆談しても〝しらない〟とか〝二丁目〟とか書くくらいで、Y少年は母親にもはっきり行先はいわないで出て行くらしい。欠席も次第に多くなっていった。Yの非行が、この頃からぼつ、ぼつ耳に入るようになり、親をだまして金品をねだりとることも訪問した時、母親が筆談にのせるようになった。[48]

ちょうどこの頃、父親が盲腸で入院という事態も重なり、両親は「扶養の責任を果し得ない」との判断からYは養護施設に収容、そこからH中学に通うことになった。しかしそうした頃、筆者である福祉教員自身が「内憂外患」の状況におかれ自らの生活に苦しんでいた。実践記録はここにさしかかったところで突然、教員が自らの家庭生活を語る自分語りに転調する。すべて引用すると大部になるので、ところどころを抜粋する。

この頃、市内十九校の小中学校を名目だけでも抱えていた私は、Yのことは気にかかりながら、十分には世話の出来ない程、多忙をきわめた時代であり、いつ、どこから電話呼出がかかるかも知れないという有様で、多くの事件処理に忙殺された時代であった。かてて加えて、自分自身の頭の上の蚊を追いはらわなければならない問題が家庭内にも起り、内憂外患でプリント、書写、読書などにもみがいらず、衣食住等の生活の購入もセーヴし、文化吸収のための単行本、雑誌、新聞等の購読も中止したという時代で…[49]

「市内十九校の小中学校を抱え…多忙をきわめた」のくだりは、一校専属でなく広域を担当していた、当時の高知市内の福祉教員の状況を如実に物語っている。しかしここでの主題はそのことではない。当時高校三年だったこの教員の娘が、家計の窮乏をみかねて大学進学の断念を申し出る。そのことが、「珠算の練習帳」というモノに仮託され、哀感極まる語り口で述べられるのが次の引用箇所である。この部分、まるで福祉教員が受持っているケースを地でいくような内容だ。

〝お父ちゃん！　珠算の練習帳を買ってきて頂戴い〟これが、高校三年であった八月当初の長女が、大学進学をあきらめて就職の決意をかためて私にいった言葉であった。六、七月頃から長女は母親があちこちで借っていることを知り、母親との言い争いが起こされていた。少なからぬ借財のあることも隣近所の噂の中からかぎ知って、自分の希望が不可能であることを知り、父親と母親の言い争のことばの中から、自分の行方に一つの断点を見出したとき、失望とあきらめの中から、就職への道を選んだ長女の私への悲痛な要求であった。50

〝珠算帳を下さい〟と代金を払い、三級の珠算帳を受けとった時、ふっと私の目頭に涙のほとばしりが感ぜられ、思わずそででまぶたを覆った。自転車に乗り、書店から電車通りを東へ、右に折れ天神橋を渡り、栈橋通を経て、宇津野トンネルまで、後から後から湧きでる涙を、そっと右そでで拭いながら、口唇をかみしめ、自転車のペダルを踏み続けた。トンネルをこえ、浦戸湾の光と遙かな水平線の雲煙にも似たひろがりの中に出て、海からの涼風が、膚に清気をもたらしはじめたとき、はじめて私の決意をうながす思索の結論が浮んできた。〝出来得る可能性の最大限を考えだそう〟と。[51]

こうしてこの教員は、長女の描いてきた希望の最小限もの＝県内大学への入学は何とかかなえてやろうと、「営養不足の心配をいだくまですべての支出をきりつめ」る生活に入っていった。それが始まり二年半が過ぎるころ、YがH中学に転校してきたのだった。

以上引用した突然の、非常に長きにわたる自己語りについての考察は後回しにし、ひとまずYの事例に戻ろう。養護施設暮らしが始まったYは、ときどき無外（無断外出）をして親元に帰ったりすることもあったが、次第にそれもなくなり、生活は落ち着いてくる。園で洋食を食べたYは、「こんな珍しいおいしいご馳走は食べたことがない」[52]と喜んでいたという。

しかしYにまた、つまづきの機会がおとずれる。中学校の同級生Rに脅されてグループに入り、園に帰らず遊び歩くことが多くなったのだ。

十月に入ってすこしたって、RはYを脅迫して誘いだし、市内を転々と遊び歩いた。園、Rの兄、学校の先生をあげてさがしにかかったが見つからなかった。知りあいの子どもたち四、五人も特別に捜すことに力をつくしてくれたが、消息は後からの聞きこみなどで、四日目にYがようやく見つかった。Rは、Yの話しでは阪神方面に飛んだといっていたが、強制されて言ったことが翌々日、Rが市内におり、見つかったからである。この時の話し合いで、YはRに七月頃から脅迫されたことをはじめて語った。[53]

その後園で説諭され、学校でも話し合いがもたれ、誘われたら先生か園に知らせる約束をし、その後ふたたびYは落ち着きを取り戻す。ただこの頃園長がつけ加えて言うには、「Y君は頭はわるくはないが、時々休んだため、学力がついていない学科もある点、何とかてだてをするか、戸籍面では一年該当ですから、一年からやり直してでもと話してみましたが、やり直しはうんといいませんので何とかと考えておりますが、何分よろしく」[54]とのことだった。

しかし落ち着いたのもやはりつかの間だった。Yは、園出身のCの誘いにのって、年下の園生をともなって集団脱走を決行してしまう。大阪方面で園の補導員によってつかまり、帰って児童相談所に送致され、結局そこで矯正施設送りの処分が決定した。この間学校（福祉教員）には相談はなく、通知を聞いて園側につよく抗議をするもむなしかった。この実践記録は「こうして、正常な形で義務教育を受けることのできない子どもが、この三人組から二人もでた」[55]と締めくくられている。

以上、O、M、Yの三人組にかかわった実践記録の概要をみてきたが、その底流にある福祉教員の発想を知る手がかりが、Ｙの事例にことよせて書かれた次の断片にある。

> 貧乏から来る盗みは、生活の安定という条件を与えることでは一応の終止符を打つ可能性はあり得るかもしれないが、このことだけで、学級集団、家庭環境などの中で安定した生活をかち得るとはいえない。彼が集団の成員として、その地位が承認され、いくらかの役割を果し得る自信をもち、集団から疎外されない条件をかちとるまで、永い間の抑圧感や卑屈感はぬぐい得ないであろう。[56]

第1章で分析したように、初期の福祉教員は直接的な〈社会〉への回路として、困難を抱える子どもの生活への何らかのはたらきかけによる改善を志向した。具体的には、それこそ直接的な援助として自分自身の家に住まわす、身銭を切って援助するというレベルから、福祉事務所にはたらきかけて扶助を差配するといった間接的な援助までさまざまであった。そうしたなかで、Ｙのような生活環境にあった子どもを、養護施設に措置することも、この直接的な〈社会〉への回路の範疇に入るだろう。しかしここで注意せねばならない。この実践記録の筆者は、上の断片に見られるように、明らかにこの回路の限界性を指摘している。Ｙはたしかに、施設に措置されたことで生活の困窮は逃れた。また高度経済成長の入口にさしかかっていたこの時期、七年前の『きょうも机にあの子が…』のときに比べて、児童福祉の財源をまかなえるだけの体力が、社会全体としてついてきていた。しかしＹの事例はどうだったか。施設への措置は、わずかに「貧乏から来る盗み」を食い止めただけで、Yを根本から立ち直らせるには至らなかった。この時期の福祉教員は明らかに、生活の安定を保障するだけではるかに足りない「何か」に気づき、その「何か」のほうに探究のウェイトを移しているのである。

それを知る上で興味深いのが、上の引用文で傍線をほどこした部分、すなわち学校や学級のとらえ方にまで「生活」をもちこもうとする発想である。またここで、先ほど注目をうながした「この子どもたちは、学級においては孤立児童となり、周辺児童となることが多い」という言葉も、再度想起していただきたい。『きょうも机にあの子が…』の時代、学校は生活空間としてほとんど観念されていなかった。一部の子どもや保護者にとって、それはまったく眼中にない、価値を見出せない存在であったのを、福祉教員は必死にはたらきかけ、その存在を認知させ、気持ちを学校の方に向けさせねばならなかった。そこに、学校を「生活」の場としてとらえる発想は入り込む余地がない。生活はあくまで家庭外・地域に存在するものであり、それを判定する尺度といえば、いかな教員といえども、世間一般の通俗的尺度（金持ち／貧乏、など）に従うほかなかった。いまだ教員は、内在的に教育化された、「生活」をおしはかる尺度を手にしていなかったのである。

しかしいま検討している『子らをみつめて』にあっては、事情が異なる。当時にあって学校は、もはや、揺るぎない自明性を手にしていた。そこに生活をくっつけて「学校生活」とか「学級生活」というこことばを振りかざしても、何の違和感も感じられなくなっていた。この、内在的に教育的価値によって染め上げることの可能な「生活」の質こそ、この時代に大いなる関心のウェイトがふり向けられた主題だったのではないか。ここにこそ、従来の意味での「生活」改善では解決しきれない、子どもの問題を解くカギが横たわっているのではないか、と考えるに至ったのではないか。

ここでくだんの三人組に話を戻すと、生活背景が非常に厳しかったYに比べて、OやMは格段に「貧乏から来る盗み」から遠い世界に暮らしている。二人のさまざまな逸脱行動は、福祉教員が従来いだいていた、狭義の「生活」概念をもってしてはまったく理解不能な、解きがたい行動なのである。Yのような絶対的貧困ラインの子どもがなお一方でいながらも、時代は徐々に移り変わり、OやMのようなタイプの非行少年を舞台の中央に押し上げげつつあった。こうした事態に対処するために開発されたのが、一方がいま述べてきた「生活」領域の学校への拡張化という戦略である。そしていま一つが、OやMの分析の項で述べてきたとおり、家庭「生活」をはかる際のオルタナティヴな尺度の開発である。通俗的な尺度が、基本的に財の多寡ですべてが決まる身も蓋もないものだったとすれば、オルタナティヴはより「質的」なものであった。それがかたちになったものが、この福祉教員がOの父親やMの母親に口酸っぱく説いていた、ロジャーズばりの「受容」や「一致」の態度、あるいは月一回ご馳走を出して家庭を「楽しい」ものにせよといった、こと細かなレベルにまでおよぶアドバイスであった。今でこそ、教員にカウンセリングマインドをとうるさく言われ、どんな教師でもカウンセリング理論の一つもかじったことがあるご時世だが、一九六一年頃にそうした風潮が支配的な筈もない。福祉教員たちは手探りで、あるいは自己研鑽の中から、俗流の「量的」尺度を打ち負かすような生活尺度を見出し、それを目の前の家庭や家族にあてがって、あるべき「生活」を語り始めていた。

最後に、『子らをみつめて』を読んで一読者として受けた素朴な印象をつけ加えておきたい。基本的に福祉教員の実践記録は、「移動の物語」である。かれらはいっときも、一箇所に安穏と落ち着いていることを許されず、家から家へ、街から街へと休みなく動き続ける。ところがこの「移動の物語」も、二つの実践記録を付き合わせてみると微妙にいろあいが異なるのがわかる。本節で検討してきた『子らをみつめて』に特徴的なのは、移動から面的ひろがりが失せ、点から点への移動への切詰めが起こっていることである。点から点への移動、という比喩で言いたいのは、地域に展開していると言っても実質的には、学校と家庭と関係機関（施設、警察、市教委その他）という「点」の間を往還しており、そのなかでも「家庭」の比重が特に重くなっている。それは前に述べたように、「生活」概念の質的深化（教育化）という事態を受けて、教員が家庭に対してそそぐまなざしがきわめて濃密化していったことと深くつながっている。

ところで「生活」概念の質的深化は家庭とともに、学校という方向を向いても生じたことはすでに見た。この「学校生活」という新しい概念の析出は、言及はあるものの、『子らをみつめて』だけでは十分にとらえきれない。そこで次節では高知市立朝倉中学校の一九六一年〜六六年度の実践記録『あさかぜ』を手がかりに、浮き彫りにしていきたい。

3 『あさかぜ』

前項では高知市内の福祉教員の実践記録『子らをみつめて』を手がかりに、『きょうも机にあの子がいない』との間に横たわる七年の歳月の重み、すなわちその間に教育をとりまく状況がいかに大きく変わってしまったかを浮き彫りにした[57]。文中「市内十九校の小中学校を抱え…多忙をきわめた」との言葉にあるとおり、初期の頃のように一校の問題にじっくり取り組むことができる状況からほど遠く、その疲弊ぶりは県教委も、「とくに高知市やその他二、三の地域における場合は非行生徒の頻発に伴い、その対策に心身を消耗するほど」[58]と認めるほどであった。

こうした無限とも言える福祉教員の業務増大に歯止めをかけるとともに、従来から曖昧さが指摘されていたその業務内容を確定するべく、『福祉教員要綱』が制定された[59]。そこでは「福祉教員は一部授業を担任することを原則とする」と、学校でも授業をもつことが規定されるとともに、「任命せられた福祉教員は、その市町村教育委員会の所管勤務校において勤務する」と、複数校の掛け持ちでなく一校専属が明文化された。このように福祉教員の仕事に一定の枠がはめられた頃、高知市内の朝倉中学校では、谷内照義校長・森川義弘福祉教員のコンビを軸とする、学校あげての取り組みが進みつつあった。本項では、当時の同校の教員たちの奮闘を生々しく物語る実践記録『あさかぜ』を手がかりに、谷内校長時代（一九六一〜六六年）を中心にその実践を検討していきたい。

朝倉中学校は、本章2節で検討したように一九五四年の『きょうも机にあの子がいない』でも、その校区の状態と長欠・不就学問題に関する分析が掲載されており、福祉教員の存在と切っても切れない関係にあるところである。谷内照義校長は、かつて初代福祉教員として一九五〇年から五一年の一年間、朝倉中学校で長欠・不就学対策に奔走していた（詳細は補章2参照）[60]。県教委入りを経て久々に古巣に帰った谷内をしてしかし、「一〇年前勤務した当時のそれとは、凡そ似つかぬ学校の姿であった」と嘆かしめる状況が、一九六〇年代には生じていたのである。

『あさかぜ』は、谷内の前任の福吉利雄校長（同じく初代福祉教員の一人。のち高知市立養護学校初代校長）時代に創刊された校内紀要だが、谷内はその第3号から第7号の毎号に巻頭言を載せている[61]。第3号の「校長学第一章」から引いてみよう。

西の横綱は朝倉中かと言われ、高知市内でも最も困難な問題をかかえている地域の中学校に、新米校長として来るには来たが、かねて覚悟をしてきたつもりであったが、聞きしにまさる生徒の実態に、いささか驚いた。これで学校というものであろうか。これが教育の場というものであろうか。一〇年前勤務した当時のそれとは、凡そ似つかぬ学校の姿であった。[62]

こうした出だしで始まる「校長学第一章」は、谷内が驚愕の思いで見つめた生徒や親の実態がこれでもかとばかりに列挙され、読んでいるこちらまでいささか滅入ってしまいそうになる。しかしその中で、「物言わぬ人々」と題された小節には注目すべき内容が含まれる。やや長いが引用したい。

本校で特徴的な現象は、非行生徒や暴力生徒の非行を知っていても、誰もその者の氏名を言わない。直接自分が被害を受けた場合でも、同様である。当然知っているからと思って聞いてみても知らないと言う。金をゆすられた事がわかっていても、その通り言わない。貸してやった、おどされたのではないと言う。悪友同志のかばいやいや、お礼参りの後難を恐れてのことである。そのために、校舎のどこかが無惨に破壊されているが犯人はわからないそのため何等手のほどこしようがないので、そのままにしておくと、又次に別のものが破壊される。このようにして、次々と破壊が続いた。……このような無言で見過ごす所に本校の不幸や生徒全体の不幸があることを知らせ、知っていていわないのは、非行を助長さし援助していることで、いわば同罪であることを指摘したが、いえるまで高まるには長い時間と大きな努力が必要であった。こうした問題児ならざる問題児が多いと言うことが本校の特徴であり、この辺に、この地域における部落問題の露頭があらわれているのである。部落差別がこのような形であらわれているのは、本校だけでもないが、本校でも同様であるということが言える。[63]

問題児を恐れ、黙って見過ごす「問題児ならざる問題児」の存在に注意をうながしたこの文章は、のちに校長時代の谷内を回顧する人びとがしばしば口にする、「掃除のエピソード」の原型である。掃除をさぼって遊んでいる生徒より、その横で黙々と掃除にいそしんでいるまじめな生徒の方がもっと悪い、ということをしばしば谷内校長は説いたというのだ[64]。一見不条理にしか思えない「逆説」だが、ここに示されているのは、谷内が「一〇年のギャップ」が教育に与えたインパクトの意味を正確に読み取り、自らの進むべき道を「学校生活の組織化」に見定めた事実である。そのことは彼の校長在任中の数年間に、いろいろなかたちで実を結ぶことになる。ここで谷内校長が、一〇年前の福祉教員時代、親から投げかけられた言葉を想い起こしてほしい。「うちの子供は教育しても良くはならない。むしろ遊ぶことを覚えてごくどう（＊極道）になる。子供は将来百姓か土方になるのぢゃきに学問はいらん。教育して貰うても役には立たん」[65]。この言葉が示唆するのは、学校教育（学歴）に頼らず身を立てていくオルタナティヴな筋道が、はっきり見えているということであった。しかしだんの一〇年間は、このオルタナティヴのリアリティが急速にしぼみ、学歴を重なることによって身を立てる以外の筋道がほとんどなくなってしまった一〇年であった。他に選択肢がないなかで、とにかく学校に行くしかないという切迫感が、学校「生活」という考えにリアリティをもたせるようになった。また学校側にとっても、他の選択肢の消滅は逆に空間内の閉塞感・緊迫感を高め、その暴発的事態が頻発する中であらためて、自らの内にいかに「生活」を組織するかが問われることとなった。

では『あさかぜ』所収の、朝倉中学校教員たちによる論稿に目を転じて、学校生活組織化の具体相を見つめてみよう。『あさかぜ』を一瞥してわかるのは、当時三〇才程度の若手教員たちが積極的に自らの学級づくりに関する報告を寄せていること、そしてそこに、当時一世を風靡した全生研の「班・集団づくり」の用語や方法が、取り入れられていることである。たとえば『あさかぜ』4号（一九六二年度）所収の福井朗の論稿によれば、一年生の学級運営の目標として「1　子供達が集団的に自主管理をすすめていく体制をつくる」「2　教科担任制の仕組の中で、本質的学習活動が進められる集団をつくり上げる」「3　差別の問題を追求し、人間的価値と平等感を認識させる」の三点を設定し、まず「小集団の形成と核づくり」に取り組んでいった[66]。

班長を決定する前段討議…の後、全員投票で班長を選出して、班会議を招集して次のような規則を決定した。1　静かな学習、さわいだり妨害した者には班が全責任をもって注意する。2　毎日家では三〇分以上必ず勉強をする。3　班員同志は信頼し合い、何事も打ち明けて話し合う。4　掃除は全員でやり、ぞうきんは各人が持参する。[67]

班や学級規則を守らなかったり、授業妨害、暴力行為などのあった人は、毎日の全体会でその理由を発表して、全員からの批判を受け、自己反省をする。いわゆる相互批判をするのだが、…良くある「悪口の言い合い」「他人の欠点のあばき合い」の段階から、支え合い、助け合い、励まし合う姿勢をもって、一人の問題をみんなの問題として受けとり、共に考えるまでにして行く目的から始めた。「班長会」↓「班会議」↓「全体会」というシステムの中で、教師の支えによって活動してきた班が、中核である班長（一−二名）を中心として主体的な活動をすすめるようにしていかねばならない。そのために「班長の活動は正しかったか」「班員は班長と共に積極的に活動したか」の二項について、相互批判文を書き、全体会でそれを話し合わさせた。その中で班長の責任と権限が拡大されると共に、ふだんの班員の活動の評価もされ、集団の規則と個人の行動との組織づけが、或る程度なされていった。[68]

上の報告文にある「システム」と「評価」という用語に注目したい。学級づくりを考える際、個人対個人の関係から出発するのでなく、全体としての集団のありようを構想するところから出発するのが全生研理論の特徴であるが、システムという用語はその特性を端的に言い当てるものである。授業妨害や暴力行為などの逸脱行為への対処も、それが逸脱者のもつ個人特性に由来するとの前提から、その特性の変化を促す働きかけを行うのが従来の方法であった。しかし福井の学級においては、逸脱者の個人特性を云々するより先に、逸脱行為をつねに集団（通常は班、場合によっては学級全体）の問題として位置づけるところから出発する。このシステムの中で生徒間での厳しい相互批判が日常茶飯事のこととなるが、その矛先が個人特性に向かないよう注意が払われた。

ところでもう一つのキーワード「評価」にかかわって、福井は自らの学級における次のようなエピソードを書いている。

この頃から教師への要求として、「先生は、わからない者にもゆっくりと教えてほしい」、また「班内の教え合い、自主学習だけでは、わからない人を引きあげてゆけない」「わからない人は自分から投げてしまって、努力しようとしない」等々学習面での問題に突き当たった。[69]

全生研の民主的集団づくり論にヒントをえてつくられた、福井の学級システムの根幹は生徒間での相互評価にあった。しかしこの評価が単に生徒どうしにとどまらず、教師にまでも及んだのはオリジナルの理論にはない部分だった。これは福井の独創ではなく、じつは朝倉中学校全体で取り組まれたものだった。おなじく若手教員だった西村皎が第5号によせた論稿[70]によれば、西村の学級で、組織した班ごとに話し合いをさせ、それを学級会に集約させていった話題の中に、「先生に対する要求はないか」「設備に対する要求はないか」という項目が含まれていた。

(「先生に対する要求はないか」については)生徒達から、数人の先生に対して、「一人でしゃべらずにやってほしい。」とか「ノートを取る時間がほしい。」とか「もっときびしく。」とか「一人の質問をみんなのものにしてもらいたい。」等の要求が出されてきた。これらの問題は、その後学校で全校生徒に、先生に対する要求や願いの調査を行ったので、それと結びつけて要求に答えたいと思っている。[71]

この西村の論稿が掲載された『あさかぜ』第5号（一九六三年）の巻末には、匿名のアンケート用紙のサンプルが付いている。その集計用紙には、まず縦に校長以下二三名の教員の実名がならび、横には評価項目として「授業」「生徒指導」「人間性」の三ジャンルが並び、さらにたとえば「授業」については「よくわかる／わからん」、「おもしろい／おもしろくない」、「教え方がうまい／わかりにくい」、「親切に教える／いらんことを言う」の四つの評価項目が設定され、該当する選択肢にチェックを入れるようになっている。「生徒指導」については、「公平／不公平」、「きつすぎる／もっときびしく」、「生徒に対して愛情が深い／うすい」の三つが評価項目である（以上すべて表現は原文通り）。また別の欄には、学校の設備や施設でどうしても整えてほしいものを書くよう指示されており、この面でも調査が行われていたことがわかる。この匿名の教員評価アンケートの集計結果がどのように用いられたについては、残念ながら『あさかぜ』に記述がないが、ともかく評価アンケートが実際に行われたことは事実である。谷内の著作集第2巻の巻末に資料として、教員の名前はイニシャル化してあるが全部の項目について、一九六三年度の一～三年生から集計した数字が記入された用紙が収録されている[72]。しかしいまわれわれにとって興味深いのは、このように少しでも生徒にとって学校が居心地よい場になるよう意見聴取をする、ということ自体が示唆しているものである。それは、子どもたちにとって学校が、唯一にして至高の行き場になってしまったこと、すなわち、逃げも隠れもできず、腹をくくってそこでやっていくしかない「生活」の場に、疑いようもなくなってしまったことである。

話を集団づくりに戻そう。西村皎はこの論稿の中で、学級の中で授業妨害を繰り返す「問題児」N君にどのようにかかわったのかを記述している。これは、先に述べた谷内校長の「問題児ならざる問題児」の捉え方が、若い教員に滲透していたことをうかがわせる。

私の学級にN君という子がいる。N君は学力が低く、未だひらがながなが満足に書けない。自分の名前だけを漢字でやっと書く程度の学力しか持ち合わしていない子だ。おまけに小学校の時から煙草をのんだり、非行を働いた子だ。そのN君に対して学級のものは、出来るだけ取りあわんように、かかり合いにならぬように心掛けているように私に私には思われた。そこで私は、「非行を見てみぬふりをしたり、注意もしてあげないということは、その人を差別しているという事だ」という話を何度もしてみた。しかし、理論ではなっとくしてもなかなか身についた考え方にはならなかった。73

こうしたNに対処するため、まず当面、学級での話し合いの結果、係の者が授業中態度の悪かった者の名を控え、一日の終わりの学級会で発表し、みなの前であやまるという制度をとることになった。

当然、毎日のようにNはやり玉にあげられ、「N君などは、興奮のあまり泣き出し、『おう、われは、やっちゃらあや。』などと叫ぶ状態」[74]であった。その後N君はしばらくの間、表面上静かに学習する「ふり」をとるようになり、まわりの生徒たちも「今迄N君を恐ろしいと思い出来るだけ取りあわんようにしていたが、N君もそうこわいと思わなくなり、言ってあげればN君も変るということを感じ」[75]るようになるという変化が生じた。しかしそれも長くは続かず、次のように新たなステージへと入っていく。

N君が又、学習態度が悪くなりだした。そこで生徒達に個の追求だけではたして良くなるだろうか。考えて見ることはないだろうか。と投げかけて見た。なかなか考えが出てこない。そのうちグループの中で「N君は勉強がわからんき騒がしくなるのだ。だから僕等で教えてあげたら。」ということが出てきた。本人もやる気になり、グループの者に宿題を出してもらい「あいうえお」から習い始めた。だが途中でいやになり宿題をだんだんしてこなくなった。現在は小休止状態になっている。その頃から少しずつではあるが、学級会での話し合いの状態に変化が見られだした。「N君もわるかったが、その時僕等もざわざわしていたので、N君が悪かったのは、僕等にも責任がある」とか「注意の仕方が足りなかったのではないか」等々。[76]

クラス主任の西村にとって、「N君は勉強がわからんき騒がしくなるのだ。だから僕等で教えてあげたら」[77]という生徒の意見は、のどから手が出るような思いで待ち望んでいたものであろう。ここには、高い次元の集団主義思想が見られる。しかし、この意見の「だから…」以降が示唆するものに注意を払いたい。実現可能かどうかはさておき、勉強を教えることでNが、授業がよくわかって聞ける状態にまで高めてやる、これはたしかにすぐれた解決案である。しかしこれは、至高にして唯一の居所としての学校というものを所与に置いた案であることもまた確かである。そこにはいかなる外部も想定されず、また許容もされていない。ここに「学校生活」なるものが名実ともに成立する。外部なき絶対世界への内封状態こそ、「生活」という言葉の含意である。

このように、朝倉中学校の若手教員たちは谷内校長が『あさかぜ』3号で明らかにしている、「物言わぬ人々」あるいは「問題児ならざる問題児」の存在への取り組みを、当時の最先端の理論・方法を取り入れながら大胆にすすめていった。しかしかれらの記録では、部落問題や同和地区出身生徒そのものへの言及は避けられている。こうした部分を、あたかもかれらを代弁するかのように、谷内校長が述べたのが、結果的に『あさかぜ』に残した最後の文章になってしまった「校長学第五章・差別対決」(第7号、一九六五年度)である。例の掃除の話が語られているのもこの部分である。そこを中心にみてみよう。

掃除をしない子供が、不道徳的であることは、言うまでもないことである。…われわれは、こうした子供に対しては、例外なく道徳的指導を行って来た。しかしここで注意すべきことは、こうした子供の不道徳性は、どこに原因があるかについて、深い配慮をすることである。単的に言って、我々はこの事実を次のように解釈していくのである。本校においては、こうした傾向を持った子供の大部分が、部落出身の子供であることから、やはり部落の子供達が、いわば道徳性が低いと見なければならない。…掃除がすべての生徒に課せられた義務であることを知りながら、なおかつサボっている所に問題がある。このことを、我々は子供の未解放‐被差別の実態として受け止めるのである。責任を重んじない子供となったのも、非協力的な子供となったのも、それは細く見ればいろいろ原因はあろうけれど、要は、この子供たちが、どのような父母に生まれ、どのような教育条件のもとで育てられ、どのような生活をして来たか。そうして将来に対するどのような明かるい見通し‐希望を持って生活をして来ているか。その中で他人との人間関係をどのように受け止めて来たのか、というような条件の中で〝掃除の問題〟を評価しなければならない。78

集団生活の中では、個人的な問題というのは無いのであって、あたかも私事に見られるようなものでも、すべて構成員全員に対して何等かの関りあいを持っていると見なければならない。こうした立場で、掃除を熱心にしている子供…に対して、私の学校では、差別者としての取り扱いをして来た。この取り扱いが議論を呼ぶ点で、多くの方々には、よほど説明しない限り理解して貰えない点であったし、職員相互間でも、理解に達するには相当時間のかかる点であった。…つまり、これら善良な子供たちの最大の欠陥は、非行性（それは被差別の対象でありその行動は差別の再生産に直結しているのだが）をそのまま見すごしている点―それは差別が厳存することを見て見ぬ振りをしていることにある。…友達の非行（被差別性）を見ながら、それをそのままにして、自分の問題としない所にこの生徒の差別性があると考える。79

谷内校長の論理は明快であり、その解説にこれ以上言葉を費やす必要もないだろう。また本章は、この論の是非について価値判断を下すべき場でもない。ただここでこだわりをもって論じておかねばならないのは、〝掃除〟という極めて日常生活に密着したテーマを糸口に、谷内校長が自校の同和教育の根本精神を語ったという、そのこと自体が孕む意味である。かつて谷内自身が若手だった頃にそうだったように、福祉教員の展開初期の頃には部落の中に、学校を中心とする価値体系とは異質な、ローカルでオルタナティヴな価値体系（「生活」の論理と言ってもよい）があったため、同和教育論のなかに、いかに学校「生活」を構築するかという方法論は必要なかった。しかし一九六六年現在の朝倉中学校の状況は、そうではなかった。オルタナティヴな価値不在の中で、そこでの「生活」を云々しなければならないほどに、学校は絶対的なものになっていた。かつて初代福祉教員の一人として、就学督励に大きな成果を上げた谷内照義が、今度は同じ学校の校長として「掃除と差別」を説かねばならなかったこと自体が、学校をとりまく状況の大きな変化を示す、きわめて象徴的なできごとだったと言わねばならない。

では『あさかぜ』を手がかりに論じてきた本節の最後に、この時期の朝倉中学校の「陰の主人公」とも言うべき、同校福祉教員森川義弘に登場願おう。谷内校長在職中、森川は『あさかぜ』の第3、5、6、7号とほぼすべての号に長文の論稿を寄せている。谷内が去った翌年の8号（一九六六年度）まで含めた、執筆リストは以下の通りである。「問題の子らの分析と指導：疎外している条件とその遠因と対策」[80]、「問題の子らの分析と指導（その2）」[81]、「同和教育的見地に立つ・子どもを知るということ」[82]、「重い足音：その名は福祉教員」[83]、「重い足音：その名は福祉教員（その二）」[84]。これらを通読して受けた印象としては、いかにも福祉教員的な、さまざまな問題児を克明に追ったレポート群にまじって、非常に原則的な同和教育論を語ったものが見られるということである。第6号所収の文章のうち、「原因より遠因を」と題された一節から、やや長くなるが引いてみよう。

子どもの問題行動にはすべて原因がある。その原因を明らかにしてこれに適した処置か対策をとることが指導である。ところが私達はこの原因のつかまえ方に往々にして適確さを欠いていることが多い。問題を起すような性格や行動は一朝一夕に現われてくるというものではなく、その原因はかなり以前からのものであり長期にわたって次第に培われてきたものである。それが大きく発展するまでには徐々に…行われるものであるが大抵の場合それが軽微なためや小学生だからとの理由で無視されたり見逃したりしがちであるが気をつけねばならないことである。問題を起した時にあわてて目前の原因だけ追求して措置してもそれは真の原因になっていないことが多いし、補導し対策を立てても効果の上らない場合が多い。真の原因はその子の育ってきた家庭や地域の環境条件であった生育条件。それに学校教育条件…等に先づ目をつけなくてはならない。問題の性格や行動は徐々に積み重ねられたもので本人にも周囲にも気づかれずに大きくなり重大な結果を招くようになってくるのである。だから問題の直接的な動機とともに遠因というものを私達は鋭く見極めなくてはならない。[85]

このようなアプローチが、部落の子どもに対して特に必要であることを、森川は以下のように強調している。

とにかく粗暴な子や乱暴、反抗心の強い子どもを叱ることや、落つきのない子に働かないようにせよと表面的な指導をしても効果の上るものではない。それよりもむしろ両親の放任や教育に対する無関心さ、はては厳格すぎる無知な親の態度の是正や兄弟間の意識、無意識的な不当な比較などを中止させるといった、子どもをつつむ囲りの条件をかえていくといった方法をとらなくては労多くして功なしである。部落の子に対してはさらにその頻度を多くするだけの努力が必要であると思う。そしてそこから部落のおかれている精神的、文化的、経済的な後進性に親も教師も気づいていく中で子どもの健全な発達をうながし物事を正しく見ぬく力を親にも子にも育てながら子どもの持つ問題性格や問題行為をかえていくといった努力が必要である。86

さきほど見てきた、朝倉中学校の若手教員たちの学級づくり実践も、谷内校長やこうした森川の原則論をいしずえとすることによって初めて可能になったのであったと考えられる。当時若手教員の一人だった福井朗、松村光正はいずれも、二〇〇八年二～三月に行った筆者のインタビューに答えて、森川の存在が教員全体にとって大きな支えだったことを認めている。

そうした評価の一方で、『あさかぜ』全体を読み直し、それを福祉教員の歴史全体のなかに置き直す作業をしてきた筆者の感想として、『あさかぜ』の中で森川の実践報告がどこか所在なげで、居場所を見つけあぐねている印象を拭いきれないのである。先ほど述べたように『福祉教員要綱』の制定によって、広大な区域を一手に引き受ける過酷な勤務状態から解放されたこともあって、森川は朝倉中学校校区を徹底的に歩き、その生活実態を調べあげたことが、数々のレポートから読み取れる。しかしそうした森川の努力が、もはや必ずしも十分に報われないような種々の条件が、この時代の学校には発生しつつあったと言うべきだろう。何度も述べてきたように、学校から〈外部〉が実質上消え去りつつあった。学校的価値秩序を脅かすオルタナティヴは、ほとんど死滅していた。そうした中にあって、どんなに地域を丹念に歩き、人びとの信頼を勝ちとろうとも、学校の〈外部〉にまでたどり着きようがなかった。〈外部〉に働きかけ、また〈外部〉との格闘にもまれることで自らの存在を高めてきた福祉教員にも、終焉の季節がしのびよりつつあったということだろうか。

おわりに

本章ではこれまで、『きょうも机にあの子がいない』『子らをみつめて』という二つの福祉教員による実践記録集、そして高知市立朝倉中学校の研究紀要『あさかぜ』を加えた三点の資料を手がかりに、各実践記録の背後に横たわる、教育をとりまく状況の変化を浮き彫りにしてきた。特に一九五三年頃の状況を反映した『きょうも机にあの子がいない』と、一九六〇年頃の実践をもとにした『子らをみつめて』の間には、わずか七年という時間に生じた、大きな質的変化があることを強調した。この変化を準備したのは、部落も含めた社会の各層から、学校に対抗するオルタナティヴな価値を提供する固有の社会文化的世界が姿を消したことであった。その結果、学校に象徴される主流の価値体系は、従来は固有の社会文化的世界の価値判断に任せてきた領域（その代表が家庭・家族）までもその傘下におさめた、と言うよりそこまで「受持ち」を広げざるを得なくなり、新たな家庭「生活」概念の構築をせまられた。他方で、オルタナティヴの喪失は、学校自身にとっても、みずからのうちに学校「生活」を築かねばならないという難題を課すことになった。一九六〇年代以降に書かれた『子らをみつめて』からは家庭「生活」の価値尺度を手探りで模索している福祉教員の苦闘が、『あさかぜ』からは朝倉中学校の学校運営が、学校「生活」の創出という未踏の課題に立ち向かっていった軌跡が、それぞれ読み取れた。

本文でもふれたようにこの七年の間には、勤評闘争という、戦後教育史に大書されるほどの政治的出来事が発生している。ほかにもこの時期には、教育委員会制度の改変、学習指導要領の法的位置づけの変化、特設「道徳」の設置といった、教育史上の重大事象がめじろおしである。しかし本章ではあえて、勤評をはじめこうした事象との結びつきを一切考慮せず、変化そのものを浮き彫りにするにとどめた。三つの実践記録を「隔てるもの」の形成にこれらが無関係であった筈はないのだが、全国レベルの、それも政治色の強いこれらの事象を持ち出すことで、かえって本章で行ってきた、あくまで社会レベルの変化に寄り添った叙述がぶれてしまうのを恐れたためである。私見では、これら教育界内部での出来事のほかに、あるいはそれ以上に、たとえば一九五五年の部落解放同盟の結成とその後の高知県における県連や支部組織の整備、あるいは一九五〇年代のいわゆる「昭和の大合併」と呼ばれる自治体再編の動きなどが、福祉教員が日々歩き回った日常界隈を深いレベルで揺さぶっていたのではないかと考えている。

■注

1 高知市福祉部会 1954
2 高知市福祉部会 1987
3 二〇一二年一〇月六日付。全八二頁。原典には頁が打たれていないため、以下引用に際してはこの復刻版に付けられた頁を用いる。
4 高知市福祉部会 1954、五 - 六頁
5 高知市福祉部会 1954、二九頁
6 高知市福祉部会 1954、三〇頁
7 一九六五年一月二七日付『高知新聞』
8 「横田先輩とは遂に部落解放の本質にふれることもなく、彼は病のため四十才の生涯を終わったことはまことに残念なことです。」(水田 1964、二五頁)
9 一九五九年六月二七日付『高知新聞』
10 高知市福祉教員部会 1961、四七頁。強調は筆者による。
11 高知県教育史編集委員会 1972、一三二頁
12 高知市福祉教員部会 1961、頁番号なし。
13 高知市福祉教員部会 1961、四七頁。強調は筆者による。
14 このセンターは発足当初、設置主体に曖昧さを残していたが、一九六三年度より明確に高知市立のセンターとして位置づけがなされ、設置主体の曖昧さは解消された。
15 一九六〇年六月七日付『高知新聞』)
16 高知市少年補導センター 1962、三二頁
17 高知市福祉教員部会 1961、頁番号なし。
18 高知市福祉教員部会 1961、一一頁。強調は筆者による。

19　高知市福祉教員部会1961、一二頁。強調は筆者による。
20　高知市福祉教員部会1961、一二頁。強調は筆者による。
21　高知市福祉教員部会1961、一二頁。強調は筆者による。
22　高知市福祉教員部会1961、一三頁。強調は筆者による。
23　高知市福祉教員部会1961、一四頁。強調は筆者による。
24　高知市福祉教員部会1961、一四頁。強調は筆者による。
25　高知市福祉教員部会1961、五七頁。強調は筆者による。
26　高知市福祉教員部会1961、三四頁。
27　高知市福祉教員部会1961、三四頁。
28　高知市福祉教員部会1961、三三-三四頁。
29　高知市福祉教員部会1961、三四頁。強調は筆者による。
30　高知市福祉教員部会1961、三五頁。
31　高知市福祉教員部会1961、三五頁。強調は筆者による。
32　高知市福祉教員部会1961、三六頁。強調は筆者による。
33　高知市福祉教員部会1961、三六頁。強調は筆者による。
34　高知市福祉教員部会1961、三七頁。
35　高知市福祉教員部会1961、三七頁。強調は筆者による。
36　高知市福祉教員部会1961、三九頁。
37　高知市福祉教員部会1961、三九-四〇頁。
38　高知市福祉教員部会1961、四〇頁。
39　高知市福祉教員部会1961、四〇-四一頁。強調は筆者による。
40　高知市福祉教員部会1961、四五-四六頁。
41　高知市福祉教員部会1961、四六頁。

42 高知市福祉教員部会1961、四八 - 四九頁。
43 高知市福祉教員部会1961、四九頁。
44 高知市福祉教員部会1961、五一頁。強調は筆者による。
45 高知市福祉教員部会1961、五一頁。
46 高知市福祉教員部会1961、五一頁。
47 高知市福祉教員部会1961、五二頁。
48 高知市福祉教員部会1961、五二頁。
49 高知市福祉教員部会1961、五三頁。
50 高知市福祉教員部会1961、五三頁。
51 高知市福祉教員部会1961、五三 - 五四頁。
52 高知市福祉教員部会1961、五五頁。
53 高知市福祉教員部会1961、五五頁。
54 高知市福祉教員部会1961、五五頁。
55 高知市福祉教員部会1961、五七頁。
56 高知市福祉教員部会1961、五六頁。強調は筆者による。
57 むろんこの七年の間には、勤評闘争という全国規模で教育現場を揺るがした事象が発生した。高知でもその嵐が吹き荒れたが、大状況への還元を避けるため敢えてここでは目をつぶっている。
58 教育年報一九六〇年度版
59 昭和三十七年度版『教育年報』に採録された要綱全文は以下の通りである。
（1）任命の手続
福祉教員は当該市町村教育委員会が校長の意見を聞いて任命する。

任命せられた福祉教員は、その市町村教育委員会の所管勤務校において勤務する。但し他校所管の必要あるときは兼務発令をする。

（2）職務の内容
（イ）福祉教員は一部授業を担任することを原則とする。
（ロ）福祉教員は学級担任教員に協力して次のことを行う。
（1）長欠・不就学・継続欠席などの児童、生徒について、家庭訪問などを行い、出席を督励する。
（2）非行その他の問題児については、保護者、民生委員（児童委員）、児童福祉司などと隔意のない意見、情報の交換を行い、それぞれ関係機関に連絡依頼し、未然に不良化を防止するよう努める。
（3）問題児の進路については、進路指導の担当者と協力して連絡補導に努める。
（4）同和教育についてその適正な推進をはかる。

60 谷内の朝倉中学校への着任は、自筆年譜によれば一九四七年である（谷内 1987）。福祉教員を任されるまでの三年間は、一教諭として勤務していたものと思われる。

61 のちこの部分のみが、谷内 1976b、谷内 1996、高知県同和教育研究協議会 2000 として再録、刊行されている。

62 高知市立朝倉中学校 1962、一頁

63 前掲、七 - 八頁

64 しかしながらこの「掃除理論」は谷内の発案によるものでなく、若手教員の一人だった本山百合樹のオリジナルのようである。本山は、一九六一年三月刊行の冊子『傾斜のある社会』のなかで次のように述べている。「ひとりの子どもは土足であがる、ひとりの子どもはぞうきんがけをしている、こんな対照的な場はよくみられる。土足の子どもにもちろん問題はあるが、そこでなんの怒りもなくふいている子どもに問題はないだろうか。」（本山 1961、五五頁）本山はすでにこの時朝倉中学校教員であったから、谷内校長着任前に同趣旨のことを主張していたわけである。谷内自身も晩年にインタビューに答えて、「本山百合樹、端的に極めて短絡的なことをぴしっと言って誤解されたりしたこともありますがね、彼は」と、その点を認めている（高知県部落史研究会 1994、一八〇頁）。

65 谷内 1976a, 四〇頁

66 高知市立朝倉中学校 1963、六五頁
67 前掲、六六頁
68 前掲、六六頁
69 前掲、六六頁
70 高知市立朝倉中学校 1964、四八 - 五三頁
71 前掲、五一頁
72 谷内 1976b、一七二 - 一七六頁
73 高知市立朝倉中学校 1964、四九頁
74 前掲、四九頁
75 前掲、五〇頁
76 前掲、五〇頁
77 前掲、五〇頁
78 高知市立朝倉中学校 1966、三 - 四頁
79 前掲、四 - 五頁
80 高知市立朝倉中学校 1962、二九 - 五四頁
81 高知市立朝倉中学校 1963、三九 - 四六頁
82 高知市立朝倉中学校 1965、六五 - 八七頁
83 高知市立朝倉中学校 1966、七一 - 九八頁
84 高知市立朝倉中学校 1967、六〇 - 七八頁
85 高知市立朝倉中学校 1965、六七頁
86 前掲、六八頁。強調は筆者による。

第3章

草創期の福祉教員は語る（1）

福岡弘幸の場合

はじめに

これまで第1章、2章で福祉教員の残した足跡を、さまざまな史資料をよりどころに考察してきた。そこで参照したのは文字資料ばかりでなかった。生存する当事者から聞き取りを行い、そのインタビュー・データの活用もはかった。しかしながらなお、私には忸怩たる思いがある。そこではなお、聞き取り資料の使用には様々な足枷がかけられていて、事実検証の目的に沿うごく一部の語りのみが「データ」として採用される一方、インタビューのそれ以外の部分についてはあまり顧みられないままだった。本章は、そうした枷を最大限取り払って、語りそのものと向き合おうという趣旨である。上の点と関わって、本章の叙述は前章までといささか異なるトーンを帯びることになる。というのもここで取り上げるインタビュー経験は、私が長年大切にしてきた道具である（ライフストーリーインタビューというものについて、深く思いをめぐらす契機となったのである。私はこれまで、社会学系の仕事において、インタビューをもとにした形でものを言う作業を積み重ねてきた[1]。そして、インタビューデータをもとに語ることが社会学する〈私〉自身を語ることを不可避に誘発すること、すなわち調査の対象であり語ってくれた他者のみならず、調査者であり語りの聞き手であった自分自身を深く見つめる機会でもあることを発見した。本章のやや異質なトーンのわけはそこにある。

本章ではこれから、筆者にきわめて深い印象を刻んだ、故福岡弘幸先生へのインタビュー経験について語っていきたい。このインタビューを取り上げる理由は、既に先に述べたような自分自身を見つめる契機という点があるが、やはりそれだけではない。このインタビューのなかで福岡は、高知の福祉教員を語る上で決して外すことのできないもう一人の重要人物、谷内照義について語っている。もはや両氏とも鬼籍に入っているため、発言の真意や事実の追加検証を行うことは極めて困難だが、筆者にとって圧倒的だったのは、インタビューの間、福岡先生によって語られた物語世界のなかで、福岡・谷内という「両巨人」が相まみえ、格闘しているさまを垣間見たことだ。この「邂逅」には、単なる個人的な意見や感情を超えた意味があると考え、ここに詳しく取り上げることとした。

1　予期せぬ出会い

福岡氏のお名前は、福祉教員に関する文献調査を始めると否応なく、ただちに私の知るところとなった。なにしろ一九四八年、県下で試験的に配置された二名の福祉教員の一人だったのである。一九五〇年に県下で一七名が正式配置されたときにも、福岡はその中にいた。まさしく草分け中の草分けの存在だった。だから実際にインタビューの場で相まみえるはるか前から、筆者の頭に福岡氏のお名前は「紙の世界の住人」[2]として、すなわち文字資料中の歴史的人名として刻まれていた。ここでの「歴史的人物」には、まことに不謹慎な前提、すなわち福岡氏はすでに物故者になっておられるだろうという想定があった。ところが文献調査を始めて半年ほどたったころ、高知県の関係者の方から「福岡先生がまだ生きて元気でおいでですから、一度会ってみられたらいかがですか」と声がかかった。喜び勇んで現地に飛んだことは言うまでもない。こうして二〇〇五年三月、紹介の労をとっていただいた地元の関係者お二人とともに、福岡氏のご自宅へとインタビューに向かった。

福岡氏は、このインタビューから一年二ヶ月後、九一歳で亡くなられた。現在の観点からすれば「生前」ということになるが、福岡氏は多くの文章を残され、自費も含めて出版物も何点も出されていた。インタビュー当日大量にいただいたそれらの書物にあとで目を通し、インタビューのトランスクリプトと付き合わせてみると、自伝的色彩の濃い自著の中ですでに書かれていることと重複することが多かった。こうした結果は、政治家、元官僚などの「公人」を対象としたオーラルヒストリー研究の場合であれば「失策」と断じられても仕方がない。その人物が書いた著作・論文などの文章にすべて目を通しておくことは、事前準備のなかでも基本的な事柄であり、そこを足場にして新たな情報をインタビューから聞き出すことが主眼となるからである。インタビュー後、事前にそれらに目を通していればもっと突っ込んだ質問ができたものを、と悔やまれたものだった。

筆者はかつて、このインタビュー経験をもとに、インタビューによって得た音声資料と文字資料とを組み合わせて論じることの可能性と困難について論じたことがある[3]。しかしその作業はインタビューのうち、もっぱら前半部のデータのみを参照していた。前半部は福岡が一方的に語り続ける場面が多く、インタビュアーによる語りの統制が困難であり、また上記のように、自伝的書物に記された内容と重複する語りが多かったのもそのためである。しかしながら本章で取り上げるインタビュー後半部の印象は、大きく異なるものである。そこで聞き分けることのできた福岡の声は、文字資料と調和し、相補うことで一つの大きな全体を構成するような類ではなく、文字によって成立した世界に異議を唱え、むしろそれに向こうを張って屹立しようとする声であった。

2 インタビュー過程のなかから（1）――「矜持の語り」をめぐって

インタビューも終わりにさしかかった頃であろうか、福岡が妙なことを言い出した。（以下、Fは福岡先生、Kは倉石、A、Bは当日同行いただいた県教育関係者）

【抜粋1】

F：で本当に、全国でね、六人のサムライという。

A：六人のサムライ？

F：サムライ。筆頭が高知県の福岡。それから二番目は京都のあれ誰やったかな。それから三番目が京都、大阪、奈良。それから四番目が山口、五番目が大阪、六番目が愛知やったかな、愛知じゃないわ、滋賀や。あれ近畿圏やったから。…

福祉教員制度が始まって間もない、一九五〇年代前半頃の話だと思われるが、全国に名をはせた同和教育の「六人のサムライ」というのがあって、その筆頭が「高知県の福岡」、すなわち自分自身だった、というのだ。今回のインタビューの仲介者であり、若年ながら福岡氏との付き合いの深いA

先生も「?」と聞き返すほどだったから、あまり聞いたことのない話のようだ。おまけに筆頭が「高知県の福岡」だったことを除いて、「サムライ」の記憶は何だかひどくあやふやそうだ。結局このことは三人誰も深追いせず、やり過ごされてしまった。しかしながら、しかしずっと時間がたってから再度インタビュー全体を丹念に読み返し、かつその後調査を重ねることで見えてきた知見を参照したとき、「サムライ」の謎が少し解きほぐせてきた。その糸口は、インタビューのなかで福岡がしきりと、草創期福祉教員として福岡と双璧をなす存在であった谷内照義の名前を引きあいに出す場面に焦点化することで見えてくる。

谷内は、次章でも詳しく論じるように一九五〇年の正式配置で福祉教員となった「草分け」の一人である。のちに「全同教」委員長となるように、その名は全国の同和教育関係者に鳴り響いていた。言うなれば高知が生んだ解放教育の「スター選手」のような存在であった。このインタビューでお話を伺うまで、福祉教員の水脈は、ストレートに現在の「解放教育運動」に連なるものとして理解していた。いわば現在の「ラディカルさ」をそのまま過去へと投影していたのであるが、そのなかで福岡という存在もまた、谷内が築きあげた「解放教育」の思想と実践の圏内におさまるのだろうと、そして両者は刎頸の友、盟友同士だろうと漫然と考えていた。

ところがそういう耳に飛び込んできたのが、次の言葉である。

【抜粋2】

K：谷内先生、福祉教員だったのは一年間だけですねー。そのあと県教委に…

F：いや、あれはね、谷内先生はね、非常にきびしかったですよ。まあ言えば、左系に見られたわけ。//（一同）ほぅー！//それで高知市の教育界からとばされて、＊＊の小学校行った。そこからさらに飛ばされよった。＊＊へ行ったわけ。

上のやり取りで、「まあ言えば、左系に見られたわけ」という福岡の言葉に、一同一斉に感嘆ともつかぬ「ほぅー」という声をもらしたことが記録されている。A氏、B氏のことは分からないが、その声に和していた筆者自身の思いはと言えば、谷内が当局から「左系に見られた」という内容よりも、福岡の口から「左系」なる言葉が発せられたこと自体への感嘆としての「ほぅー」であった。この言葉遣いからは、谷内をあくまで外部から冷静にながめ、値踏みする響きが感じられる。またこの発話は、自身は「左系」というレッテルを誰かに貼りこそすれ、決してそのカテゴリーに入れられることはないという位置から発せられた言葉である。

次の抜粋は、当時長欠問題に全国の教育関係者が苦しんでいたなかで、高知の福祉教員の噂を聞いて、他県からの視察などがあったのではないかという筆者の問いかけに応えてのやり取りである。このなかで再び谷内のことが話題にのぼる。

【抜粋3】

F：よそ、一番先にきたのが大阪。大阪がね、福祉教員いうのをね、聞いてとんできた。//（一同）ほぉー//二年目にきた。

A：二年目いうのはなに、昭和二四年？

F：二、三、四年や。四年の終りにきたがよ。と言うことはね、わしのは、地道に地道にいーばらんできたけんど、谷内先生がパッと（　　　）。それをパッと放送したの。

A：あーほなそれが大阪まで聞こえてきて。

F：ほんで行くところへは行く、わしのとこ連れてきて。谷内先生のが、あの本に書いてある、ひじょーに理論的にね、わしのはばーかいとるから。//（一同）いやいや、そんな…//社会教育で。社会教育はおもしろいぜよ、そりゃ。…で本当に、全国でね、六人のサムライという。

A：六人のサムライ？

F：サムライ。筆頭が高知県の福岡。それから二番目は京都のあれ誰やったかな。それから三番目が京都、大阪、奈良。それから四番目が山口、五番目が大阪、六番目が愛知やったかな、愛知じゃないわ、滋賀や。あれ近畿圏やったから。…

全国のなかで大阪の関係者がいの一番に視察に駆けつけた話は初耳だったが、それを述懐するなかで飛び出したのが「谷内先生がそれをバッと放送したの」という言葉だった。「放送」というのは一種の比喩で、高知の福祉教員によって現れた好ましい効果を関係者に伝える行為を指すと思われる[4]が、それが次の「地道」という言葉に対置されることで、少々「派手」な「宣伝」という、やや批判的ニュアンスが「放送」という言葉や、その主体の谷内に対して暗示されている。同時に「放送」という言葉は、筆者自身にとっても耳の痛いものだった。というのも自分自身、福祉教員について初めて知ったのは「谷内」という名前を通してであり、またその足跡を紹介した「中央」の解放教育関係の文献によってであった。いわば筆者は「放送」におびき寄せられ、糸をたぐっていくうちに福岡氏の前へと引き寄せられていったのだ。同時に福岡の語りからは、そうして自分の前にやってきた以上、その「地道」さゆえに「放送」にはのらなかった福祉教員の実相を分かってもらわずには今日は帰さない、という気迫が感じられる。次の「本に書いてある」ことをめぐる、谷内の「非常に理論的」な書きぶりと自身のそれとの対照ぶりも、一見自身を貶めているようでいて、実は非常なる矜持のあらわれである。「理論的」という言葉には、少々現実離れして実相を捉えていないというニュアンスが感じられる。そしてこうした文脈で、冒頭に紹介した「六人のサムライ」が登場するのである。

【抜粋4】

F：それで、えー有名な谷内先生は、同和教育の視野なかったと、＊＊に来てから、福祉教員になってからね、その先生が、ずーっと部落をまわってね、トップになったの、学校の。それで谷内先生が非常に有名になった。…谷内先生は師範の陸上競技の選手やった。

矜持の語りとしては、右の語りもその範疇である。「有名」な谷内は部落出身であるが、他方で福岡がさりげなく言及するように師範学校の出でもあり、その意味で教員世界の主流に位置している。他方で福岡は県の農業補習学校から、附属の青年学校教員養成所を経て、敗戦をまたいで戦後新学制のスタートまで、県内各地の青年学校で教えていた。異色の教員歴であり、教員世界の傍流を歩んできた。青年学校とは、上級学校への進路を絶たれ早くに職業世界に入ったノンエリート大衆をパートタイムで収容する中等教育機関として、戦時色強まる時期に急整備されたもので、戦後の評価は「軍国主義教化の機関」「ファシズムの温床」などさんざんなものであった[5]。しかし、青年学校がどれほど「軍国主義的」であろうと、傍流教員として若年ノンエリート大衆と相まみえ、そのなかで若年の部落大衆の思いに多く触れてきた福岡の教員コースは、のちの福祉教員としての資質を磨き上げるのに絶好の環境を用意したと考えられる。

こう考えると、インタビューのなかで話がなかなか福祉教員時代のことに行かず、戦前の青年学校教員時代の話題が続き、筆者がもどかしさを覚えていたことが、苦い思い出としてよみがえってくる。

【抜粋5】

F：あのー朝は、もう、三時ごろから起きてきますからね。それで船で行って、トントントントンいうて三隻で行きますからね。こー両方とも、真ん中オオナカというてね、三隻で大敷網とって、行きますからね、だから昼間は、あのー朝あげをして戻ってきたら、昼の三時ごろに行くまでの間はね、何にもせずに、うちに戻ってきたり、船の中でゴロゴロしたり。ぜんぜん出て来ないんです。それで僕はね、漁業班というのを作った。同和地区の青年でしょ、全部。漁業班というのを、それで、漁業班を作ってね、それは毎日やりますからね。毎週木曜日、漁業班を、学校へこいって、引っ張り上げてきて、それで、授業やったわけ。ほいだらば、押さえちょって連れてくるけ、出席率九八パーセントじゃ。県下でパーッと三番目まで上がって。そのかわりー、あの、なに、…あのーこりゃ福岡図書館と言うて(笑)、あのー大きな本箱こしらえまして、世界文学全集とか日本文学全集とか、そういうな本をね、どっさり、こうて、一〇〇冊は置いてあった。それを、読め、と、読ました。〈中略〉

A：いま先生がほな話しされおるのは、そのあれやろ、そのー福祉教員が正式にできる前

F：できる前、前、まだ前座はなしおる、わしの前座がわからんと、何やったか。

A：わからんき。

F：それで、＊＊＊の青年学校が県の下から数えたら早かったほうが、上から数えた方が、よかった。

A：九八％まで行った

K：それーは。

F：連れてくるから。

A：それはまだ、戦前の話ですよね。

F：え？　戦前、昭和一二年から一六年までの間。それで四年おったで。…一三年から一六年まで安芸郡佐喜浜青年学校におったと。ほんでこの間に、興亜少年勤労報国隊へ行ったと。ねえ、満州へ行きました。それから、一六年からね、あのー何、高岡の日下、日高村の日下、…それで日高村に行きました。その時に、その前に、あのー何、あ、こっち戻ってきてからか、日下の青年学校で、えーやりましてね。…その時に、そうじゃねーあれは、…あのー、同和教育の、推進校というか指定校に、なりましてね、それで、…あのー基調講演を私がやりましてね、え、それで、あのー、富士山の上あがって、富士山を征服したと思ったらね、間違いだ、ね、なぜかというたら山はいくらでも遠い、高い山があるんだ、そういうふうなことを言ってて、同和教育を、あのーやって、みんな部落が解放せられたと思ったら大きな間違えだ、人間心から、全部いれかえにゃいかん。…

福岡が言う「前座」が、戦前の青年学校教員時代の話にほかならない。実は福岡はこの頃すでに、戦後の「福祉教員」としての実践の原型となるような取り組みを、青年学校を舞台に行っていた。出席率が低調だったのを「県下（の青年学校）で三番目」までに引き上げたのだ。しかし、「前座が分からんと、本題（福祉教員時代）も分からん」という言葉を聞いてもなお、筆者（K）は福岡の語りをさえぎる不躾をしてまで「それはまだ、戦前の話ですよね」と念を押し、逆に先方から「え?」と不審がられている。今となっては自分のいらだちを恥じ入るばかりだが、この段階ではこうした背景が十分にわかっていなかったのだ。また抜粋の語りにあるように福岡は、一九四二（昭和一七）年、日下実業青年学校教員のとき同和教育の研究発表会で報告を行っている。「青年学校で同和教育の研究指定を受けたのは、県下で初めて」[6]のことだったという。こうした戦前の青年学校教員時代から積み上げてきた同和教育の実績が、矜持の語りの礎となっているのである。当人は無論口にしなかったが、敢えてその心中を言語化すれば、師範学校を終えて小学校（高小を含む）教員へという「順当」なコースを歩んだ谷内の、部落問題への開眼は自分よりもずっとあと、戦後になってからではないか、といったところではないだろうか。

以上、インタビューのなかで福岡が、「有名」な谷内を引き合いに出しつつ示した福祉教員第一人者としての矜持の語りは、このあと筆者が福祉教員についてさらに文献調査や聞き取りを進めていく上で、資料解読の指針を与えてくれた。たしかに福祉教員の中からは、谷内に代表されるような、その後高知県における解放教育運動を担った人材が輩出した。しかしそのことをもって、今日へと繋がるラディカルな解放運動の系譜に、ストレートに福祉教員が位置付くことにはならない。むしろ、それとは別系統の、敢えて言うならば土着的な流れのなかに福祉教員を位置づけて考えなければならないのではないか。そうでなければ福祉教員が、部落解放運動が敗戦の痛手からまだ立ち直れていない戦後初期に、保守的な人びとも含めて世論の同意をえて活動することも、また子どもの就学をしぶる部落大衆の心を動かすことも、できなかったのではあるまいか。こうした思いは、その後調査を進めることで確信へと変わっていった。福祉教員第一号が、農業補習学校教員養成所から青年学校教員へという傍流を歩んだ福岡であったことは、単に人脈の偶然[7]がなしたものでなく、福祉教員の性格上必然性があったし、また福祉教員誕生の舞台が福岡の出身の野中地区であったことにも、必然性があったのである。

3　インタビュー過程のなかから（2）——部落出身者としての語りの顕現

このインタビュー全体を通して、インタビュアーのうち少なくとも筆者は、初代福祉教員としての四年間（一九四八年～一九五二年）に福岡が、野中地区からの生徒を多く抱える中学校において「やんちゃ」な生徒たち相手にどのように奮闘したかに最も大きな関心をおき、質問を行った。福岡自身もその野中地区出身者であることは、事前の予備知識として頭に入ってはいたが、インタビューの中ではどうしても、福祉教員として働きかける主体としての福岡と、働きかけられる客体としての部落生徒という主客二分を前提とせざるをえず、結果的に福岡と部落とを切り離してしまうことになりがちであった。

そんななかで次の抜粋を見てほしい。福祉教員初配置当時の同僚教員について答えていて、自分を残してみな死に絶えてしまった、としみじみ語ったあと、唐突に話題が農業学校生徒時代のご自身が「暴れた」ことへとシフトしていく。

【抜粋6】

F：…（　）フミも死んだ、コウも死んだ。わしらのときは暴れるときは暴れた。

A：そりゃ想像がつくろう。昔のねーその頃、それやのうても社会が厳しいなかで、差別の厳しいなかでー、いうたらそらなんぼか。

F：わしらねー、それはあるけんどねー、わし農業の、卒業じゃろ。そしたらねー、昭和、八年度の卒業じゃったわ。そしたら、あの当時はねー、流行歌がねーいまでいう、あのー幻の、影（　）のなんとかかんとかいうなね、うんとええ歌があったの。ほんでその歌をずっーと。ところが、うんとその当時はタバコもするし何もするっていう、子どもが荒れた時代よー。ダンパとゴウハが（　）ちょる。ほんで、ぼくらは、（　）けど、よー学校のときに、いまでいう、まだそんな、将棋、碁はない、将棋をさした。ほな、机の（　）ときやったからね、机の、ひっくり返して、あれ将棋盤こしらえて、先生の授業の時間中にさしゆうわけや。

A：勉強せん代わりに（笑）。

F：あの先生に習えへん、かたっちゅうわけや。そしたらの、＊＊＊先生っていう、これはねー、鳥取高農、こんなビールダンのようなね、サッカーして、こらなにしようー、この、おら、（　　）いうて、おれが（　　）とったら、先生そりゃ机じゃないいうて、何やおまえらーはーってんで、えー（　　）くれたことある。これは面白い時代、そういうふうな暴れ方をしたことある。それと前の学校へ、前ではねー、あのー果樹園があった。果樹園。そしたらね、肥だめの底についていて、バラの（　　）、ん中入っていって、実習日のシバを（　　）、そんな悪いことしてた。

〈中略〉

F：ほんでぼくらはそんなに、荒れた教室じゃったきねー、ほんで、いまのK屋。わかる？高知のK屋。…家具屋さん。K屋のね、社長がね、＊＊＊っていう、陸軍の大尉やった。要するに、なによ、先生やった、教練の。その先生がぼくらの荒れたのをねー、みてね、ほいでね、その、休み、お昼の休み時間は、歌を歌わせはった。きっちり来て、＊＊さんが（　　）。そういうね、荒れたことを知ってるから、子どもの荒れ方がわかるばー。自分で体験しちゅう（笑）。悪いこともした。

もしかすると福岡は、インタビューの中で部落生徒と自分自身とが切り離されて扱われ続けることに、水を差したくなったのかもしれない。同席していたA先生はそれを敏感に察知している。A先生のフォロー「そりゃ想像つくろう。それやのうても、社会が、差別が厳しいなかでやし」は、部落出身者として福岡が語り始めることを、残りの二人（B先生と筆者）に合図として知らせる言葉でもある。それに対して「それ（部落差別の要因）もあるけど」と応えた上で福岡は、「わし、農業の卒業じゃろ」と、話の軸足を部落差別でなくノンエリートとしての学歴に移しつつ、当時「暴れた」「荒れた」体験を語っていく。結びの「荒れたことを知ってるから、子どもの荒れ方がわかるばー。自分で体験しちゅう」は、インタビューの中で分断されがちな、福岡自身と部落の「荒れる」生徒とを、もう一度結びつけ縫合しようとする語りのように思える。

次の抜粋は、筆者（K）にとって核心部分であった質問をした際の、A先生をもまきこんだやり取りである。つまり当時、福岡が福祉教員として、部落の親たちをまわってどのような言葉で就学を説いてまわったのかを質問したときのことである。

【抜粋7】

K：子どもを学校に行かせたがらない親を、当時先生はどんなふうな言い方で、説得というか、したんですか?

F：あの、いっちょかないかんぜよと。

Ａ：あー学校でちょかないかんと。

Ｆ：でちょかないかんと。そりゃ、（　　）じゃから、計算ができない、読み書きそろばんができなけりゃーねー、おまんらーとおんなじ生活になるやないかと。子どもにたんじないかよと。学校にいかしと。

Ａ：言い方かえたらほら、地元の、おんなじ地域の先生やき、言えたわけよね。先生自身がこの、地域の、出身やき。先生がいてやっぱり、地域の親によね、教育の必要性というものをこう言うわけよね。

Ｆ：そらーあの、いまなんや、屎尿、くみ取るおるねー

Ａ：Ｓさんか？

Ｆ：Ｓか。あの子も、あれやったのー、不登校じゃったがよ、めったに来なかった。ほんでお父さんに言ってね、きっちりさせて。それでくみ取りの仕事をわしが世話した。それでずっーと来いて。

Ａ：あーほんでいま、立派なもんになったわねー。

Ｆ：それはねー、もーいよいよ、親がでようがじごばっそくでねよってどうするぜよと。〃（一同笑）〃けんど先生仕事がないよ、ほんだら行こうかというて連れてねー、職安じゃいかんわ、ほら。

Ａ：親の仕事からかまえないかんという。

Ｆ：親の仕事からさがさな。これ大事なことですよ。

Ａ：親自身の生活がほら、あれじゃき、子どもの学校どころじゃないわけや。

F：ほんで子どもをね、一緒に連れていきよるわけや。行ったらいかんというて、引っ張り戻す。先生、そんなこと言うて食えんぜよというき。

福岡は一部、当時の口調を再現して「読み書きそろばんができなけりゃ、〔子どもたちは〕おまんらとおんなじ生活になるやないか」と語っている。学校関係者が被差別部落の親たちに言う言葉としてはかなりきついものであるが、ここですかさずA先生の、「おんなじ地域出身の先生やき、言えたわけよね」とのフォローの言葉が入る。このフォローもまた、さきの「自分で荒れを体験しちゅうから分かる」という福岡の言葉と同じ、縫合の機能を果たすものである。つまり、就学督励のために敢えて厳しい言葉をぶつける福岡と、それをぶつけられる野中地区の人びととが、まさに相互作用的構成のなかで分断されようとしたその時に、両者を縫い合わせる言葉であった。次に福岡が、Sという生徒を見かねて親に「くみ取りの仕事を世話した」というエピソードが続くが、もしもその前段階できちんと「縫合」が行われていなかったならば、福岡の当時の行動やひいては福祉教員の営為そのものが、いかにも部落の人びとの頭ごなしの恩寵的なものとして、筆者によって曲解されてしまうおそれがあった。

ここまでのやり取りを振り返って、改めてクローズアップされるのが、同行者のA先生の存在である。A先生は当時、県教委で人権教育担当のチーフをされており、この時以来現在まで変わらず、筆者の研究について常に全面的にサポートしていただいている。その後教頭、校長に昇進し、高知県の人権教育の世界にこの人あり、という存在感を発揮されているが、しかしこのときまだA先生という存在の重みが、十分に分かっていなかった。研究を進めるうち、A先生もまたN地区の東隣の海沿いのA町の部落出身であり、世代は大きく異なるが部落出身教員として福岡の衣鉢を継ぐ立場にあることを知った。そのことを考えたとき、このインタビューにおいてA先生が果たされた役割は、単に中央（東京）からの研究者を地元のインフォーマントへとつなぐ、地方の窓口役に尽きるものでなかったことに思い至った。このインタビューの主眼は地方教育史に関するさまざまな事実関係を明らかにすることにあったため、部落出身者に対する非部落出身者によるインタビューという文脈は、通常は隠れている。しかしその文脈は隠れてはいても底流に流れていて、ときに語りの構成資源として浮上する。そうしたなかでA先生は、ときには忘却されがちなこの文脈をインタビュアー（K）に想起させるアラーム役として、またときにはこの文脈の顕在化によって福岡氏とKとの間に溝ができそうになった際には接着剤として、縦横無尽に活躍された。その姿は単なる仲介者を大きく超えた、まさしく「アクティヴ・インタビュアー」[8]としての姿であった。

4　紙の世界の向こうを張ろうとする〈声〉をきくこと

福岡はインタビューから一年二ヶ月ほどあと、この世を去った。いわば本当に「紙の世界の住人」になってしまわれたのである。しかし、くだんのインタビュー経験を踏んだ筆者には、福岡が紙の世界のなかにその姿を隠してしまったようにはどうしても思えないのである。この感覚を足がかりにして、地方教育史研究のなかでのインタビューという「営為」についていくばくか考察をしてみよう

たとえ語り手の肉体が物理的にこの世から消滅してしまっても、ICレコーダーを再生しさえすればわれわれはいつでもその声を聞くことができる。言うまでもなく、音声が聞こえるのは空気の振動という物理現象のためである。だから、たとえ福岡の肉体そのものは朽ち果ててしまっていても、再生された音声のなかで筆者は、福岡の肉体とは別次元の物理的存在感をいつも覚知せざるをえない。そうした重たい存在を感じさせる〈声〉が、福岡はもう紙の世界に姿を消してしまったという感傷から、常に筆者を引き戻すのだ。その〈声〉をここでは、「紙の世界の向こうを張ろうとする声」と呼ぶことにしたい。

そもそも筆者が福岡氏の前に立つことになった由来は、「紙の世界」を彷徨しながら福祉教員の歴史を探っている途上においてであった。いわば「紙の世界の伝手」をたどって福岡のもとに行き着い

たのである。しかしその「紙の世界」のなかでの福岡は、（まことに失礼な書き方だが）たしかにどうやら福祉教員第一号で、その意味であの谷内照義をしのいでいるはずなのに、谷内の陰に隠れて今ひとつどういう人物か見えてこない、というポジションだった。だから筆者も正直言えば、福岡氏とアポが取れたときに「勇躍した」ものの、心の片隅には「でも谷内氏じゃないんだよな…。谷内氏は九九年に亡くなられたんだものな」という想いがあったこともまた事実である。高知の福祉教員と言えば谷内照義、という先入観がこの時点で強く筆者を捉えていたことは繰り返すまでもない。このようにそれまで依拠してきた「紙の世界」は、筆者と福岡氏とを出会わせ繋ぐ役目を果たす一方で、その内部において福岡を周縁化し続けていたと言える。

インタビューのうち本章で集中的に取り上げた箇所は、表面的には谷内についてのやや辛口の人物月旦の趣であるが、実のところは本章で言う「紙の世界」のあり方、つまり福祉教員や同和教育、解放教育をめぐる言説世界、そこに映し出された「中央」と地方との関係性などについての批評の語りであったと考えられる。「谷内先生がそれをバッと放送したの」という一言は象徴的である。「放送」とは、谷内による主体的行為であるよりは、解放教育運動からメディア、ジャーナリズムまでが関与した大きなうねりのなかで、谷内がスターダムへと押し上げられていった過程そのものを指すと考えるべきだろう。他方でその言説世界は、「六人のサムライ」を速やかに、見る影もないほど周縁へと押しやっていた。じじつインタビューの場では、同和教育に精通している地元のA先生ですら、その

(旧)キャッチフレーズに怪訝な声をあげたほどだった。

このようにテープのなかの福岡の〈声〉は、再生するたび愚直に何度でも、恐らく多くの来客を福岡のもとに向かわせたであろう「紙の世界」が持っている歪みについて、力強く批評し続ける。まさしくそれは、紙の世界の向こうを張ろうとする声なのだ。こうした〈声〉に接することこそ、地方教育史研究のなかでインタビューを行うことの醍醐味の一つと言えるだろうと思う。

しかし他方で皮肉なのは、こうした〈声〉との出会いを媒介するのは結局のところ、たとえそれが歪みを孕んでいようとも、「中央」のものの見方によって構成された「紙の世界」だということだ。地方教育史研究が、多かれ少なかれ相対化、あるいは克服しようと試みる相手にまずは依拠しなければ、相対化や批判の作業にすら取りかかれないという逆説。今回のインタビュー経験はその構図を浮き彫りにした。

また今回のインタビュー事例には、単に地方教育史研究の方法論の一ケースに還元できない面もある。それは被差別部落問題の存在である。本章4節において見たように、このインタビューにおいても、単に「中央」の研究者が地方教育史のエピソードを訪ねるオーラルヒストリー・インタビューに到底還元できないような緊迫する側面が、ごくさりげないかたちで顔を出していた[9]。この場面ではたまたま、A先生という最高のアシスト役に恵まれたが、無論いつもそれを期待するわけにはいかない。いずれにせよ、福祉教員研究の難しさ、それが単なる地方教育史研究の一事例に還元できないことが、こうしたインタビュー場面の相互行為の詳細な検討からも浮き彫りになる。おそらく特効薬はない。ICレコーダーから何度でも再生される、福岡の「紙の世界の向こうを張ろうとする」声に後押ししてもらいながら、一歩一歩すすんでいきたい。

おわりに――後日譚

二〇〇七年二月に高知におもむいたおり、故福岡氏の奥様にご挨拶にうかがった。お宅のたたずまいは聞き取りの際といささかも変らず、しかしそのことが逆に喪失感を際だたせてもいた。応接間の私の向かいに対座したのは、今度は福岡氏ではなく奥様だった。以前聞き取りでお世話になったことに改めて御礼申上げ、お悔やみの言葉を述べると、問わず語りのうちに福岡氏の最期のご様子のお話しになった。

【抜粋8】

五月一〇日でした。まだ本人がなかなか、こちらの子どもに心があるかしらんしで、十日ぐらい前に、この子どもの車庫へ、この車庫を除けて、あこがだいぶー、車庫と自分の車庫が、そうですねー、一坪、んーどれぐらいあるろう、…この応接間いわんばありますがねー、そこへ、五〇〇万ばーで、子どもの本をこうて、前の子どもが、放課後に帰る、帰っても、お父さんもお母さんもおらんから、どんなに子どもが、なるやわからんし、そんでうちのここで、図書館にして、本を読ますように、してくれと言うて。亡くなる十日ばかりに、私に言い置きしました。現在の、子どもの生活を、自分が、把握しちょったようです。あの人の一生は、子どもの、将来のことばっかしで、それを思うと私も、なにか今後は、それに値するような、なにを考えなあかんとおもて、思うております。…前を通る子ども、みんな我が子のように思っておりました。

//

ほんの、息を引取る、十分ぐらい前までちゃんともの言うて、きれいに、挨拶して、しまいには、おばあさん、おばあさん、あたしのおばあさんという、おばあさんおばあさん、その後の言葉を、本人は何も言いませんでしたけど、私なりに解釈して、おじいちゃんの意志を継いでいかなければいかんと、思うております。

〈中略〉

ええもうね、学校が終ってあっても、二〇年余りになりますけどね、社会の子ども、学校の子ども、それだけがあの人の、生き甲斐でしたね。

//

ほんとに、自分の生活は、贅沢は何にもしませんでしたよ。…ほんとに、教育者でしたね。もう五、六年、せめて九五、六まで、生かしたかったです。ほんとにしまいには、おばあさんおばあさん言うていいましたけど、そのおばあさんと言うた、言葉を私はどう解釈したらええか、まああの人の生き方やったら、子ども会を頼むと、子どもを頼むと学校の子どもを頼むと、そういう私は、受けとめております。

ご自宅が面している道路はたしかに交通量も少なく、かと言ってあぜ道のように狭くもない立派に舗装された道で、近所の学校の通学路としてうってつけだった。福岡はいつも「前を通る子ども」たちのことを気にかけ、死期が迫ったとき、自宅のガレージを改造してその子らのために「文庫」を作るよう遺言したというのだ。このお話しを伺って私は胸が詰まった。青年学校教員時代の福岡が、漁村部落の若者たちのことを考えて作ったという「福岡図書館」のエピソードが頭をよぎったからだ(【抜粋5】参照)。「福岡図書館」の話をされているときの福岡氏はよく笑い、実に愉快そうだった。同じ「図書館」でありながら、何という意味の違いであろうか。

しかしこの符合は、残されたものにただ悲しみを与えるだけではなく、福岡の人生を確かにつらぬく一本のすじみちを照らしてくれる。インタビューに再三登場した谷内照義が、定年後は解放教育運動の確立に貢献し、全同教トップまで担ったのに対して、退職後の福岡は高知県子ども会連合会(高子連)結成に尽力、二一年間にわたって会長の任にあたり、その間全国子ども会連合会の理事や副会長の要職にも就いた[10]。臨終に際して福岡が呼びかけた「おばあさん、おばあさん」という声に、奥様が「子ども会を頼む」というメッセージを読み取ったのは、こうした活動に心血を注いだ晩年の福岡の姿があったからである。それにしても谷内と福岡、二人の軌跡はやはりどこまで行っても交わらない平行線を思わせる。見る人によっては、谷内に較べて福岡はやや保守あるいは体制寄りと言うかもしれない。しかし、ある普遍的なテーマをひたぶるに追求し、その過程で高知県のみならず全国において一目置かれ、リーダーシップを発揮した点では両者は重なっている。やはり良い意味での、真のライヴァルであったのだろう。二人からわれわれが学ぶのは、高知の福祉教員の運動を源流とする、二本の太い流れが今日まで蕩々と続いていることだ。一つは全国の解放教育運動へと合流し、さらに大河となって今日に至っている。この流れの中心に谷内照義がいた。そしてもう一つの流れは、強いて言うならば社会教育・子ども会運動に連なる、青少年の生活の実相に肉迫し愚直にその改善を目指そうとする流れであった。福岡が切り開いたのはこちらの方だった。若き日の青年学校教員時代の取り組みと遺言とが、奇しくも「図書館・文庫づくり」ということで符合していたのは、その流れが福岡のなかで常に一貫したものだったことを象徴している。

お目にかかった時点で奥様は、伴侶を亡くされてからまだ一年も経過していなかった。十分に悲しみが癒えていないご様子で、お話し中何度も涙ぐまれていた。私がいろいろ伺ったことで、かえって辛い思いをさせてしまったのではと申し訳ない気持ちになった。だがこうしてそのご最期を聞けたことは、福岡弘幸という教育者の生を理解するにあたってかけがえのない貴重な経験でもあった。

■注

1 詳しくは倉石2007を参照。

2 倉石2006

3 倉石2006

4 その後さまざまな資料調査を行ったが、ここで福岡が示唆した「昭和二四年当時の『放送』」に該当するものを発見できなかった。むしろ有力な可能性として浮上したのが、正式配置から二年目の一九五一年一月一九日に『高知新聞』にて大きく取り上げられた、高知市朝倉中学校における不就学克服の記事である（第4章も参照のこと）。朝倉中学が「全生徒就学」を達成したことを報じたこの記事の主役は、同校の「特別教員」谷内であった。

5 たとえば、戦後教育改革の方向性を決めるに極めて大きな役割を果たした教育刷新委員会（のち教育刷新審議会と改称）の第四回総会で青年学校の問題が取り上げられた際、出席者から次のような発言が聞かれた。「青年学校は、昭和一四年に義務制を実施したということになって居りますが、この時代から日本は戦争準備を始めた訳でありますから、青年学校というものは戦争目的に付て相当教えられて来たように思いますから…」「今までの青年学校をその儘残してこれに手を加えるというだけの値打はないじゃないか。初め青年訓練所から実業補習学校と一緒になって青年学校になった時から既に軍国主義的教育の温床になって居たとすれば…」。（『教育刷新委員会教育刷新審議会会議録』第一巻、七〇 - 一頁）

6 福岡1990、四八頁

7 教員養成所における福岡の恩師であった溝渕信義が、当時の県知事と小学校において同級であったことから、福岡に命じて陳情文を書かせ、特別教員配置の陳情を知事にさせた経緯を指す。詳細は本書第1章を参照のこと。

8 Holstein & Gubrium, 1995=2004

9 この面では、被差別部落をフィールドに、ライフストーリーの聞き取りを通じた生活文化史研究を精力的に展開している桜井厚らの仕事（桜井2005、桜井・岸2001、反差別国際連帯解放研究所しが1995など）が非常に多くの示唆に富む。

10 福岡1990

第4章

草創期の福祉教員は語る（2）

谷内照義の場合

はじめに

本章で改めて光をあてる谷内照義（たにうちてるよし：1912-1999）は、高知県において福祉教員制度が設置された一九五〇年度に福祉教員に任命された「初代」福祉教員の一人であり、長欠・不就学問題が深刻な状況にあった高知市立朝倉中学校において「不就学生徒一掃」（『高知新聞』一九五一年一月一九日）を達成した立役者として脚光を浴びた。谷内の活躍はそれにとどまることなく、翌一九五一年度より一〇年間、高知県教育委員会社会教育課（のち指導課）主事として県の同和教育行政確立に貢献し、一九六一年度から五年間古巣の朝倉中学校で校長を務めるかたわら、高知県同和教育研究協議会（県同教）会長、全国同和教育研究協議会（全同教）会長などの要職も歴任した。このように高知県はもちろん、全国的な同和教育の指導者として大きな足跡を残した人物である。

本章では、こうした谷内の活躍の原点である、一九五〇年度の朝倉中学校における福祉教員時代に谷内自身が作成した自筆メモ（以下谷内メモと略す）を手がかりとし、その内容を検討する。従来、福祉教員時代を含めた谷内の実践や思想を知る手がかりとしては、一九七〇年代にまとめられた『谷内照義解放教育著作集』全三巻[1]や、高知県部落史研究会が晩年の谷内に対して行った聞き書きである『流れるまゝに』[2]が主要なものであった。しかしそれらの多くは、谷内が長欠・不就学問題に取り組んだ最初期の福祉教員としての日常に回顧的に触れたものではあっても、当時の視点から明らかにするものではない[3]。その点で「谷内メモ」によって、これまでブラックボックスであった福祉教員時代の谷内に光を当てることが期待される。また、前章での福岡弘幸の語りにもあるように、半ば「神話」化された趣さえある「朝倉中学校不就学問題解決」について、その実相を再検討する糸口ともなろう。

研究上の効用はそればかりでない。福祉教員の仕事は、欠席あるいは不就学状態にある子どもを単に学校に連れ戻すことで終わるわけではない。登校するようになった子どもが学校の日常になじみ、勉強の遅れを取り戻して恒常的出席が定着するよう持っていくことまでが任務に含まれていた。このために多くの学校では（元）長欠・不就学児のための特別学級を編成して対処し、その指導の任に福祉教員があてられることが多かった。朝倉中学校の場合も、そうした目的のために通称「D学級」と呼ばれる特別学級が編成されていた（後述）。しかしながら福祉教員のこうした「インサイドーワーク」については資料に乏しく、本書でもわずかに安芸第一小学校の北川正水の実践を取り上げたに過ぎない（第1章参照）。ところが谷内メモには、「D学級」に関する記述も多く含まれ、これによって、就学督励に収まらない福祉教員の学校内業務の実相の一端に光をあてることが期待される。

1　「谷内メモ」の概要

当該資料はそれぞれ表紙に「不就学関係記録」「不就学関係〔2〕」と題されたA5版ノートであり、後者のみタイトル下の筆名欄に「谷内控」と記されている（写真1）。記録は日記風に、まず日付が記されその日の谷内の行動や所感が詳しく記されている。日付は〔一九五〇年〕五月一三日から始まり、一九五一年三月二四日で終わっている。これはほぼ、谷内の朝倉中学校における福祉教員としての任期期間をカバーしている。

資料は、高知県教育センター分館二階の一室の高知県人権教育研究協議会（高知県人教）利用の書類保管用ロッカーに保管されていた（写真2）。当該資料のほか、谷内照義自筆のものと推定されるA5版ノートが十数冊保管されていた。同協議会会長戸田雅威氏の説明によれば、谷内照義氏の逝去にともない親族から協議会に対し資料寄贈の申し出があり、県人協事務局内（同センター二階）で保

写真1

写真2

管していたが未整理状態で、十分な管理ができていなかった。戸田氏が会長就任後に事務局の居室の整理を行い、「谷内メモ」のバックナンバーを揃えた上で上記ロッカーに移した、とのことである。筆者は吉田文茂氏（高知市在住、部落史研究者）を介してこの情報を知り、戸田会長の許可を得て吉田氏より当該資料のコピーを入手した。また二〇一五年一一月二六日に県人教事務局を訪ね、オリジナルを閲読しコピーとの異同がないことを確認した。なおその際、当該資料以外の年代の「谷内メモ」も時間が許す範囲内で閲読した。そのカバーする年代は、当該資料以前の一九四九年のものから一九六〇年代まで幅広くまたがっていた。

それでは以下当該資料について、注目されるトピックごとに項目を立て、原文を引用しながら分析、考察を加えていきたい。なお「谷内メモ」からの引用に用いる記号は以下の通りである。

□：判読困難であった文字
■：伏せ字。福祉教員の職務上、家庭内のプライベートな事情に踏み込むことが多々あり、「谷内メモ」にも生々しい記述が多数みられる。

それら全てをカットしてしまうことは「谷内メモ」の資料的価値を半分以下に減じてしまうことは明らかである。他方、すでに六五年の歳月が経っているとはいえ、本メモに登場する人物でなお生存する方が多数存在する。そうした観点から、人権上の配慮のため、引用の際に多くの固有名は伏せ字扱いとしている。

〔　〕：倉石によって付加されたコメントや注釈。

2　家庭訪問・出席督励を中心とする欠席生徒・その親との攻防の記録から

「谷内メモ」分析の取っ掛りとして、家庭訪問を舞台に繰り広げられた、欠席生徒やその親との攻防の記録に注目したい。長欠・不就学問題に取り組む福祉教員にとって、家庭訪問は最重要職務の一つである。「谷内メモ」においても、家庭訪問の記録に最も多くのページが割かれている。

谷内メモからは、親のつかまりやすい週末の土・日曜に家庭訪問を行い、週明け月曜からの子どもの登校について言質を取ったり、さまざまなコミュニケーションにより子どもの状況を把握する、そして月曜朝の登校時間帯に要所をまわって督励を行い、それでも出席が得られない家庭には、再度の家庭訪問を行うというのが基本的サイクルであることが読み取れる。たとえば以下の【抜粋2-1】は、メモの冒頭に記された一九五〇年五月一三日（土曜）から同五月一五日（月曜）にかけての記載である。

【抜粋2-1】

〔一九五〇〕五・一三日

[redacted]（3C）現在母親病気で其の為に医者につれて行つたり氷をかつたりその他手伝ひをしている　。（月曜日から登校さす）本を買はねばならない（くにのあゆみ　生活の美化）

[redacted]（3A）姉入院中その手伝　。月曜日に登校する

[redacted]（2A）市電のバラスを父がうけているので手伝ひのため休ます　先生のちょつとした優しい言葉が子供を元気づける　。月曜日から登校さす

[redacted]（2B）極めて勤勉で家庭の手伝をする　二年に進級さして呉れれば登校さす　教科書必要……（月曜日までに必ず調達すること）　。月曜日から登校さす

[redacted]（1C）学籍　高岡郡高□町井関　昭和二四・四月　他住所?に転居　父 [redacted] —応召中彈丸の破片頭に這入つていて其の為頭脳が中々痛くて病院に通院（年間三、四回　三月二八日にもかゝる）その場合は一四、五日—二〇日間位は仕事は出来ない　其の他の□□日雇や其の他で収入の□を計る

母 [redacted] 安定所へ四・一〇日頃から　日給一四〇円　一日交替　雨天、日曜日は休日　高□在住中は生活困難で宅地及家屋□□支払　現在一万円の借金あり　生活は極めて困難である　　仐、着物の給付必要

[redacted]（2B）二年生とすれば登校さす　教科書をとゝのへてやること（本日明日中に貰つて来てやる）

[redacted]（2K）教科書を調達すること（本明日中に必ず）

[redacted]（2B）傳氏の荷車挽きの手伝ひに行つている

五・一四（日曜）

（母の日）母の日を記念する行事は何もやらない　先夜溝渕先生宅で泊つて一二時前に学校に帰る　夜八時出□日新□に[redacted]、[redacted]、[redacted]、[redacted]のため教科書を買いに行く　殆んどない　この調子だと如何にして不就学生に教科書を持たすか?が難問題となり引いては就学問題が困難となる「教科書を与へること」この事が不就学問題解決の第一関門となつた感じがする　明朝早くありだけの本を配つて出席を督励すると共に[redacted]、[redacted]の家を訪問する必要がある　出席するようになつた

五・一五　月曜日

早朝教科を持つて前記生徒の家を訪問　[redacted]のみ明日より登校　他は本日より登校

[redacted]　森本医師訪問　病状其の他懇談　初調栄養不足　胸部の疾患の　四月四日家事の手伝―労働の結果過労による　学校に出ることは不都合なし　家庭訪問には留守

[redacted]　訪問せるも留守　叔父[redacted]氏（町内の有志）に話をすると現在他に仂きに出ているようである

[redacted] 六年の□から出ていない　学籍にない

[redacted] 忙しい時以外は学校に出る約束—本人とする　現在は母病気

[redacted] 給□其の他順調に行つている

[redacted]—昭和九・九・一〇日生　出席する日の約束するを得ず　たゞ〝百姓のしつけが済み次第出す

[redacted]さんについては菓子工場に臨時雇として行つているので一ヶ月後には出す

[redacted]　午前中授業、午後は放課取扱

[redacted]　昨年六月以降土方で収入なし　父は市役所計画課の常役　日給一八〇円　月稼仂一二一一三日

〔一名略〕

[redacted]　父[redacted]（四二）—戦死　昭和一八年＝ニユーギニヤ　母[redacted]（四三）—常時腹痛がある（胃）長男[redacted]（二三）不健康—昨年一一月頃胆石　給料の六割支給を受けている〝□膜□〟（二〇〇〇円）—一〇〇〇円の□　[redacted]（二〇）足によくふみづめを出して仂かず　□□□工場に仂く　本人小□□日給九〇円↓三年前鼻を怪我した—頭が悪い（一〇〇〇円前後）[redacted]（一七）—仕事なし　病気で稼仂不可能である　[redacted]（一四）給食費を持つて来いといはれて　弁当のみ作り他は□□　ある時のみ　田畑の耕作はせず

[redacted]　耳が一方難聴である…取扱注意

〔第一分冊〕

以上のメモ断片からも十分察しがつくように、谷内は不就学または長期欠席の生徒の家庭について、その家族構成や経済生活など家庭の状況をかなり把握し、詳細に記述している。以下「谷内メモ」においては、こうした家庭生活の生々しい記述が終わり頃まで途絶えることなく続く。ところで五月一三日の家庭訪問で、教科書を持っていないために登校できない者が少なくないことが判明する。言うまでもなく一九五〇年五月時点の日本では教科書は依然として有償であり、保護者の実費負担が求められていた。この点をくんで谷内は翌一四日にさっそく教科書の調達に駆けずり回り「ありだけの」本をかき集めている。「「教科書を与へること」この事が不就学問題解決の第一関門となつた感じがする」とメモに記しているが、言うまでもなく教科書というのは現象面の一つに過ぎず、教育費を確保できない家庭の貧困状態に問題の本質があることは認識されている。

一九五〇年度一学期は、谷内にとっても全く手探り状態で福祉教員としての任務に取り組んでいた時期であり、おそらく最も苦労が絶えなかった時期でないかと想像される。ここでは仮にA女、B男と名づける一年生の女子生徒および二年生男子との関わりを、時系列でメモから抜き出してみたい。はじめのA女のケースは、谷内をして一学期末に「最早や処置なし」と音をあげさせたほど、困難をきわめたものだった（抜粋2-2）。B男についても、A女と同じ「強制的措置必要」という言葉を谷内は適用している（抜粋2-3）。しかしその事情は相当に異なっている。

【抜粋2-2】

六・一三〔この日、A宅を含む数件の家庭訪問を実施〕

A女

1　家族　父（四四）安定所に毎日稼働　健康　母（三九）安定所に隔日稼働　体は弱い方　[redacted]

[redacted]（一九）日雇及家族庭の百姓仕事　[redacted]（一五）大阪に出稼中　A女（一四）中一　本人　[redacted]

（一一）小四　[redacted]（八）小一　[redacted]（六）

2　田畑

3　不就学理由　母が早朝出働後弟の世話をする者なきによつて本人がこれ等の世話をしている

六・一四

A女　家庭留守

六・一九

[redacted]君にA女さんの件を依頼する（[redacted]君と連絡して軟く角立たぬ様に特に注意して）

七・一〇日
Ａ女　夜　八時半訪問　父母の話を綜合する
①本人は就学の希望あり　家庭としてとめおいたものである　明後一二日に母同伴出席せしめる
②学費の支給が十分に出来ないことが多い多額の場合は分割納金にしてもらいたい

七・一二日
Ａ女　弟のみ居り〝明日から出席するように〟と依頼した

七・一六
Ａ女　早朝訪問（七時前）　父　出勤前である（起きた所らしい）　明日母がつれて出るとの約束あり

七・一九
Ａ女については最早や処置なし　強制措置必要

九・五日
夕方　Ａ女さん方に行く父母共に在り　母と対談　明日より必ず出席せしめるとのこと

九・六日（水曜日）
A女は見えず　ひる前母親見える　学校へ来ているはずとのこと　明日を約して帰る

九・七
A女登校

九・二七日　不就学実態調査書配布
A（父）A女さんに依頼　学校がよいか家庭がよいか？　学校がよい　友だちにやしべられたり、きらはれたりすることはないか？　決してそんなことはない　学校へ行つたらわからないか　少しはわかるか　ほとんどわかるか？　わからないことは殆んどない

〔第一分冊〕

【抜粋2‐3】
五・一三日〔B男宅を含む数軒を家庭訪問〕
B男（父　B—四四）片仮名の〝いろは〟が読めない　学校にやる価値なし　今の先生は子供に字を

教へているだろうかと疑ひたくなる　以上祖父母の話　祖父（七一）祖母（七三）母[redacted]　[redacted]（一七）
[redacted]（一九）兄（一五）B男（一四）田五反四畝　畑一反四畝　基礎的な教科の取扱ひから初める
こと　小学一年生の課程から初められたいとのこと　十六日夜自宅に来る約束

六・二三
B男　強制的措処必要か？　全然学力がないので学校へはやれない　本人も行くといはない　義務教
育であるとゆう点について注意喚気　不就学はB男君一人であるとゆうことについても注意　B男兄〰
本人に希望があれば学校に出す　B父氏には最早説明の余地なし

九・五
B男の件につき児童相談所田中氏□電話す　明日B同伴相談所に出頭の約束　B男　父母共に居ず
祖父母就寝　義姉と対談後　祖母が出て来られる　明日相談所へ行くので朝九時までに学校へ来る約束
をする
九・六（水曜日）
B男出頭せず　また自宅まで迎へに行く　二人の兄と共に稲をこいている　色々説　得して相談
所へ行く一一時前である　a　途中で昼食しようと思つて飲食店に入るも本人〃腹一杯である〃と云つて

中に入らず　疾病□□～時期、病名、□□□　MA八六　CA一五四　IQ五六□　□□一六才

九・七

B男の□□□調査のため出向く

九・八

市役所訪問―B男就学免除願提出〔のち一〇月一三日に「就学猶予許可書届ける」の記述有〕

〔第一分冊〕

一九五〇年一学期の「谷内メモ」に頻繁に名前が登場する、A女とB男のケースを、時系列で追ってみた。この二つはある意味で対照的なケースである。A女の家庭事情は、「母が早朝出働後弟の世話をする者なきによつて本人がこれ等の世話をしている」という不就学理由に明確に示されている。A女は家庭内で、母親に代わって幼いきょうだいのケア役割を担わなければならず、学校に出ることができなかったのである。A女の家庭に関しては、メモのどこにも生活扶助や物品支援の話題が出てこないことから、顕著な貧困事例としては谷内は把握していなかったようだ。だが、「学費の支給が十分に出来ないことが多い」ので分割納入を申し出るなど、暮らし向きは楽でないことが見てとれる。

むろん、A女の代わりに子守りを行う家事労働者（ナニー）を雇い入れるような経済的余裕があろうはずもなく、他方で保育園の不在という公的福祉の欠陥も問題の背景にあった。その意味でA女の不就学は、家庭及び地域における広義の貧困状態によって生み出されたものと考えられる。このような「グレーゾーン事例」への対処に谷内は相当苦慮したようである。家庭訪問において保護者から、再三にわたりA女を登校させるとの言質をとりながら、その約束がことごとく反故にされ、谷内の苛立ちが頂点に達したことが「最早や処置なし」「強制措置必要」との文言から読み取れる。なおここでの「強制措置」の内実は不明確だが、A女に対するものではなく、学校教育法に定めた保護者の就学義務規定違反を保護者に適用しようとするものではなかろうか。なおA女自身は、七月一〇日の家庭訪問時に保護者が「本人は就学の希望あり」と語っていたこと、および九月二七日に実施した不就学実態調査書への回答で、学校や勉学に対しポジティブな答えを寄せていたことから推察して、勉学への意欲はあったものと思われる。九月七日にようやく、年度初めての登校を果たすが、学業面でのキャッチアップは容易ではなかったことだろう。こうしたA女のような生徒のため、通称「D学級」こと特別学級が二学期から機能し始める（後述）。

他方でB男の家庭背景から読み取れるのは、いわゆる「土地持ち」の家であり、A女家庭のような苦しい家庭事情を認めることができないことである。メモ上での最初の家庭訪問時に保護者から、「片仮名の〝いろは〟が読めない」という本人の学力遅滞を理由に家族が「学校にやる価値なし」と判断したとの説明があった。さらに保護者は学校側への要望として、「基礎的な教科の取扱ひから初めること」「小学一年生の課程から初められたい」といった注文を出したが、これらはどこまで本気のものであったか分からない。むしろ「就学の価値なし」という結論が先にありき、のようにも思える。しかし谷内は六月二三日の家庭訪問でも、そうした保護者の論理に何とか巻き込まれまいと必死の抵抗を試みる。「義務教育であるとゆう点について注意喚気」、「不就学はB男君一人であるとゆうことについても注意」という記述に、そうした抵抗ぶりを読み取ることができる。だが、子どもが知的障害をもつことと、学校に行かない／行かさないことを短絡させてきた、それまでの日本の永らくの常識に対抗することは容易なことではない。また当時の特殊教育が極めて未発達な状態のままだったことも、谷内の抵抗を一層困難にした。「強制的措処が必要か？」という言葉でどのような「措置」を考えていたのか不明だが、この自問はこうした絶望的な状況からしぼり出された問いかけだったことだろう。結局当時の状況では、こうした矛盾を処理する制度は「就学猶予・免除」しかなかった。ようやく九月に入ってから必要な検査が行われ、B男は就学猶予となった[4]。

昭和二〇年代半ばにおいてはまだ、長欠・不就学問題への取り組みは色濃く、年少労働問題との果てしない戦いという相貌を帯びていた[5]。谷内メモにも、そのことを示すエピソードが記録されている。それが以下に示す「チンドン屋事件」である。この事件が発生するのは一九五一年一月一八日、すでに三学期が始まっており、谷内の主たる活動の舞台は、不就学・長欠生徒向けのD学級へと

實を結ぶ一年の努力
朝倉中、みんな揃って登校
悩みの不就学問題に光明
この例をみならえ
縣教委会も不就学生徒一掃

写真１

移って久しい。以下の抜粋の冒頭に「本日の出席三五名、直ちに家庭訪問」とある。実はその直前のメモに、大きな文字で〔不就学問題解決〕と記され、「四八名就学完了」と誇らしげに記されている。その直後にいきなり、大量の欠席者が出る事態が発生した。かれらは大挙して町に繰り出し、チンドン屋の列に加わっていた（アルバイトをしていたのだろう）。おりしも一月一九日付高知新聞は、谷内の輝かしい功績を大々的に報じる記事を掲載した（図像参照）。そのさなかにこうした感心せぬ事件が起きてしまい、谷内は冷水を浴びせられる思いだったことだろう。

【抜粋2-4】

〔一九五一年一月〕

一八〔日〕　前日子供と約束〝先生が朝誘いに行かなくても学級へ出る〟をしてあったので朝の勧誘にわ行かず　本日の出席　三五名　直ちに家庭訪問〜〔南横町〕

[redacted]（不在）[redacted]（不在）[redacted]

[redacted]（□□の祖父の元に行つたと云う〰実際はチンドン屋の旗持ちに行つている）[redacted]〰[redacted]に仝じ（畑の麦の手入れに行つたと云う）[redacted]―妹に話す

南横の欠席者が殆んどチンドン屋に行つている事を聞きこむ　直ちに福吉氏に連絡　二人で対策を講ずるために市警、労基局、児童課に出向　□□を確認すれば直ちに処理すると約束

四時頃支度してチンドン屋の所在をさがす　高知駅、八幡通、播磨屋橋、本町、中島町、本丁□見当らず　中□□にて発見　隊列中に[redacted]、[redacted]、[redacted]、[redacted]等が父or母と共に参加している

帰途[redacted]の家に寄つて母と話すに高岡より帰らないと云う　何たる虚言ぞ！！

職員会にて〝三日連続休めば直ちに督励に行く〟線が引かれた由

チンドン屋にいつていた人　[redacted]、[redacted]、[redacted]、[redacted]、[redacted]、[redacted]、[redacted]（[redacted]）、[redacted]の妹、[redacted]、[redacted]（三or四年）、[redacted]（三or四）

一九

市警、労基局に電話する　市警の方から〝先生も共に行つたら〟とゆう　福吉氏と共に行くことにきめる

福吉氏を日劇でさそい労基局に行く　水野田村氏と話す　後で□沢女史来る　直ちに市警に行く　岩佐主任と対談　その間福吉、□沢、清水、田村諸氏来る　町内管理係長を呼出して共に高知広告社　本

丁　田中呉服店　チトセ飴　京町の□屋□に行く　南横の[redacted]氏を労基局に呼ぶことにして万事好都合に終了

〔第二分冊〕

この事件の第一の特徴は、学校を欠席しチンドン屋で小遣い稼ぎをしていた生徒の大半が、かつて長欠・不就学生徒を大量に輩出していた南横町（同和地区）の者であったことだった。そして第二に注目されるのは、事態を重く見た谷内および福吉がすばやく動き、警察、児童福祉行政当局、労基局など関係諸機関と連携し、生徒をリクルートした広告屋や手配者を見つけだし再発防止の手を打ったことだった。

これと同種の事案、すなわち生徒たちが集団で学校を欠席してこっそり労働に従事し、小遣いを得ていた事案は、谷内の福祉教員としての任期が終わりかける三月下旬にも再発している。二日前に卒業式があり「感無量」と記した谷内であったが、その感慨にふける間もなく、一年生と二年生の年少労働が明るみに出た。

【抜粋2-5】

〔一九五一年三月〕

二四〔日〕　[redacted]、[redacted]、[redacted]（以上一年生）[redacted]、[redacted]、[redacted]　[redacted]（以上二年）以上七名は□山部落農道新設の請負師にやとわれて□山で作業していることが[redacted]の父の言により知れる　現場に行く　その前に校長と相談□□労基局の係に来てもらうことの可否を決定〝一先づ忠告すること〟に決定　請負師は居らず　下監督に依頼する　月曜から雇はぬことに決定する

〔第二分冊〕

今度の場合もチンドン屋のケースと同様、雇用主に掛け合って中学生を雇用しないよう釘をさし、再発防止に手を打つという対応がとられた。ただ、チンドン屋の列に一日加わったというのは半ば遊び半分、面白半分という面が濃く金銭はさほどの目当てではなかったと思われる半面、後者の土木作業への従事の背景にはより切実な経済的困窮があったかもしれない。すでに谷内はこのとき、新年度には学校から異動することを知っていた（三月八日に校長から「君の後任として君の仕事の出来る人を推薦せよ」と問われ、二名を推薦したとのメモ記述あり）。しかしこの学年末の事態に直面し、自身が去った後のことに思いを馳せて暗然となったのではないだろうか。

心温まるエピソードがうかがえる記述もある。上述のように、谷内の尽力により一九五一年一月、朝倉中学校はまがりなり「全員就学」を達成した。これを祝して餅を搗き、餅を子どもたちに配って

祝ったというくだりである。次の【抜粋2-6】にその経過を見ることができる。

【抜粋2-6】

〔一九五一年一月〕

三一　一月の出席率九一・四七%となり祝賀会をもつ　フリーグルプの当番となる
　宴席子供に餅を配布しようということになる

二月一日　餅米の寄附の件につき山崎会長を七時半に訪問　趣旨、方法共に結構とのこと　早速餅米集めに出る　安□教頭は[redacted]会長、明坂、□両氏と自分が[redacted]、[redacted]、[redacted]、[redacted]宅を訪問寄附を受く　丁野氏は槙の[redacted]、[redacted]氏宅を訪問　高新へは校長電話する

二　[redacted]、[redacted]（曙町）[redacted]女史早朝より手伝い　餅搗に全校にぎわう　高新より□崎氏と写真班□来校　市県教育、教務両課に祝餅を配布　坂本課長、川添視学に渡す

〔第二分冊〕

祝宴の前日（二月一日）に校長が高知新聞社に電話し、当日記者とカメラマンが取材に来たとメモにある。また谷内の聞き書き集『流れるまゝに』でも「それを祝うて餅をついて配ったということが、

新聞も非常に大きく取り上げて、新聞記事になっておりますねえ」[6]と語っている。一月一九日の新聞報道以来、メディアの注目が朝倉中学校に注がれていたと考えられる。

3 「D学級」における教育実践および学級生徒に関する記録から

長欠・不就学生徒の家庭への戸別訪問・督励と並んで重要な福祉教員の業務に、登校後の生徒のケアがある。ケアとは具体的には、せっかく学校に足を運んでくれた生徒をそのまま学校につなぎ止め、出席を定着させることである。再三述べているように、朝倉中学校において通称「D学級」と呼ばれた無学年特別学級が編成されたのは、この目的のためである。谷内メモにおいては、一学期中の記述には一度もこの特別学級の話題が出てこない。初出は第二分冊の一〇月一六日の項である（後述）。ここから、二学期に入ってからこの学級が機能し始めたと考えられる。

ところが筆者はこれまでの研究のなかで、谷内の手で不就学状態を脱して学校に通うようになり、当事者として朝倉中学校の「D学級」を経験した西氏（仮名）から二〇〇九年にお話をうかがう機会があった[7]。そのなかで西氏は、「D学級」に在籍した時期について「七月」と語り、筆者の確認に対して重ねて「二学期ではない」と明言している。以下がそのやり取りである（＊：筆者、N：西氏）。

＊：あのー去年うかがった、そのー谷内先生が、こー

N：呼び出し

＊：呼びに来られた

N：休んで、そのあとで、一学期の終わりごろに、出て行くんですが

＊：でーあのー三年D組っていうのを

N：そう、C組、D組を作って、それからABCを分けて

＊：そのー特別学級を作って

N：二週間。一週間か二週間ばーあったですよ。

＊：あーそれが六月か七月かで？

N：そうすね。六月か七月。七月やね。だから成績はもー見事なもんですよ。うん。オール2が。おやじが、あのー民謡の、高知県の、指折りじゃったんで、それで僕も、その音楽の表現だけはですね（笑）

＊：優ですね

N：優で、今でも演歌が好きで唄いますが。

＊：あーそうですか。で特別学級みたいなのは二週間ほど

N：一週間か二週間

＊：今度は夏休み明け二学期からは、

N：いや、一学期の終わりには分けましたね。

＊：はあはあ、一学期の終わりにはその、普通の、

N：うん、一週間ぐらいじゃったと思う。みんなほら、平等に、みんなの中へ入れて分け隔てなく。うん。ほんで、英語と数学だけもう、全く基礎がないからできない。最初が、捨ててかかっちょるから。

＊：それじゃ、英語と数学の基礎をこー急いで補うために、そのD組っていうのが

N：いや、もう捨てちょったきにね。ほんで力入れたのは、国語、社会、理科ですわ。ほんで、主要科目の中で。ほんで、特に、国語は、この＊＊＊先生っていうたら国語の先生でしてね。ええ先生でしたがね。[8]

このように西氏はD学級が一学期中に存在していたと語っており、編成時期に関して谷内メモからの推測とは食い違っている。とりあえずここでは、食い違いの存在を指摘するだけにとどめておく。また西氏は以下の語りの中で、この学級の名称に「D学級」という表現を用いているほか、そこでの授業者が谷内照義であったことも明言している（ただし「谷内一人だけであった」と断定しているわけではないことに注意）。他方で、以下の谷内メモからただちに明白になることだが、朝倉中学校ではD学級での授業担当はひとり福祉教員に集中していたわけでなく、全校で分担されていた（後述）。この点も西氏の語りと食い違うが、この齟齬は、分担体制がとられる時期が西氏の在籍期間よりも後のこ

とだったと推測することで解決するかもしれない。

N：…今度、三年のA、B、Cと三つクラスがある。そのなかの、そのー、別にD学級というのを作りましてね、谷内先生が一週間、あるいは十日ぐらいだったかな、あのーD学級で、その、出てきた生徒を集めて、それで、そのーかけ算やら、足し算引き算かけ算、これなんかを教えてくれました。まあいわば小学校三年程度なんです、それを教えて下さって。それから各ABCの三つのクラスへ、みんな、分散してから、入れたんですね。で、そしてまあ、私はもう、中学校の卒業証書もらって、卒業したんです。…9

以上のように、通称「D学級」こと特別学級についてはなお、不分明な点が残されている点を含んだ上で、谷内メモの記述分析にとりかかっていきたい。

以下の【抜粋3-1】はおそらくこのメモのなかで初めて、谷内が教育実践者（授業者）としての顔を見せた箇所ではないだろうか。

【抜粋3-1】

一〇・一二（木）　市内中学校体育大会あり各人任意に応援場所に行く　果して就学生が何名出席する

か？　市設運動場で[redacted]さんに会う．□後県指導課に行き松山行き旅費概算払いの請求書提出と共に展示会使用の教科書払下げの申請書を安岡課長に提出□□する〝どうもそれは出来難いそれ程本はない．先を見込んでの話文には応じ兼ねる〟との話　では申請書を貰つていく　と云へばこれはまあこちらへおいておいてくれとのこと　で話しにならず帰る

夜は算数の小一～小六までを印刷するため原紙を切る　一日も早く算と読のプリントを作り個別指導をしてやらねばならぬ

〔第二分冊〕

相変わらず教科書の工面や金の清算などの業務に追われながら、谷内はここで「一日も早く算〔数〕と読〔本？〕のプリントを作り個別指導をしてやらねばならぬ」と、「就学生」の学業の進捗状況を気遣い、教材の準備をしたことを記録している。「算数の小一～小六までを印刷するため原紙を切る」という言葉からは、中学生ではあってもなかには、小学校の初歩レベルの教科内容もマスターできていない者がいるとの認識に立っていることが分かる。ちなみに谷内がここで用いている「就学生」という言葉は、長い不就学（長期欠席も含む）状態を終えて、福祉教員の谷内の尽力でようやく学校に来るようになった生徒たちを指すもので、初出は一〇月一一日の「仐の支給（全就学生に対して）を早急にされ度い」である。以後、比較的多く用いられている。

生徒の学習状況の進捗に気を配る授業実践者としての顔は、以後も断片的だがときおり顔を出す。以下の【抜粋3‐2】がその一例である。

【抜粋3‐2】

〔一九五〇年一一月〕

二二　[redacted]さん　国語六年修了　[redacted]出席　もう一巻のみ　[redacted]大分進出する　社会科のアチーブメント　テストをやる　極めて不成績　欠席者多し　一七名出

〔第二分冊〕

ある生徒が小学六年生の国語のテキストを終えたこと、また別の生徒が「大分進出する」ことが簡潔に書かれているだけだが、D学級での教科教育実践にささやかだが確実な手ごたえを得ているよろこびが感じられる。こうした記述の背景にあるのが、谷内が長欠・不就学の背景にある低学力問題を重視し、その克服をはからなければ解決はあり得ないと認識していたことである。谷内は高知県社会福祉教育協議会が一九五〇年一二月に開催した第一回発表会での報告で、長欠・不就学問題の発生原因を（1）本人の問題（2）家庭の問題（3）学校の問題（4）社会国家の問題の四点に分けて論じている[10]。ここで「学校の問題」という項をあえて立て、長欠の子どもの「低学力」に注意を促しているのが注目される。低学力の実態として谷内がここに記した「百以下の二位数と二位数、二位数と基数の加法が困難な者が二分の一」[11]等の記述は、『県教育年報』二十六年版のものと文言に至るまで同一であり、県教委も参考にしたものと思われる。また谷内は「終戦後の教育混乱期にあって、教育者自身、教育上の確固たる見透しがつかず、方法上においても子どもをひきつけ学校に止め、学習のよろこびを持たせる上で、大きな欠陥があったと思われる」[12]と述べ、教師の指導法にもっと工夫をこらす必要があることを訴えていた。

ところでD学級ないしD組という言葉の初出は、【抜粋3-1】の四日後の一〇月一六日のメモである。

【抜粋3-3】

一〇・一六　[redacted]登校[redacted]欠席　市教育課に名簿返送　県教育課に就学現況報告並に教員一名増員申請書提出　本日より各教官一週一時間D学級に授業実施　耕崎教諭〔社会科〕第四時授業

〔第二分冊〕

この一〇月一六日より、全教員が公平に週に一時間ずつ、D学級での授業を担当する体制が開始したことが記されている。この日さっそく、社会科の授業が行われた、とある。この体制が年度末の一九五一年三月まで続いたのか、それとも三学期に「補助教員」として寺崎伸一が雇われた（4節で詳述）ことで分担体制が廃止され、寺崎単独、もしくは寺崎と谷内の二者といったかたちで再び特定の者がもっぱら担当する体制に復したのかどうかは定かでない。いずれにしても、この記述から浮かび上がるのは、仮に特別学級の編成は主に福祉教員の主導で行われたものだとしても、日常の授業担当はひとり福祉教員のみが負担するのでなく、全校あげてのサポート体制が組まれていた、という事実である。朝倉中学校以外の配置校ではどのような体制であったのか、比較していくとさらに興味深い。

ようやく学校に来るようになった「就学生」たちは、とりあえずD学級に居場所を確保されたわけだが、かと言ってかれらの学校生活が平穏に過ぎていったとは限らない。むしろ新たな生徒指導上の問題として、今度は学校内部で問題を抱えこむことになったと言える。【抜粋3-4】は、谷内の福祉教員任期の終わり間際に起こったエピソードだが、C男がたびたび暴れ、周囲が手を焼いたというものである。

【抜粋3-4】

〔一九五一年二月〕

八〔日〕　C男あばれる　事件の経過をC男父に話す　教育施行規則第十三条によつて処分することが可能である点県より通知あり　教育不可能の場合は之により処理することに内定　今一度□扱つて□ることにする

一二　芸能祭の後始末　午前中　D組は授業　男子全体に特別注意する　[redacted]に特別注意（出席の件）　C男に〃〃〃〃（操行の件）

一六　C男あばれる　体操すべくまつとを講室に入れた時岡先生の組と共にやろうとした所　〃いや〃とゆう　〃いやなら一枚分けてやるから別にやりなさい〃　とゆうても承諾しない　他の生徒をも強要して講堂から退出す　教室に入つて女生徒が上田先生と英語の教育をしている時　机、腰掛を数基足蹴にし又はつきかやす　生徒に対して〃勉強はするには及ばない帰れ〃とゆう　教卓に腰掛けてゆする　上田教官〃ゆすつたらこわれるからやめなさい〃とゆうに対し　〃こわれたらおらがなおす　手工は上手だから〃とゆう　其の後教官室の前をオーバーをかたに引掛け例の通り歌をうたい乍ら通る　教官え行く時呼止めると　全く耳をかさず〵大黒氏もたま〳〵来校　この様子を観察する　相談しようとしても頑として応じない　大黒氏が呼んでも応じない　やがて室外でぶら〳〵し乍ら居たが入室する　他生徒に教訓しつゝある中にも歌をうたつている　〃先生が話している時に歌などうたつてはいかんから止なさい〃と注意する　少々静かにする　半時間位早目に生徒を帰して寺崎氏と共に校長室で（大黒氏列席）本日の朝からの状況を聞取り且つ対策を考える　明日静かになつた時話して〃今度こうした事があつた場合は処置をする〃点を言つておくようにすることにまとまる

一七　早朝C男の家をとう　昨日の出来事及び一四日の[redacted]、[redacted]のけんかに於けるC男のなした役割について話す　父母共に次のことを確認する

a．どんなにしてもよいから教育してもらいたい

b．どうしても卆業証書を与えてほしい

本日の出席極めて悪し　昨日のC男の行為による結果と判定される　九〇％を割る心配あり

一九　朝礼の時C男の件につき父母と懇談した結果について報告　多数□の承認をうける

〔第二分冊〕

この大きな出来事が起こる以前も、C男の名はときどき谷内メモに登場していた。前年の一一月六日「C男の父母に会う　本人を出席さすとの事　頭に出物ありて療養中とのこと」、そして一月九日「出席者極めて少し　かねて心配していたことが実現したのではあるまいか　市役所に出張　督励の処置を取る」のあとに一〇人の生徒名が列記されており、その中にC男の名が挙がっている。このことからC男は、「就学生」の中でもなお出席が安定せず、谷内にとって「気になる子」の一人としてマークされていたことが分かる。

二月八日に最初の問題行動が発生するが、その際には「教育施行規則第十三条によつて処分する」

ことを視野に、「教育不可能の場合は之により処理する」ことを決定したとある。この法規が何を意味するのか不分明であるが、「教育不可能の場合には」という条件文が付いていることから、何らかの形で教育の場から隔離・排除するといったベクトルが予想される。それに続いて二月一六日の案件が発生するが、谷内の筆致からうかがえるのは、C男の「操行」問題が、かつての不就学問題がそうであったような「生徒（C男）―教師」の二項図式だけでおさまらず、そこに「他の生徒（クラスメイト）」という第三項が無視できない存在として加わることで、複雑な様相を帯びている事態である。C男の振る舞いの記述において特に、「他生徒に教訓しつ、ある中にも歌をうたつている」ことに言及している部分に第三項への意識がうかがえるし、翌一七日の記述で「本日の出席極めて悪し　昨日のC男の行為による結果と判定される」と、C男の行動が他の生徒に悪影響を波及させたことに言及しているのも同様である。不就学問題はある意味で単純だった。と言うのも、それは究極的には「来る／来ない」の二者択一コードに収斂されるからである。「来ること」自体に良いも悪いもなく、そこに複雑な価値判断がはさまる余地はなかった。それに対して、登校してからの「操行」問題については、学校（学級）という集団社会のなかで何が適切な振る舞いであり、何がそうでないかをめぐる無限に複雑なコードがそこに介在してくることになる。したがって、指導する立場の福祉教員（谷内ら）にとっても、はるかに難しい舵取りが要求されることになる。結局この事案については、一八日の家庭訪問で両親から「どんなにしてもよいから教育してもらいたい」「どうしても卆業証書を与えてほしい」との懇願があったことから、隔離や排除といった措置はとらず温情的に解決がはかられることになったようである。こうした穏便な落としどころをみい出すことができたのも、以前からの家庭訪問の実績によって、谷内とC男の家族との間に、ある程度の信頼関係が構築されていたからこそかもしれない。なお二月一六日のメモに登場する「寺崎氏」については次節4節で詳述する。

次に、谷内メモのなかからD学級に関する記述をトレースしていて気づくことがあった。それはD学級そのものが全体として、学校内で微妙に疎外されたり排除されたりしているという問題である。特に行事への生徒の参加に関する記述からそれが読み取れた。【抜粋3-5】は運動会、【抜粋3-6】は遠足である。

【抜粋3-5】

一〇・一八　[redacted]さんに〝手続中〟との申渡しをする　[redacted]　[redacted]などが来ていないので教室は至極平穏である

運動会にD組が参加することについて学校の話あり　子供にはかる　大部分不参加の意向　数名参加の意志あり　手続をする

〔第二分冊〕

【抜粋3-6】

一一・九　秋の遠足に全校行くことに決定　D学級のみは希望者なし　こうした行事があれば必ず休む者が出来るので学校行事を共にするのは今のところ不可なるによりD組は遠足なし　神祭を明日にひかえて出席者少なし

一一・一〇　神祭　前日神祭のために休まぬように　くわしく注意したけれど　やはり欠席者多し　こうした年中行事など（婚礼、法事、麦□等々）に欠席がなくなつた時が不就学問題の解決した時であろう　出席者僅かに九名のみ

一一・一一　今日全校遠足　神祭の翌日である　出席する者七名

一一・一三　ようやく秋の農繁に入るいも掘り麦まきで休む者多し

〔第二分冊〕

【抜粋3-5】は、D学級の生徒についても運動会の参加を認めるという決定がまず学校からなされ、担当の谷内が生徒たちにその件をはかったところ、数名の例外を除き「大部分不参加の意向」だった

という記述である。微妙なかたちでの疎外や排除とは、制度化されたあからさまな疎外や排除ではない。むしろ制度面では積極的に、同化をはかろうとしているのである。しかし生徒自身が自らの手で自発的に自己疎外、自己排除を行ってしまうことに、問題の根深さがある。当時の生徒たちの気持ちをうかがい知る術はないが、晴れの舞台の運動会において自分たちの身の置き所がないであろうことを億劫に感じ、参加をとりやめた者が多かったのかもしれない。

【抜粋3-6】は、イベントの多い秋たけなわの季節におけるD学級の一コマである。遠足についてもD学級は不参加となったわけだが、谷内は一方で生徒たちの中に「希望者なし」と記し、生徒の意思による不参加であることをにおわせている。だが他方でそれに続く「こうした行事があれば必ず休む者が出来るので学校行事を共にするのは今のところ不可なるによりD組は遠足なし」という記述は、学校側（または学級責任者の谷内の）教育的判断として不参加の決断を下したと読める。一一月一〇日が地域行事の祭礼（神祭）で翌日が学校の遠足というイベント続きのスケジュールであったが、D学級の生徒に対する吸引力が最も高かったのは神祭で、遠足も、ましてや一一日の通常授業も、その足元にも及ばなかった。谷内はこの結果について「こうした年中行事など（婚礼、法事、麦□等々）に欠席がなくなつた時が不就学問題の解決した時であろう」と思いを吐露している。

ところで、本節冒頭の西氏のインタビューにおける語りにも明らかなように、D学級は通常の学級のようにメンバーが固定した集団ではなかった。そうではなくそれは、各生徒の年齢に基づき本来所属するべきものとされる原学級に戻るための、いわば経由地点であった。それゆえメンバーは高い流動性を特徴としていたが、逆に原学級から必要に応じてD学級に「措置」されるという場合もあったようである。【抜粋3-7】はそのことを裏づける資料である。

【抜粋3-7】
〔一九五〇年一二月〕
八　A女（1A在籍）転入　理由――1Aに在籍するも欠席多きため出席してもわかりにくいので基礎的なものを勉強したい
一一　[redacted]　D学級に編入されたき意向の手紙を家庭より[redacted]に依頼　[redacted]より提出　本人に対しては午前中授業である点　及び休むのが自由であるとゆう考えについて注意をうながす　校長、更に山本級主任と談合　D組に編入を決定する
〔第二分冊〕

一二月八日の記述に登場するA女は、【抜粋2-2】の、家での子守のために九月まで学校に出ることができなかった生徒である。このA女が、就学後にまずD学級において学びそのあと一年の原学級

に移り、その上で今回「出戻り」してくることになったのかどうか、その経緯は詳らかでない。ただ「欠席多きため出席してもわかりにくい」とあるように、原学級での学習はあまりうまく進んでいなかったことは確かだったようである。D学級はこのように、セイフティネットとしての機能も果たしていたことが分かる。

4 特別学級の「補助教員」の任命について

これまで見てきたように、特に二学期以降の谷内は、一人で何役もこなさなければならない過酷な職務を強いられていた。谷内メモは、こうした状態の谷内を補佐し、主にD学級での授業を担当する「補助教員」が三学期から追加配置されたことを明かしている。ここで補充された寺崎伸一は、採用時点まで教職経験のない地域の民間人であった。のち寺崎は長く、朝倉小・中学校で福祉教員を務め、谷内の去った後を支えていくことになる。異例とも言える寺崎の起用の経緯について、谷内メモの記述がその一端を明らかにしてくれている。それを見る前に、一九九四年刊行の谷内の聞き書き集『流れるまゝに』においてこの経緯に触れた部分を抜粋しておきたい。

…それでD学級を作って、これを学力相当の学習をさせなければ、学校へ連れてくるというそのことだけの目的では、この問題は解決せんので、これを教える補助の先生とでも言うかね、わしが福祉教員で連れて来るから、連れて来て勿論自分も指導するが、わしが居らん間にも指導していかにゃいかんのでね。どうしても一人の指導者が必要であるということで、教育委員会にその事情を話して、特別の教員を一名増員してくれることになりましたねえ。あれは五月じゃったろうか、四月じゃったろうか、その時期も忘れましたけんどねえ。それが後に朝倉第二小学校の校長になった寺崎伸一さんです。この人は教師じゃなかったけんどねえ。満鉄の青年学校を卒業した方で、高知へ終戦後帰っておったんじゃが、鴨部の隅田という銘木店、木材ねえ、柱とか、えい材料を扱う隅田の会社で働いておったねえ。その先生をお願いをして指導して頂いた。13

右記の聞き書きでは「四月もしくは五月」に増員が決定したとも読めるが、谷内メモにおいて補助教員に関する記述が最初に登場するのは一〇月一六日のことである。

【抜粋4-1】

〔一九五〇年〕一〇・一六　県教育課に就学現況報告並に教員一名増員申請書提出

〔第二分冊〕

このあとこの件に関わると思われる記述があるのは一二月四日である。ここでは寺崎とは別人物の名前が挙がっている。

【抜粋4-2】

〔一九五〇年一二月〕

四〔日〕西本繁樹氏宅訪問　特殊学級助教として孝雄君に就任してもらいたいので井沢先生と共に午後訪問　繁樹氏、孝雄氏、母堂と三人で懇談　繁樹氏、母堂共に繁閑期であるし修養のためにもよかろうとの意志あり　本人は若過ぎるとの心配でありて父と話会いの後決定するとのことで帰る　多分可能性ありと見受ける　極力懇請の要あり

〔第二分冊〕

ここで名前が挙がった「西本孝雄氏」が、補助教員候補として第一に谷内が想定した人物であったと推測される。一九九四年刊行の聞き書き集において谷内はこう述べている。

その当時米田の方に有志が居って、学校の、教育の理解のある方でしたので、その息子さんが寺崎さんみたいなことで居ったんですが、まあ百姓しよったと思いますが、その方にお願いをしたけんど断ら

れた。…名前は忘れましたが、その方にお願いをしたけんどいかざって寺崎さんにお願いをして寺崎さんがやってくれた。14

メモには西本孝雄氏から断られた経緯は述べていないが、次にこの話題が登場するときにはすでに寺崎の内諾が得られ、話は前に動き出している。

【抜粋4-3】

一九五〇年一二月〔第二分冊〕

一八〔日〕　補助教員採用のため寺崎伸一君の適格審査書提出につき努力する

二一　寺崎君適格審査合格につき手続をとらすため隅田製材に本人を訪う

こうして三学期の始業式に、寺崎の着任に漕ぎつけたわけである。始業式の一月八日のメモは以下の通りである。

【抜粋4-4】

一月八日　第三学期初まる　寺崎伸一君の新任式あり　午后　寺崎君の任務について校長より直接話あり　寺崎君の任務は〝出席した子供の教育をすることである〟出席の督促其の他については第二義的である　D学級の生徒指導について引継ぎをすます　D学級の教授細案を清書することにする　三学級の指導計画について校長に提出する　批判をうけて大体確定する

〔第二分冊〕

校長の口から、谷内と寺崎の任務の分担について明確な指示があったとある。それによれば寺崎の任務は「出席した子供の教育をすること」である。「出席の督促其の他については第二義的である」とされ、「出席の督促其の他」を所轄する谷内との間に、明確に分業の線引きが行われたことが分かる。とは言えこの分業は、あくまで形式的なものと見た方がよいのかもしれない。たとえば【抜粋3-4】のC男による問題行動の事案では、谷内と寺崎が共同で事態に対処していることが記述からうかがえる。いわゆるD学級の生徒（就学生）の問題への対処は、谷内抜きには考えられないものだったのであろう。

5　谷内は「部落差別」とどのように出会ったか

最後に、谷内照義が部落差別とどのように向き合ったかを考えたい。自身が校区内の被差別部落である松田の出身であったが、そうしたバックグラウンドにもかかわらず、あるいはそれゆえなのか、谷内は部落差別あるいは〔被差別〕部落という存在自体に対する思いの表明には極めて抑制的である。谷内の家庭訪問の対象の中には相当に多くの被差別部落の世帯が含まれていたと思われるが、そこで彼がきき、拾い上げてメモに残した声のなかで、差別に直接的に言及したものは以下の一箇所のみであった。

【抜粋5-1】

〔一九五一年一月〕

九〔日〕家庭訪問〔午後一時半より→七時〕

[redacted]――二回訪ねるも留守

[redacted]――兄在り十分話す

[redacted]――母在り懇談する

本人は仕事に行つている――家計が苦しいので仂いてもらはねばならないとゆう　中学卆業証書をもらつたち役には立たぬとゆう　部落の者は採用してはくれないとゆう　丁度公文巡査が来かかり話してもらう

〔第二分冊〕

上の「中学卆業証書をもらつたち役には立たぬ」「部落の者は採用してはくれない」という言葉が指し示す現実、これこそ谷内が直面するのがもっとも辛かった差別の壁だったのではないかと思われる。だが当時まだ、この壁を打ち壊すべく連帯するべき相手の解放運動は組織されておらず、谷内は孤立無援のまま切歯扼腕するしかなかったことだろう。また谷内自身の思想もまだ、解放運動との十分な出会いを果たしておらず部落への思いは屈折したものだったのかもしれない。以下の断片にあらわれた記述は、そうした面の反映かもしれない。

【抜粋5-2】

〔一九五〇年〕

六・一三

[redacted]―明日から出席する―教科書給與を要す

[redacted]　不在につき近所の婦人に啓蒙する〝家庭が無理解で出席さ、ぬ〟とゆうことになつているか注意されたい　苦しい生活の内容をあけすけに—誇張して恥ぢなく話す　これが部落民の特徴の一つである

〔第一分冊〕

【抜粋5-3】

〔一九五一年三月〕

二二〔日〕　本日は卆業式　三〇名の卆業生を送る　感無量　[redacted]出席せず　〝家を建てる手伝に行く　卆業証書は又後で貰いにいく〟といつていたとのこと　こうした点が普通と異る点　式後、卆業生の謝恩会に男子三名出席女子は多数余興の件　[redacted]さんが〝十三夜〟をおどる　唄は[redacted]さん　終了後女子は□先生に挨拶に来る——この点は普通

〔第二分冊〕

「これが部落民の特徴である」という断定や、「こうした点が普通と異る点」といった記述には、被差別部落民の文化を本質化し、差別‐被差別の文脈抜きに固定化しようとする一般のまなざしに近いものを感じる。むろんこうした発言は、自身も差別を受ける当事者であり、地元地域の出身者として

その特徴を知り尽くしたものだからこそ言える部分もあったのかもしれない。いずれにしても、まだ三〇代と若年だった初代福祉教員時代の谷内の思いの一端を示す記述として、後世の者にとって興味深いものと言えよう。

おわりに

本章では朝倉中学校福祉教員時代の一九五〇年から一九五一年に谷内照義が記していた日記風の個人メモを手がかりとして、初代福祉教員として谷内が手探りのなか、どのように長期欠席対策を進めてきたかを浮き彫りにした。「谷内メモ」の分析において本章で特に焦点を合わせたのは、次の四点であった。（1）欠席する生徒およびその背景にある家庭の貧困や親の「無理解」、年少労働の蔓延といった社会状況との格闘、（2）特別学級を主な舞台とした、長期欠席や不就学状態をなんとか脱し学校に来るようになった生徒へのアフターケアの実相、（3）その特別学級を担当する第二の「特別教員」任命の経緯、そして最後に（4）部落出身者でもある谷内自身がどのように部落差別を捉え向き合っていたのか。

分析の結果得られた知見を述べる。まず（1）については、谷内が長欠生徒の各家庭に個別に丁寧にアプローチし、非常に詳細な事情の情報を入手し対応に当たっていたこと、教科書の支給など物品の直接援助を行っていたこと、貧困を背景とするものばかりでなく、障がいなど特別な教育ニーズをもつ欠席事案も並行して対処していたこと、中学生の年少労働の実態が大きな壁として立ち塞がり、労働行政と協働して根絶に動いていたこと、などが明らかになった。（2）について明らかになったのは、特別学級であるいわゆるD学級の編成は福祉教員である谷内の分掌であったものの、授業担当は全教員が分担し、学校全体で教育する体制がとられていたこと、D学級は長欠生徒がこれまでの遅れをキャッチアップし、原学級に復帰するための経由地と位置づけられていたものの、原学級で不適応を来した生徒が再び戻ってくる受け皿としても機能していたこと、運動会や遠足などの全校行事への参加をめぐってはD学級在籍者による自己疎外、自己排除がめだち学校のなかで周縁的な存在であったこと、学級内で生徒指導上の問題が起こることがあったこと、などである。（3）については、教職経験を持たない民間人である寺崎伸一に白羽の矢が立ち、三学期からD学級担当教員として任用された経緯が明らかになり、特に谷内との分担関係が校長より明示されていたことなどが「メモ」より明らかにされた。（4）については、福祉教員時代の谷内は部落差別に対する思いの吐露に極めて抑制的であり、時に表出される言葉のなかには、被差別部落民の文化を本質化し、差別・被差別の文脈抜きに固定化しようとする一般のまなざしに近いものもうかがわれた。後世の解放運動家としての谷内の姿とのコントラストが印象的であった。

■注

1 谷内 1976a, 1976b, 1976c

2 高知県部落史研究会 1994

3 ただ例外的に、当時の視点で書かれた資料が収録されている場合もある。一九五〇年一二月開催の「第一回社会福祉教育発表要録」中の谷内の報告が「不就学・長期欠席の問題とのたたかい（1）」として谷内 1976a, 三六 - 五三頁に再録されている。

4 高知県人教所蔵谷内照義文書中の『雑記帖』とのみ記されたノートに、B男の就学免除願原稿と題したメモがある（日付はなし）。「就学免除願　愚息B男は別紙高知市中央児童相談所長殿の証明書の通り能力低劣で登校しても学習せず、学業成就の見込全くないものと思いますので就学を免除されたく御願い申し上げます　昭和二十五年九月十一日　高知県高知市朝倉[redacted]番　右保護者　[redacted]　高知市長　山本曈殿」おそらく谷内は、B男の親のために就学免除願のひな型を作ってやったのだろう。

5 本書第1章の安芸中学校における川島福祉教員らによる「馬追」問題への対応の箇所でも論じたように、ここには「給付」でなく「規制」の面において福祉促進を後押しする福祉教員のはたらきが顕著にあらわれている。

6 高知県部落史研究会『流れるまゝに』1994、八五頁

7 倉石 2015

8 前掲、二〇六 - 二〇七頁

9 前掲、二〇五頁

10 谷内 1976a、三六 - 五三頁

11 前掲、四四頁。

12 前掲、四〇 - 四一頁

13 高知県部落史研究会 1994、八三頁

14 前掲、八四頁

補章2

ユニバーサルな公共性構築へ

教科書無償闘争前後の長浜地区の動向、水田精喜の実践から

はじめに

福祉教員が生み出した実践の流れは、見てきたようにいくつかの支流に分岐しつつ、最も太いメインストリームはのちの同和教育・解放教育へとつながっていくものであった。しかしこのことはまた、福祉教員への評価に悩ましい問題を持ちこむ原因でもある。周知のように同和教育・解放教育に対しては、特定「弱者」への公的配慮を大規模に実施することで戦後教育における平等探究のモーメンタムとなった半面、なぜその配慮が被差別部落という特定集団にあくまで限られたものであるかという問いを誘発し、とりわけ後半期に入るとその正統性に揺らぎがみられた。教育の担い手側もそうした批判を早くから意識し、より普遍妥当的な国際的な人権教育の流れにつながっていくものとして、

同和教育・解放教育を再定位するという理論構築がきわめて誠実におこなわれてきた。しかしながら、そうした試みは十分に周知されたとは言えなかった。二〇〇〇年代に顕在化する「同和利権」のセンセーショナルな報道によって解放運動の立場がいっそう悪化したこともそこに加わり、同和教育をめぐる理論軸は混迷を抜け出せないでいる。こうした状況は、同和教育の「源流」の一つに目される福祉教員への評価にも影を落とさずにはおれないだろう。

本補章では、こうした膠着状態を一歩でも前にすすめるため、これまで本書で何度も名前が登場した高知市長浜地区の福祉教員水田精喜に改めて光をあてたい。一九六〇年代はじめに日本中の注目を集めた教科書無償闘争[1]を念頭に、そこにつながる底流、そしてまたそこから生じた新たな流れとして福祉教員時代および教壇教員に復帰してからの水田の実践を、ユニバーサルな公共性構築への胎動という観点から位置づけなおしたい。その際の枠組みとして、近年非常に頻用される「包摂」の概念を腑分けして、ハンナ・アレントの議論も補助線としながら「二つの包摂」という議論を導入する。

1　枠組み――二つの「包摂」

教育における「包摂」的アプローチを考える際、ベクトルが相反する二つの実践形態がともに「包摂」の名のもとに論じられているように思う。第一の意味での「包摂」は、既存の公教育システムが画一的で硬直したサービスしか提供できないがゆえに対応困難な多様なニーズがあるという現状認識のもと、それら一つ一つにできるだけ丁寧に応えようとする実践の総体を指す。たとえば発達障害児のニーズを「発見」し、きめ細かい対応をとろうとする特別支援教育の現在の潮流は、その代表格であろう。だがその射程とする対象は、たとえば生活保護受給家庭の子ども、社会的養護の子ども、貧困状態の子ども、外国につながる子ども、ＬＧＢＴの子どもなど、無限に細分化しながら増殖する様相を見せている。今日、多くの論者が漠然と「包摂」という語が意味するものと考えているのは大抵この意味である。それに対して第二の意味での「包摂」は、個々の生の改善や向上よりも社会的連帯や公共性に重きを置き、教育の直接的利害の当事者を超えた外部（超越的なもの）に価値判断の審級をおくものである。こちらの「包摂」については抽象度が高いためイメージを持ちにくいが、この概念の内実を充実させていくことが現代においては重要である[2]。

この二つの意味はあくまで理念型であり、現実と対応関係を明瞭に描き出すことにはしばしば困難がつきまとう。たとえば、子どもや保護者に最終的に届けられるサービスという現象面のみに注目すれば結果的に同じであっても、その発想のおおもとをたどればこの二つの相反する「包摂」のどちらかに行き着く場合がある。また、同じ学校あるいは同じ実践者のとるアプローチに、この二つが混在している場合もあるだろう。

2　教科書無償闘争の背景

議論を先に進める前に、意外に知られていない向きもあるのでここで簡単に、教科書無償闘争発生に至る時代背景を述べておく。

教科書無償闘争の焦点であった義務教育無償をめぐる問題の淵源をたどっていくと、一九〇〇（明治三三）年の小学校令改正にまで行き着く。ここで授業料徴収の停止、無償化の方向が打ち出されたのである[3]。ただし「保護者貧窮」を理由とする就学猶予・免除は、一九四一年の国民学校令まで生きていたことにも注意する必要がある。言うまでもなくこの時代、授業料は無償となっても教科書はタダでなく有償であった。

教科書の無償化を追求する運動が本格的に取り組まれるのは戦後のことであるが、高知市長浜を舞台とする闘争よりも早く、京都、舞鶴、大阪などでそれに先んじて運動が展開し一定の成果を既に挙げていたことを押さえておかねばならない[4]。いずれも被差別部落を背景に運動が展開されたものだった。また重要なポイントとして、政府による無償配布が一九五〇年代に部分的に実施されていたことも押さえておかねばならない[5]。限られた形とはいえ、全国的な無償配布が一時期行われたという「既成事実」は、逆に重い教育費負担にあえぐ現状とのコントラストを際立たせる効果を発揮し、長浜における闘争の成り行きに影響を与えた可能性がある。教育への公費支出は貧弱なレベルにとどまり、義務教育無償というかけ声には疑問符が付く状態であった。

長浜地区における教科書無償運動の前兆は、すでに前年の一九六〇年からあった。高知市で開かれた第六回四国地区母親と女教師の会で、教科書無償の請願署名運動に取り組むことが決議され、高知県内でも活発に取り組まれた。また同年、長浜地区の部落外の母親と長浜小の女教師たちによる読書サークルが結成され、中学校の社会科の教科書をテキストに学習が始められた。このなかで憲法の学習も取り組まれ、これがのちの無償闘争における憲法解釈を武器とした闘いを準備した。

そしていよいよ一九六一年春を迎える。この春はちょうど、新たに告示されていた新学習指導要領が実施に移され教科書が全面改訂されるタイミングにあった。使い古したお下がりの教科書を譲り受ける、というこれまで使われてきた手立てが通用しなくなった。

3　教科書無償闘争における二つの「包摂」のせめぎ合い

本節では、教科書無償闘争の具体的局面のなかで、先に示した二つの「包摂」がせめぎ合っているさまを確認したい。無償闘争におけるもっとも緊迫した場面の一つであったのは、一九六一年三月二五日、高知市教育委員会と「教科書をタダにする会」[6]との間で行われた団体交渉の一コマであった。激しい対立の火花が飛んだこの場面のなかに、二つの「包摂」のロジックが顔を揃えているのが興味深い。

この場における市教委側の言い分は、「義務教育無償の原則は認めます。が、市の負担能力を考えますとき、やはり買える能力がある方は買っていただく。どうしても買えない方には、準貧困者[7]のワクをできるだけ大幅に広げ、市教委で無償配布します。」[8]というものだった。それに対してタダにする会の側は、「私たちは物乞いしているのじゃない。憲法を守れといっているだけじゃ。」「PTA会費は法律違反だ。今までおさめた金を返せ。」[9]という言葉で応酬した。注意しなければならないのは、市教委の言い分に沿っても、またタダにする会の主張に従っても、最も困窮する子どもに教科書が無償で行き届くという結果は同じだということ、にもかかわらずその根底にある発想はベクトルが真逆だということである。この市教委側の言い分に第一の意味での「包摂」が端的に現れ、またタダにする会の主張の背後には、第二の意味での「包摂」の萌芽が示されていると考える。ここでは主に前者に焦点化する。

高知市教委側のニーズ解釈は、無償化要求の声をあくまで「どうしても買えない」最貧困の層に狭く限定しようとし、またその要求対象を教科書というモノのレベルに還元し、あくまで私的な物質的要求へと切り下げようとするものであった。こうした物的要求充足の〈政治〉のあり方を批判する上でハンナ・アレントの議論は有用である。周知のようにアレントは、生命の維持・再生産に関わる私的領域が公的領域を覆い尽くしてしまう傾向を近代の中に喝破し、それを「社会的なるものの勃興」と名づけて批判した[10]。と言ってもアレントは物的要求の充足そのものを悪としているわけではない。それが生活の必要から人びとを解放し、公的領域の活動に向かわしめる限りにおいて、それは問題にはならない。ところが近代の〈政治〉にあっては、手段であった筈の生命の維持・再生産が目的に取って代わってしまったという。だから、仮に市教委の言い分どおりに「準困」枠が拡大し、それが全体の五〇％までに達し中産階級の子どもの一部を覆い尽くすまでに無償配布措置が広がったとしても、その無償配布はあくまで生命の維持・再生産を目的とした福祉的措置に過ぎず、生活の必要から万人を解放するという公共性に立脚したものではない。その限りで人びとは依然として公的世界を剥奪され続け、狭く限定された私的日常に閉じ籠り、社会的連帯の契機は奪われる。生命の維持・再生産だけを目的に行使される政治権力は、行政権力と一体化してますます透明性を増し、誰もそれを批判できなくなり、その暴走に歯止めがかからなくなる。

一方タダにする会の側は、国や行政の責任で無償配布が行われる日まで、持てる者も持たざる者も一律に連帯して購入をボイコットする、というシンプルながらも強烈な戦術を用いて、多くの大人や子どもを巻き込み激しい闘争をたたかった。しかし敵対勢力の攻勢は厳しく、タダの会は次第に守勢に転じていった。学校現場でも、教科書を使わず授業を行う抵抗手段は限界に達し、教科書を買う子どもが次第に増えていった。こうして一九六一年五月半ばになって市教委は、市単独で二五〇〇人程度無償のワクを追加し、長浜地区ではさらに上積みして、前年度の五倍の「二〇〇〇人を準困家庭とみて無償対象とする」案を出してきた。タダにする会はこの斡旋案をついに受け入れた。「市教委案を受け入れる。しかし、われわれは権利として受けとったものと確認する」という声明に、タダにする会側の精一杯の矜持があらわれていた。奇しくもこの落としどころは、「買える能力がある者は教科書を買い、どうしても買えない者のみ、準貧困者のワクを広げて無償配布の対象とする」という三月二五日の団交での教育長の提案とほぼ同趣旨だった。教科書無償配布を受ける子どもの数は飛躍的に増えたが、タダの会にとっては事実上の敗北と言ってもよい結果であった。

翌一九六二年度にも教科書無償闘争が継続されたことは、ほとんど一般に知られていない。市教委の言い分は「準困のワクを拡げる」の一点張りで、前年度と変わりばえしなかった。ただ「いったい誰が準困の認定を行うのか」という住民側からの追及に対し、その任を担うとされた民生委員や教師の口から「本人が準困と申請したものを、そうでないという権利はない」「本人が一番よくわかっている」という意見が出された。そのことを受け、準困を申請した家庭にはすべて無償配布を認めることが確約された。この結果、前年の二〇〇〇人を大幅に上回る八四八八人（小中合わせた人数）の無償配布をかちとったのである[11]。

一九六二年度の闘争は、準困枠の拡大という市教委の言い分を少しも崩せなかった点では敗北であった。しかし細かく見れば、本人が準困と申請した者は全て準困とみなすという形式論は、準困というカテゴリーそのものを無化する契機でもあった。そこに、無条件の全員無償配布へとつながる扉が開かれたと見ることもできるかもしれない。翌春、一九六三年度入学の小学校一年生から、国による教科書無償配布が順次開始された。

4　教科書無償闘争をとりまく広い文脈——第二の「包摂」のイメージのために

前節では、高知市教委の主張にあらわれた「包摂」の第一の意味を読み解くために、ハンナ・アレントの所説を補助線として用いた。第一の意味での「包摂」とは、個々の人間の生命の維持・再生産を唯一の目的とした〈政治〉の営みの結果として、個々の生の向上や改善がはかられることを指すものであった。向上や改善が結果的に広範な人びとに帰結するものであったとしても、それは個の累積としての「多」であり、社会集団レベルの引き上げを意味しないことに注意したい。これに対して本節では、タダにする会の運動に結実した流れのなかに、第二の意味での「包摂」の萌芽が現われているという主張を補強するために、次にもう少し広い文脈で教科書無償闘争を捉えなおしたい。その際、タダにする会事務局長[12]という要を担った水田精喜という教師に注目する。

水田は一九五三年に福祉教員として長浜地区に赴任後、地域オルガナイザー的活動で実績を残した。部落の青年学級主事として地域の青年を組織し、一九五七年の部落解放同盟長浜支部結成にも関わった。一九五八年に教壇教員に復帰してからは長浜小学校から南海中学校と舞台を移しつつ集団づくりなどの教育実践を展開した。その間の教育実践者としての営みを、のちに『未完成の記録』（一九六四年）、『同和教育創造』（一九七六年、熊沢昭二郎との共著）、『草分けの同和教育』（一九八二年）など多くの実践記録に著して後世に残している[13]。また第2章で言及した実践記録『きょうも机にあの子がいない』（一九五四年）の作成にも、水田が中心的役割を果たしたことが知られている[14]。水田にとっては福祉教員時代からの実践の積み重ねの延長線上に、無償闘争が位置づいたわけである。本補章ではこの膨大な教育実践のなかから、小中学校合同の「校区教研」の実施、私立中学受験問題の提起、そして在日朝鮮人問題学習の始まりの三つをピックアップして論じることにしたい。

（1）「校区教研集会」の立ち上げ

水田は一九六〇年四月、南海中学校への異動希望を拒否され、異例とも言える高知市補導センター勤務を命じられた。これに対し地元住民が人事撤回を求めた運動を市教委に対して起こし、その結果九月から南海中学校に配属となった。しかし学年途中からの転勤ということもあり、また慣れない中学校の職場文化に大いに戸惑う。その思いをこう綴る。「問題の生徒を「どう処置するか」ということで、自宅謹慎か、施設送りかを繰り返すだけです。問題をおこすのは部落の生徒だとわかっていながら、部落問題は出ません。本校専属の福祉教員もいるのにです。職場の空気になじめないわたしは、意見も出せずただ傍観するだけでした」[15]。

こうした鬱屈した状況を打破するべく水田が取り組んだのが、「南海中学校校下の父母、子ども、教師の三者が一体となった教研を開こう」[16]というアイデアのもと実現した南区校区教研であった。中学校区を単位とした教研集会は、通常の教研に比べて規模が小さいため、地域住民にとって顔の見えやすく手の届きやすい教研となる。このため、地域住民の参加を促しやすいことが期待できる。そのねらいは「南区の教育関係者（小・中学校の教員、役務員、事務員、給食調理員、のちには保育園関係）、子どもと父母、地域住民、解放同盟などと、教育とこれに関係する南区の諸問題について話し合う共通の広場をもとう」[17]というところにあった。

この長浜地区の校区教研の最も重要な特徴は、右の引用でいみじくも「共通の広場」という言葉が使われているように、あらゆる方面に開かれた開放性／公共性（publicness）である。教育関係者だけをとってみても、小・中学校の教員、保育士のほか、学校園の役務員、事務員、給食調理員といった人びとまでがカバーされ、しかも後日の反省で「特に調理員、役務員の発言が多かった」[18]という指摘がされたことからも、その公共性が単に形式的な参加にとどまらない、実質的なものだったことがうかがえる。当時を回顧して、「何かもやもやした思いが胸にあたりにつかえていた地域の人々にとって、そうしたものの一つのセキが切れたような解放的でかつひたむきな雰囲気があったように思います」[19]と記した水田の思いは、決して誇張ではなかったことだろう。

一九六一年二月一一日に長浜小学校を会場に開かれた第一回南区校区教研集会は、直後の教科書無償闘争にとっても重要な布石となるものだった。「同和教育をすすめるために、父母と教師が問題を出し合い、それを組織し、子ども集団を高める方向づけをしよう」[20]という目的がかかげられた集会で、教育行財政分科会において「教科書をタダにするまで買わない」ことが決議され、それが全体会においても満場一致で承認されたのである[21]。

翌年の第二回教研集会では全体会講師として小川太郎（当時神戸大学教授）が招かれたが、この集会の様子を小川はのちに次のように書き綴っている。

日本ではじめて教科書をただにする運動に成功した、高知市の長浜でのことです。わたしは、そこの南海中学校の校区の教育研究集会に参加したときに、こんな場面に出あいました。講堂のまん中に小学校と中学校の百名ぐらいの子どもがすわっています。まわりには、小、中学校の先生たちと、お母さんたちが腰かけています。子どもと父母と先生との合同の話し合いがおこなわれているのです。そこで、南海中学校の一年の子どもたちがかわるがわる言っていたことは、みんなで助け合って、勉強のわからない子どもを無くそうではないかということでした。南海中学校の生徒はこわいということが言われているけれども、そんな生徒の数は少ないのだ、そしてその人たちが乱暴なのは、勉強がおくれてしまっていて学校がたのしくないからだと、その中学一年の生徒たちは言うのです。だから、自分たちはホームで仲間づくりの勉強をしているのだけれど、それは小学校の時からやらなければだめだ、小学校のひとはぜひそれをやってほしいと、くりかえし、訴えているのです[22]。

小川が感銘を受けたこのときの集会については、水田も、「子どもの分科会」が設けられ中学一年生が自ら司会・運営をするなど画期的なものであったと回顧している[23]。

以後この集会は、四ヵ年にわたり続けられたが、それ以上継続することはできなかった。その理由について熊沢は、「その一つは、この集会が提起した教科書闘争のなかで、民主勢力の統一ができなかったこと（〝氏原〟民主市政をこわすものという批判が革新内部にもあり、それがひいてはこの集会に対する圧力と変わっていった。）もう一つは、父母、子どもをまじえた校区教研というのは、相互批判が非常にきびしく、教師のなかに「堪えがたい」という空気が強かったということ」[24]を挙げている。

（2）私立中学受験・進学問題の提起

長浜地区は高知市中心部からはやや離れており、バスや車でなければ移動できないが、そのバス路線沿いに著名な私立進学校である土佐中学・高校があり、誰もがその存在を意識しやすい立地条件にはあった。水田が小学校教員時代（一九五八 - 一九六〇年）に直面したのが、この私立中学受験問題であった。公立学校不信は、当時は日本全体としてはまだ大きな問題となっていなかったが、高知市では今日に通じる状況が早くも見られつつあった。今日、中学段階での私学への流出は首都圏を中心に顕在化しており、教育の公共性の危機を象徴する現象となっている[25]が、水田が自らの教育実践のテーマとしたのは先駆的なものと今日評価できよう。

水田は「高知県の特異な風潮として、施設、設備の立ちおくれの目立つ公立中学校よりも私立中学校を目指す」点を指摘した上で、しかし南海中学校区に限っては「南海中学校の荒れに対する不安と不信、加えて多数の部落の子が入学するという、地域に残る差別意識がそれに拍車をかけ」[26]ていたと分析している。水田ら六年生の学年団では、ふだんから作文や話し合いなど集団づくりの実践を心がけていたが、そのなかで自然と、塾通いの友だちのことや、その存在が集団に与える綻びや亀裂といったテーマが作文にあらわれるようになる。水田らは私学受験組を「説得」し、南海中学校に進むようながし、はげました。またそれだけでなく、子どもの不安や不信を解消するべく、六年生と中学校教員との話し合いの場を作るなどの取り組みを行った。こうした取り組みが十分な成果を挙げたかどうかについて水田は評価を留保している。「六年生二五〇人中一五人は、私立中に進学し」[27]たという量的問題ではなく、「わたしの指導によって、私立中をあきらめてこの南海中に入学した子どもや父母…に対してまことに、申しわけない気が」[28]する、と言わざるを得ない公立中学校の現実に、水田が直面したのであった。

(3) 在日朝鮮人問題学習への開かれ

水田らの長浜地区での取り組みが、部落問題の改善や解決に特化した閉じられてものでなく、ユニバーサルな開かれたものであった可能性をもっていた点を示すものとして、第三に在日朝鮮人問題の重要性が提起されたことを挙げたい。

すでに第一回の南区校区教研の集会のまとめにおいて、多くの項目のなかに「在日朝鮮人の問題を考えよう」の項が含まれていた[29]。その後、南海中学校において一定の持続性をもって、在日朝鮮人問題学習が取り組まれるようになった。その取り組みは、「朝鮮総連と早くから連絡をとりながら、朝鮮人中、高生との交流、朝鮮初中級学校訪問、映画「チョンリマ(千里馬)」総見、歌舞「朝鮮中央芸術団」総見などをおこな」[30]うという内容であった。その在日朝鮮人学習のメニューは今日から見れば、強い時代的制約を負ったものだったと言えるかもしれない。だが、長浜地区で生活する者にとってなかなか可視化されない存在にちがいない在日朝鮮人の存在に目を向けさせ、それまで合いみえたことのない他者との連帯を志向することの意義は、はかり知れないほど大きいものである。このエピソードが、同和教育と在日朝鮮人教育との連携など、未だ絵空事でしかなかった一九六〇年代半ばのものであることを勘案すれば、その先駆性は驚嘆すべきものである。

水田らが長浜地区において手がけたことのうち、校区教研の試み、私立中学受験問題の提起の二つは、道半ばの実践ではあった。しかしそれでも、延長線上に教科書無償を置いてみると、それらが総体として新たな意味をもつことが浮かび上がる。それはやはり「包摂」と呼ばれるべき性質のものであったが、第一の「包摂」のように個々の生命の維持・再生産を志向したものではなく、社会集団レベルでの生の向上・改善や社会的連帯を志向するものであった。また、一部の保護者と厳しく対立せざるを得ない私学受験問題への対応に現われたように、教育の直接的利害の当事者を超えた価値を審級とする「包摂」であった。かれらが準拠した価値は、校区教研にあらわれた開放性（publicness）、私学問題にあらわれた地域への民主的参加、在日というまだ合いまみえぬ他者との連帯、そして教科書無償闘争における憲法の義務教育無償原則とさまざまであったが、それらはゆるやかに民主主義と平等の価値とつながり合うものだったといえよう。

おわりに

最後に教科書無償闘争の文脈を離れ、今日の文脈において第一の意味での「包摂」が圧倒的なプレゼンスをもち、第二の意味でのそれが全く霞んでしまっている状況について一言述べたい。

二〇〇八年のスクールソーシャルワーカー（以下ＳＳＷ）活用事業開始後徐々に、そして現政権（第二次安倍政権）発足以降急激に、日本でＳＳＷ熱が高まっている。本書の旧版におさめた論稿や、二〇〇九年刊行の旧版が一部の福祉関係者の目にとまり、高知の福祉教員を日本のスクールソーシャルワーカー（ＳＳＷ）の萌芽・起源と位置づける議論が散見されるようになった[31]。その際に思い描かれている福祉教員像は、本補章で描いた水田精喜のような公共性構築を見すえたあり方ではなく、長欠状態の子どもたちの生活の必要を充たすために駆けずり回るある意味で「分かりやすい」福祉教員像であった。もしそうだとすれば、そこで想定される援助は、個々の生命の維持・再生産に徹し、個々の生の改善・向上の累積をはかる以上の社会性を持たないものと言わねばならない。

一方、現在ＳＳＷに期待されている役割もまた、第一の意味での「包摂」に他ならない。つまりその働きを、あくまで個々の生命の維持・再生産を目的とした福祉的措置に限定し、人びとを狭く限定された私的日常に留め置こうとする。そこには、貧困や格差という危機の高まりに対し、富の再分配を行うことなく、個々の生の改善や向上の累積によって対処しようとする〈政治〉の存在がある。生命の維持・再生産だけを目的に行使される政治権力は、行政権力と一体化し、無謬の権力として誰もそれを批判できない。こうして公共性はますます浸食されていく。いわばそこには、個別ニーズへの対応という概念を媒介として、新自由主義イデオロギーと「包摂」とが共鳴、共振し合うという不幸な状況がいま、ここにあるのではないだろうか。

こうした状況に批判的に介入するには、第一の意味での「包摂」を批判し、「包摂」のなかに公共性の契機を回復させる必要が焦眉のものである[32]。換言すれば、社会的連帯や集合的レベルの生の向上に重きを置き、教育の直接的利害の当事者を超えた外部（超越的なもの）に価値判断の審級をおく、公共性のアプローチを復権させなければならない。水田精喜を中心とする長浜地区での一九六〇年前後の実践は、こうした観点から再評価に値するのではないだろうか。

■注

1 『教科書無償』編集委員会1996のほか筆者も独自に考察を加えた。倉石2016を参照のこと。

2 ここでの第一と第二の包摂との区別は、ある程度までガート・ビースタが民主政治の類型に用いた集約モデルと熟議モデルに対応させることが可能かもしれない。特に、個人の選好を所与のものと見なした上で、選好の集約のプロセスとして政治を捉える集約的モデルは、第一の包摂を理解する上で有効な補助線となる（Biesta2010=2016、一四二頁）。

3 田原1993

4 鈴木・横田・村越1976

5 一九五一年から三ヶ年にわたり、小学校の新入生のみを対象に、算数と国語の教科書という限定したかたちで、教科書の無償配布が全国で実施されていた。一九五四年度以降無償配布は行われなくなり、その後一九五六年三月に成立する「就学困難な児童のための教科用図書の給与に対する国の補助に関する法律」を根拠に、貧困児童のみを対象とした福祉施策としての無償配布にシフトしていった（村越・吉田2014）。

6 「タダにする会」は、教科書の無償配布をもとめて一九六一年三月、部落解放同盟長浜支部、南区民主教区を守る会、南区子どもを守る婦人の集まり、市教組長浜小・南海中分会、全日自労長浜分会、地区労の六団体を構成団体に発足したものであった（村越・吉田2017、四五 - 四六頁）。

7 法律的には、「要保護者に準じる程度に困窮している者で政令で定めるもの」を指す。

8 水田1964、一二八頁
9 前掲、一二七頁
10 Arendt 1958=1994, 小玉 2013
11 水田1964、一六七‐一六九頁。
12 村越良子は、事務局長という肩書はなく三人の事務局員が対等な関係にあったと述懐している（村越・吉田2016b、一二一頁）
13 水田1964、水田・熊沢1976、水田1982。
14 村越・吉田2016a、一一三‐一一四頁
15 水田1982、一六八頁
16 前掲、一六九頁
17 熊沢1975、七頁
18 水田1982、一六九頁
19 水田・熊沢1976、八五頁
20 前掲、八四頁
21 水田1982、一七〇頁、水田・熊沢1976、八五頁
22 高知市立南海中学校、二九頁
23 水田1982、二〇三‐二〇四頁
24 熊沢1975、八頁
25 代表的な議論に、宮寺2014など。
26 水田1982、一二八頁
27 水田1964、一〇三頁
28 前掲、一〇六頁
29 熊沢1975、七頁

30 熊沢1975、一四-一五頁

31 日本スクールソーシャルワーク学会2008、新藤2010など。

32 ガート・ビースタは、こうした教育の公共性の浸食に対処するには「個人的な欲望を集団的な必要へと変換すること」「私的なトラブルを共通の問題に変換すること」が鍵となると論じている（Biesta2010=2016, 一四三、一四六頁）。

第2部　浮遊する〈包摂〉——民族学校以外での在日朝鮮人教育の事例から

第5章

未完の着地性

一九五〇 - 六〇年代の大阪市立玉津中学校における在日朝鮮人教育

はじめに

本章では、一九五〇年代半ばから六〇年代はじめにかけて「朝問協」(朝鮮人生徒教育問題協議会)に結集した人々が、大阪市内の中学校を主な舞台に展開した「公立学校における在日朝鮮人教育・ことはじめ」の様相に改めてスポットを当てる。ここではとりわけ、東成区の市立玉津中学校に注目し、そこを軸に展開しまたそこから発信されていったものに注目していきたい。ただここで予め明確にしておきたいのは、教育実践を扱う際に人びとが常識的に持つであろうその「効果」や「成果」に対する探究を、本章は放棄するということである。代わりに本章で焦点を合わせたいのは、在日朝鮮人教育という実践領域に、たとえごく一部であれ、公立学校の日本人教師という立場の人びとが辿り着くまでのプロセス、すなわち本書のタームでは〈包摂〉へと至るプロセスである。

この視点の背後にあるのは、かつて在日朝鮮人問題のなかに、教育関係者が関わるのを尻込みさせるような部分があり、今なおそれは尾を引いているのではないかとの問題意識である。たとえばそれは、「政治が絡むから」「国際問題が絡むから」というような反応を教員の側にまま引き起こす。しかし本章で取り上げる「朝問協」、とりわけ玉津中に関係した人々は、今日をはるかに凌ぐ困難極まりない国際・国内情勢にあってなお、公立学校に身をおく教員でありながら在日朝鮮人教育に関わるというルートを、独自のリアリズム感覚を頼りに切り拓いていったと考えられる。かれらの「着手まで」あるいは「その後」の軌跡をいま一度解読しなおしてみることは、教育の公共性とは何かという今日的視点からも、得るところが多いように思えてならない。

右記の課題を行っていくにあたり、本章で扱おうとする時代背景や大阪特有の事情についていくつか押えておかなければならないことがある。ここで対象とする一九五〇年代半ばから六〇年代はじめという時期は、在日朝鮮人史においてきわめて微妙な位置を占めていることにまず注意が必要である。それは一九五三年の朝鮮戦争休戦からまだいくらも時が経過しておらず、大阪の街にもその余燼がひそかにくすぶっていた時である。この時期、法的地位の面から言えば在日朝鮮人は、一九五二年発効のサンフランシスコ講和条約の下でひとしなみに日本国籍を剥奪されて「外国人」となり、かつ日本は南北両国いずれとの間にも国交が存在しないなかで、まことに不安定な立場にあった。そんな中、

「李ライン」問題が世に喧伝され、ささくれ立った空気が蔓延していたと考えられる。さらに在日朝鮮人運動体の動向に目を移すと、何と言っても一九五五年の朝鮮総連結成が大きな意味をもつできごとである。それまでの朝連・民戦時代の運動論がここで整理しなおされ、「共和国の在外公民の立場」「内政不干渉」といった考えに立脚した運動が前進していくことになる。この年は、本章が焦点を当てていく「朝問協」結成と同じ年であり、在日朝鮮人運動の再編に符牒を合わせるかたちで日本人教師の側にもささやかながら新たな動きが生じたのは興味深いところである。そして後半にさしかかると、次の大きな節目となる一九六五年の日韓条約締結の足音が聞こえてくる、そんな時代背景である。

在日朝鮮人教育をめぐる動向も、これらの政治的変動の波をもろにかぶりながら、大きな転機にさしかかろうとしていた。日本敗戦後、次々に在日朝鮮人の手による学校が創設され民族教育の機運が高まったが、日本政府とその背後にあった米占領軍は弾圧をもってその動きに応え、学校は次々に閉鎖に追い込まれていった。大阪の地は両勢力ぶつかり合いの主戦場の一つとなり、四・二四教育闘争として後世まで記憶されている[1]。この結果多くの在日朝鮮人子弟が行き場を失い、不本意なかたちで日本の公立学校に流入してくるという事態が発生した。またこうした動きのいわば「副産物」として、東京および大阪に、公立学校であるにもかかわらず生徒は全て朝鮮人生徒であり、また日本人教師に混じって多くの朝鮮人教師もそこで教鞭をとっているという「公立朝鮮人学校」が登場した[2]。しかし本章が焦点を合わせようとする時期にちょうどさしかかる一九五五年、東京の「公立朝鮮人学校」はすべて東京都の管轄を離れて自主化され、朝総連の傘下に入った。一方、在日朝鮮人の多い大阪で当時唯一の公費による民族教育機関だった西今里中学校は、本章が注目する玉津中学校とちょうど車の両輪のように、「朝問協」に結集した人々を軸に公立学校における在日朝鮮人教育を担っていくことになる[3]が、一九五九年に始まる共和国（北朝鮮）への「帰国」事業が大きなターニングポイントとなり、大阪市教育委員会管轄からの離脱、自主化の道へと踏み出していくことになる。ちなみに両校はともに東成区内に立地し、同区は生野と並び大阪市内の在日朝鮮人人口密集区である。

このように、一九五〇年代半ばから六〇年代初頭という時代は、在日朝鮮人社会においても、その教育にとって激動期であったわけだが、それを包み込むように、日本の教育界全般もまた政治の激しい波にもまれ続けた。この時代は復古調の岸政権の登場を背景としており、勤務評定問題、学習指導要領の義務化、その中での特設「道徳」の登場などのテーマをめぐり、かつてないほど文部省と日教組に結集した教育労働者との緊張が高まりを見せた。そのエネルギーの一部は、やがて来る六〇年安保闘争へと転化されていったことだろう。

1　草創期の「公立学校における在日朝鮮人教育」の論理——玉津中学校の視点から

本節は主として、玉津中学校の側の視点から「朝問協」（朝鮮人生徒教育問題協議会）の展開、ならびに草創期の「公立学校における在日朝鮮人教育」の諸相を見ていくこととする。単に日本人教師の在日朝鮮人教育へのかかわり、というだけならば先述のように東京の「公立朝鮮人学校」の事例もあるわけだが、公立学校（園）の教員の立場から在日朝鮮人生徒に関わろうとする人々の組織的な動きは、この大阪の朝問協をもって嚆矢とみなさなければならない。また朝問協の活動が、純粋な大阪市立学校である玉津中学校と、公立とは言え朝鮮総連側に明確にコミットメントする西今里中学校が「両輪」となって進められたと既に述べた。このことの直接的結果として、共和国（北朝鮮）への帰国運動の趨勢がはっきりしてくる一九五九年ごろを境に、朝問協は休眠状態へと入っていく[4]。両輪の片方の西今里中学がもっぱら本国へと目を向けるようになり、自主化の方向へと傾斜していったからと推測される。その一方で玉津中学校はその後も、朝問協の創立メンバーでもある飯田正を中心に、独自に在日朝鮮人教育の追求を続けていった。こうした経緯から本章では、視点を玉津中学校の側におき、朝問協結成の頃から六〇年代初頭までの動向を追うことが、「公立学校における在日朝鮮人教育・ことはじめ」を記述するのに最も適切であると判断した。

上記の目的にとって最もふさわしい資料が、飯田正によって雑誌『朝鮮研究』（日本朝鮮研究所刊）に、一九七四年から八一年まで足かけ八年間に二五回にわたって連載された回顧録「ある日本人教師の在日朝鮮人教育とのかかわり」である[5]。飯田は、一九四九年から一九六三年まで玉津中学校に在籍して「朝鮮人教育主担」などを歴任して同校の在日朝鮮人教育を推進し、この間「朝問協」の結成に参画し運営の中心も担っていた。一九六三年に大阪市教委事務局入りしてからは、現在の「大阪市外教」の前身となる研究組織の立ち上げに心血を注ぎ、六五年にその発足にこぎ着けた（全国の教育行政組織の中でこれが第一号であったこと、言うまでもない）。こうした歩みから、飯田が大阪の「公立学校における在日朝鮮人教育」のパイオニアの名にふさわしいことが分かるが、この回顧録では、彼の最も重要な仕事であった玉津中時代および市教委時代のことが中心に扱われている。また飯田の回顧録にあって特徴的なのは、教師の手になる文章にありがちなセンチメンタリズムと無縁であり、乾いた筆致で事実を浮かび上がらせている点である。もともと卓越した記録者の資質を備えていたようで、本連載にも、当時飯田が残していた膨大なメモやノートの記述が随所に活用されている。この回顧録によって、公的資料で空白部分になったままの、戦後大阪市における公立学校での在日朝鮮人教育に関する記述のかなりの部分が補填されることになろう。

以上の点に鑑み以下本節では、年代記的記述を再度行うことは屋上屋を架けるだけであるとの判断からそれを避ける。そして、飯田によって記録された玉津中学校周辺の在日朝鮮人教育の姿を手がかりに、今日的視点から興味を引く論点をリアリズム、学校文化論、公共性といった概念をキーワードに抽出し、ほとんどの教育者が「手をつけられない」としり込みしていた在日朝鮮人問題に着手するため、どのような論理を駆使して問題の複雑性を縮約し、自らが活躍できる環境を整えていったかを浮き彫りにする。

（1）「行政／運動」あるいは「権力／民衆」二元論からの脱却、学校文化論の地平へ

飯田の回顧録から第一に指摘したいのは、それが既存の在日朝鮮人教育論の語り口がしばしば陥りがちな、平板な「行政対運動」あるいは「権力対民衆」の二元論からまぬかれ、学校文化論の地平にまで達していることである。このことが即座に、「朝問協」の活動や飯田らが担った玉津中の実践の本質的性格であるとまでは断定できない。回顧録はあくまで現在の視点から再構成されたものであり、言及されている過去以上に、語っている現在のありようを雄弁に物語るからである。しかし筆者は、飯田の語り口と彼が主導した活動や実践の性格とが、かなりの確度で対応関係にあると考えている。

「行政対運動」の二元論そのものが常に不毛というわけではない。状況によっては効力を発揮する場面もありうる。しかし、学校・教育界を脅かす「外敵」（たとえば政府・自民党、文部省、地方教育委員会、財界、アメリカといったような）の指弾を基調とするその議論は、一見ラディカルにみえながら、実はきわめて保守的な体質を内在させていることを指摘せねばならない。外敵の存在が強調される一方、「内」部に関しては、教師、児童生徒、保護者など教育や学校に連なる存在が全て一緒くたに「運動」ないし「民衆」陣営に与するものと位置づけられるなど、議論に粗雑さが目立つ。防衛的態度をとるあまり、教育界内部の複雑性や矛盾に対して目をつむる結果となるのである。ことその傾向が弊害を生むのは、教育に関して何らかの専門性を有する立場にあり、自らが立脚する足場への不断の反省が求められるはずの教育研究者や現場教師の場合である。それに対して学校文化論の視座とは、

日本の公立学校という世界に内在し、内側からその日常を切開していこうとするものである。時の政府の教育政策や政治の大状況がまったく無視されるわけではないが、学校文化論が重視するのは、政治や経済等の変数から独立的に、学校の日常世界を強く律している固有の文化的要因あるいは特徴的心性のほうである。

この学校文化論という提起そのものが、まだ教育界に充分根づいていないということもあるが、在日朝鮮人教育に関する議論はわけてもとりわけ、「行政対運動」「権力対民衆」の二元論とは異なるアプローチが切り込むには、敷居が高い領域だったし、現在もなお高い。それは、日本政府当局の不作為が今日にいたるまであまりに際立っているため、とりたてて二元論に異を唱える必要性が理解されにくいためと思われる。しかしそうした中にあって、飯田正の在日朝鮮人教育論からは、明らかに主流のそれと異なるトーンが聞こえてくる。彼の声を、一気に三箇所の断片から拾ってみよう。

【1】教師の世界、教育現場は、昨今の大阪では同和教育推進校以外、案外保守的な体質は当時と現在もほとんど変わらない。…（中略）教育行政当局が必ずしもみな保守的なのではなく、時には行政は行政としての先取り的な発想と対応することがある。6

【2】教育行政側が指導の研究を呼びかけているが、ここでも現場サイドは「しんどい」ことは訴えて

も、子どもにどのように返し実践するかということになると消極的な姿勢になるのは今日でもあまり変わらないようだ。[7]

【3】現実の日本の社会体制と教育畑のなかで、体制側・教育行政当局から出されるものには全面反対することが、進歩的革新サイドの姿勢の証しであるとは思わない。ときには我々サイドより政策立案、状況によっては代案も考慮しての対応がなくてはならない。[8]

以上三箇所の引用は、字義どおりに解釈しても明らかに、二元論を教育行政当局と現場との関係に機械的にあてはめるのを拒否する考えを表明している。さらにその背後文脈を補っておこう。抜粋【1】【2】はいずれも、のちに教育委員会入りした飯田自身の手で実現することになる全市的な在日朝鮮人教育の研究組織団体の構想が、すでに一九五七年当時から教委内部で温められ、実際一九五七年五月二九日に市内の主だった朝鮮人生徒多数校の校長が招集され、組織立ち上げについて意見聴取がなされたエピソードに関する記述である。一九六五年の市外協の発足まで実際にはこの先かなりの年月を待たねばならなかったが、その一つの理由は、この意見聴取の場で、研究組織立ち上げに賛意を表したのが、飯田が所属する玉津中学校の直原兵平校長ただ一人であり、残りの校長全てが「研究協議会の必要なし」との意見で構想を葬り去ってしまったからである。むろん、市教委担当者をここまで動かすには、飯田やその相棒・市川正昭（当時西今里中学校所属）ら朝問協メンバーによる粘り強い働きかけがあった。しかし結果的に、行政当局が持ちかけたある種「進歩的」な提案を、現場を代表する立場の校長が蹴飛ばした、というのがこの事例であった。飯田はこうした現場の「体質」が今も昔もほとんど変わらないことを示唆している。

一方抜粋【3】は、朝問協が「自然消滅」状態となり玉津中学校が、単独で在日朝鮮人教育を精力的に展開していた一九六〇-六二年度の三ヵ年の間に起こったエピソードからの抜粋である（飯田自身、その時期を「思うことを気がねなしにやれる充実した日々」[9]と回想している）。当時、玉津中学校は市教委から道徳教育の研究指定を受けていた。しかし当時「道徳」の時間の導入は大きな政治的イシューであり、現場に多大なアレルギーを引き起こし、研究は停滞したままだった。ところが研究発表の期日が迫ってきた。そこで当時玉津中で生活指導の中心でもあった飯田が、新任の箕野校長に、

【4】生徒指導の実践では、生活指導部の教師が中心となり、是々非々を明らかにしなくてはならない。非は非として明確な指示と、内容によれば強い指導が必要になる。理想と現実のからみ合いはむずかしいが、非社会的、反社会的行動には指導の手控えがあってはならないのである。その場合、指導にあたっては生徒のおかれている社会的立場を教師はじゅうぶん認識していなければならない。私たちは玉津中学校事件で在日朝鮮人生徒の厳しい生活の実態が把握できていなかったことの反省を忘れてはならない…。[10]

といった趣旨の意見を述べた。それを受けた形で校長から、

【5】道徳の研究発表において玉津中学校の在日朝鮮人生徒多数在籍の現実と現在までの取り組みを抜きにした発表はあり得ない。11

との言質を引き出す。こうして、当時組合運動等の立場からは蛇蝎のごとく忌み嫌われた「道徳」という袋に、在日朝鮮人教育という最も先鋭的な内容を盛るという興味深い事態が実現することとなった。ここには、飯田らのしたたかなリアリズム感覚が透けて見えるのであるが、そのためには、抜粋【3】にある「体制側から出されるもの全てに反対することを、進歩的態度と誤認する」体質の克服がなされなければならない。単に組合運動の問題ではなく、現在に至るも変わらぬ教育界のある種の心性を抉る言葉である。

このリアリズムを傍証するのが次の抜粋【6】である。

【6】教育行政当局は、常々、各学校の経営方針と教育指導計画は地域社会と児童生徒の実態をふまえるべきであると指導、教育指導計画を提出させている。玉津中学校では、地域と生徒の実態に対応する教育指導計画には、在日朝鮮人生徒と保護者を配慮した教育活動を進めるのは当然であるとしており…。12

このように語りつつ飯田は、文部省やその出先機関である大阪府・市教委の意向が、在日朝鮮人教育の推進を決して快く思っておらず、むしろ積極的にディスカレッジしていることを知らぬはずはない。知っていてなお、「地域社会と児童生徒の実態をふまえて教育計画を立てよ」という当局の指示は、玉津中学校に下ろした場合、イコール「在日朝鮮人教育を推進せよ」と同義になるのだと、ぬけぬけと拡大解釈する。しかし当局と正面からことを構えるのは避け、一応顔を立てている。リアリズム戦術とはこのように、与えられた状況と真正面から対決する代わりに、その状況から利用可能な資源を探し出し、自らが活躍できる環境へとそれを変えていく道を選択することであった。抜粋【4〜5】の事例は、当時の札付きの「反動政権」が教育界に押しつけた道徳の時間を、一八〇度異なる方向に読み替えるという鮮やかなものだった。

次に問題となるのが、ではこのようにリアリズム感覚を武器とするにしても、それが現実追随主義に堕してしまわず批判的ポジションを見失わないにはどうすればいいかである。ここで浮上するのが「学校文化論」というキーワードである。手始めに、抜粋【4】にある「玉津中学校事件」をめぐる対応に触れた部分を参照してみよう。

【7】わたしは、玉津中学校事件を、終生忘れることができない。ひとことでいうと朝鮮人生徒の集団非行である（非行という言葉には私は抵抗を感ずるが、他に適切な言葉が思い浮かばないのであえて使用す

る)。…その行為は校内では粗暴行為から始まり寸借、恐喝、購買部に忍び込み金銭と物品窃盗。校外での粗暴行為、窃盗、万引きなど約八〇件。被害金額五拾万円に達するものであった。[13]

生徒の「非行」の背後には常に、無限に複雑な諸要因のからまり合いがあり、在日朝鮮人生徒の場合とて例外ではない。問題は、教師がそれをどう解釈、つまり一定の単純化をほどこして再構成するかである。次の指導行為のありようは、この再構成の仕方に大きく左右される。飯田は、事件発生当時(一九五六年)に行った事件の背景分析の記録を引用し、「在日朝鮮人生徒のおかれている社会的条件、困難な生活の実態の認識と理解の不足」「日本人生徒と同じように取扱う姿勢と実践」などが要因として、当時の総括のなかで挙がったことを明かしている。しかしその一方で、「教育全般にかかわるものは比較的自己批判は少ないように思う」とも述べ、日本の公立学校という世界に内在して内側からその日常を切開していこうとする学校文化論的視座が十分でなかったことを指摘している。具体的に挙げられているのは、やや意外に思う向きもあろうが、たとえば「運動会の組体操」である。

【8】例えば運動会の練習中のできごとによる新聞配達からの現金収入が切られ、これが教師によって起こったと彼等が受けとめたことなど、在日朝鮮人生徒の特別な条件とはいい難い。[14]

背景を説明しよう。飯田の回顧によれば五六年度の初めから校内での非行集団のエネルギーが巨大化し、徐々に手の施しようがなくなっていくのであるが、事態悪化の「決定的な破局」の引き金となるのが、実は運動会の組体操の練習であった。

【9】三年生の男子には組体操の演技種目があって、そのため放課後の練習が続いていた。昨今は、組体操をやらない運動会が増えているが、当時の運動会のメイン演技は組体操である。そのため体育担当教師が最も力を注ぐ場面であった。日時は迫ってくるが、練習の成果は思うように行かず、そこで時間延長、予定の練習日程に、追加の放課後の練習が続く。学年所属教師に応援と生徒のトンズラ防止の協力要請がくる。ところが、彼等からは新聞配達に差支えるから練習免除か、早く下校さしてほしいという要請が出た。「あかん、新聞配達が大事か、学校が大事か」彼等の要請は頭から教師によって否定された。数日後、配達店主が学校に抗議「夕刊の配達に間にあわん。あてにならんから玉津中学の配達の生徒はやめさす」と…彼等は糧道を切られてしまったのである。それは教師がやったと受けとめたので、一脈の絆も断ち切られる結果となってしまった。[15]

運動会の組体操は、年中行事として学校世界に深く浸透した慣行であり、なぜそれが学校にとって必要なのか、どんな意味があるのか誰も吟味しないまま、惰性で続けられているものの一つだ。しかも一旦ことが始まれば、学校の面子がかかっているとばかりヒートアップし、総動員体制がしかれることは経験者なら誰もが知っている。放課後遅くまでの練習は、教育行政当局が命じたことでもなく、自生的に学校世界に根づいた諸慣習にしたがって粛々と進行する学校の日常の一コマである。しかしそれが、自らも家計を助けねばならない立場の生徒（多くの在日朝鮮人生徒が含まれることは想像に難くない）にとっては学校からの周縁化・排除を意味していた。これは学校文化論ならではの視角である。当時の総括で考え及ばなかった、学校の日常レベルの慣行としてもう一つ指摘しているのが「補習授業体制」のことである。

> 【10】…教育現場問題での矛盾の集約である補習授業体制もとりあげられていなかった。高校受験のため放課後進学者を対象として受験勉強をしていたのである。しかも、生徒から補習代（多くは教師の謝金・報償金）とテキスト、ワークブック代、これにはリベートがある。この体制のなかでは多くの就職生徒（朝鮮人生徒が多くなっている）は殆んど手が入れられないで放置されてきた。進学組と就職組という生徒間に疎外と分裂、優越感と劣等感。人間関係破壊の要因を日々生産していた差別選別の教育が、必要悪として実践されていたのであった。[16]

繰り返すが、どんな事例でも「非行」の背後要因は無限に複雑であり、解きほぐすのは容易ではない。玉津中学校事件のような在日朝鮮人生徒による問題行動に直面した場合、そうした複雑さをある程度整理し、教師として働きかけ可能な状況に持ち込むような操作が必要になるのだが、いかなるレベルで操作を行うかが重要である。たとえば事件は「民族差別」あるいは「同化教育」によりもたらされたとする整理は、今日でもこの分野に関心を持つ人々の間で広く支持されている方法だ。それらの妥当性を否定するわけではないにせよ、物足りなさを感じた飯田が付け加えた「運動会の練習」「補習」といった着眼点は、それと大きくレベルを異にしている。「差別」や「同化」に原因を帰する論法の根底にあるのはラディカリズムの発想、つまり「全体の変革なくして部分の改善なし」の考えである。しかし「全体の変革」への道があまりに遠く、展望も見出せなければ、それは「総論あって各論なし」の空虚な建前論に終わる危険性がある。それに対して学校文化論は、こと在日朝鮮人教育の分野ではそうした議論の空転が起こる蓋然性が高いことに鑑み、とりあえず着手可能な領域に視野を狭めることで、現実的方策をうち易くする道を戦略的に選ぼうとしたものである。学校文化論の視点において重要な点は、単に学校の日常におけるともすれば見過ごされがちな出来事に焦点化するだけでなく、その事象を自生的なものとして、学校固有の論理から生成するものとして解釈し、たとえば教師を行政の支配を受動的に受ける対象としてでなく、構造の積極的担い手（agent）とみなしその「能動」性に注目する視点である。「補習」のエピソードで言えば、それを当時の文部省や政権政党の「歪んだ能力主義の押しつけ」に帰するのでなく、リベートという利権を媒介に、「能力主義」と平場の多くの教師が共犯関係にあった当時の日常的構造があり、そのシステムが円滑に回るなかで、朝鮮人生徒が粛々と排除されていっている、という視座である。無論、学校文化論が問題の矮小化の危険と背中合わせであることは言うまでもなく、注意が必要ではある。

ともかく飯田は、玉津中事件当時はほとんど有効な学校改革をうてなかったようだが、後年、同中学校で訪れた「充実した日々」のなかで、事件の教訓を生かして補習の慣行を改める改革を実現させた。

> 【11】当時、三年ともなれば高校進学希望者を対象として放課後の補習授業がどこの中学校でも実施されていた。就職その他の生徒は放課後運動場で遊ぶか、若干のクラブ活動をする生徒以外は下校していた。このような状況はなかなか打開されなかったのである。それは生徒の心情に与える影響も大きく、我々はかまってもらえないという意識を持たせる素地をつくりだす。進学率が上昇した時期でもあったが、それでも補習の対象とはならない生徒が三割以上いた。そのなかに朝鮮人生徒が多い。そこで私は学年総補習とし、三年全教員があたる（国社数理英の教師だけでなく美音体技家の全教科の教師の参加）ことにした。但し、学習の到達度によって学習内容を変えた。進学（全日制）予定でない者も定時制に進学せよ、人は勉強しなくてはならないと生徒にアピールして全員補習を打ち出したのである。[17]

他にも、進路指導における日本人生徒以上の困難さから、特別に「朝鮮人生徒進学父兄会」を催すといった、今日から見ても画期的な取り組みが次々に打たれていった[18]。これも同様に、圧倒的な「情報弱者」の立場にあった当時の朝鮮人保護者の状況を放置したまま、粛々と慣行どおり進路指導を行うことは、結果的に朝鮮人生徒に不利に作用するという学校文化論の視点が生かされた結果であった。

最後に「誓約書」提出の慣行に触れておきたい。市内で最多の朝鮮人生徒を抱える生野区で当時、おしなべて在日朝鮮人教育が低調だったことは端々で指摘されている。「多数在籍ということを前面に出すことによって教育活動全般に対する〝かくれみの〟とし、〝あぐらかき〟をしている状況」と痛烈に形容し、これは「我々教師の教育活動を内部から腐蝕させる傾向の病根」だとまで述べている[19]。教育行政の不作為と同程度がそれ以上に、最前線の現場の「腐蝕」の問題が甚だしかったという視点が一貫してとられているわけだが、それを象徴するのが、日韓条約締結まで生野区では、公立学校入学にあたり在日朝鮮人から日本の法規を遵守することを誓う誓約書を出させていたことだ[20]。東成区もほぼ同様の教育条件であったにもかかわらず、誓約書提出の慣行はなかった。仮にあったとしても、朝問協や玉津の実践が健在だった以上、決して放置しておかなかったことだろう。

(2) 玉津中学校が追求した教育の「公共性」——不自由から自由への転換

節を改めてここでは、前項のリアリズム感覚とも深く関係するところの、公立学校での在日朝鮮人教育において「公共性」の問題がどのように意識され、また整理されていたかかに焦点を合わせて、飯田正や玉津中学校周辺の動向を見てみたい。

連載の第五回に、「市川・飯田の論議――西今里中と玉津中」と題された興味深い小節がある。先述のように、当時大阪で唯一の「公立朝鮮人学校」だった西今里中学校（現在の中大阪朝鮮中級学校）と玉津中学校の二校が、朝問協の活動の中核だった。しかし飯田は当時を振り返って、朝総連がバックにある西今里中といつも共同歩調を取り続けることはできなかった、と率直に認めている。西今里中の日本人教師のなかで在日朝鮮人教育の中心にいた市川正昭との間に、いろいろな議論があったようである。

【12】市川「の教育の場」は西今里中学校という在日朝鮮人生徒だけを対象とした民族教育の学校であり、朝鮮総聯の実質上の民族教育機関である。私の教育の場は公立中学校で朝鮮人生徒が多数在籍という条件の外は、一般の公立学校とはなんら変わるところはないのである。東成区は保守意識の濃い土地であり、当時の市会議員四議席のうち保守の議員が三名という状況で、玉津中学校のＰＴＡ役員をはじめ、多くの日本人保護者は保守有力議員の支持者である。西今里中学校は特別な存在で、率直に言うならば地元との関係のない学校に近いのである。私の主張は、玉津中学校の在日朝鮮人保護者の実態、生徒の現状から出発して、公立学校の枠内で一歩一歩、日本人生徒、保護者との関連を重視しながらとり

くみを進めようという主張であり、日本人生徒の幸福をはかるためには在日朝鮮人生徒の放任は許されず、日本人生徒のためにも朝鮮人教育は必要であるという、学級担任の経験のなかから意識したものである。この考えは市川も共感をもってくれて、朝問協の基本的な姿勢としたのである。

…玉津中学校では、西今里中学校ですんなり入ることでも、入るどころか、声を出すだけでも、多大の抵抗を受けなくてはならないのである。朝鮮人生徒、保護者はもちろん、日本人生徒、保護者、さらに職場の教師集団からも厳しい拒否反応を受け、進んでいるのか、停滞させているのか解らない状況のなかで、模索がながらく続くのである。[21]

公立学校である以上担保しなければならない「公共性」として飯田らが考えたことのエッセンスは、傍線部に集約されている。これには朝鮮人側から異論も予想されるが、日本の公費で運営される学校である以上どんな実践活動にも「日本人生徒の幸福」という基準が外せないとする立場はその後も揺るがなかった。ところで、当初意識されていた公共性とは「中立性」「不偏不党性」に近いニュアンスであり、あれもダメ、これもダメ式に、在日朝鮮人教育を窮屈にする障害と認識されていた。卑近な例をあげればまず民族への呼称問題である。飯田は、各方面からさまざまな批判があることを承知しながらも、玉津中をとりまく実情から、「在日韓国・朝鮮人」を呼称とする方針を決め、貫いた。また運用に際しては、日本人向けには「外国人子弟又は保護者」、朝鮮人保護者には時に「貴国子弟」を使うといった細やかな工夫も行ったという。

そもそも朝問協とは、大阪市内公立中学校における朝鮮人生徒のとどまることを知らない「荒れ」に危惧の念をいだいた飯田ら数名の日本人教師有志が、総連、民団、中立系の各民族団体の関係者に呼びかけ、行政側の人間もそこに入れ、一致協力して公立学校の朝鮮人教育の姿を考えていこうとするものであった。朝鮮人民族団体に対する、各々の政治的主張や立場を持ち込まずかつ積極的に活動に参加してほしいという要請は、ある意味で極めて高い「ハードル」であった。呉越同舟といってよい朝問協をまとめて行くには、呼称問題に始まり、幾多の想像を絶する困難があったに違いない。それを可能にしたのは、飯田ら玉津中学校側のメンバーの揺るぎない「公共性」への信念であった。

【13】玉津中学校朝問協は総連・民団は勿論、組織の如何を問うまでもなく、思想信条は問わず、要するに玉津中学校に在学する子どもの幸せを願い、子どもの健全な発達に協力してもらう人々の参加によって進め、朝鮮人保護者の結集による場合でもこの基本方針を断じて動かすことのできない前提とした。したがって、それぞれの保護者の所属している各組織の運動方針をストレートには出さないことと、玉津中学校のおかれている条件を理解してもらうということで結集をはかったのである。22

【14】▼玉津中学校に在学する朝鮮人生徒の教育上の諸問題については在日朝鮮人諸団体から直接指示

はうけない。直接に組織が学校に入ることを断る。▼保護者はそれぞれの組織や団体に加入していることを相互に認める。組織の運動方針を玉津中学校保護者会に持ち込まない。相互に相手を非難するようなことは慎む。[23]

抜粋【14】は、一九五七年五月八日に開かれた玉津中学校朝鮮人保護者会の会合で確認された申し合わせ事項である。飯田が玉津中学校朝問協としてまず手をつけたのが、複雑な利害・対立関係が入り組んだ朝鮮人保護者を、一つの組織（朝鮮人保護者会）に結集する事業であった。言うはた易く、実行するのは大変なことである。その当時の苦労話の一端を抜粋【15】に見たい。

【15】このへんに「○○さんの家、ありますか。たしか家の仕事はこれこれですが…」と。うろうろと家を捜し歩いているから、近くの人が集っていぶかしいまなざしで見つめる。しまいには「あんたはだれやァ」と険しい気配。そのとき声あって「玉津の先生やァ」と。やっと一息つくことができた。私は私服警官の聞き込みとみられていたのである。「○○さんお宅ですか。主人ですか」。手を振って「いま、ありまへン、こんどにしておくなはれャ。今日は帰って下さい」。私は税務署の職員になっていたので苦笑せざるを得なかった。背広にネクタイ姿で朝鮮人密集地区を足しげくうろつき、氏名や職業などを聞いているのであるから、警察か税務署の職員に写ったのも無理はない。このことは日本人教師が足を運ぶことの

少なかった実態であるとともに、日本人の訪問が決して良いものではなかった事実証明である。24

保護者結集の際の原則は、生徒への教育活動においてももちろん貫かれた。次の抜粋【16】は、韓国・朝鮮理解の取り組みを行うに際しての配慮や苦労に関する話である。

【16】直接韓国・朝鮮籍生徒と日本人生徒を指導する場合、特に配慮したことは「朴政権打倒」「かいらい北韓」に類するような厳しい政治的な問題はもちろん、イデオロギー注入教育であるというような指摘を受けるような指導をしてはならない。韓国・共和国のいずれを可とし、否とするような題材はとりあげることは避けねばならない…。韓国・共和国のいずれかの支持、不支持は生徒が成長した段階で主体的に判断することであって、我々日本人教師の個人的な見解がどうであり、また教員組合やその他の組織に加入していても、その組織の韓国・共和国に対する方針が如何なるものであっても、一方を可とし、他を否とするような影響を直接与えてはならない、ということだった。このことは我々日本人教師が常に意識して配慮を要する事項である。25

このあと飯田は、上記の配慮に照らして授業で扱う内容が「ある程度の限定」を受けるのは止むを得ないとし、その例として「大韓民国・朝鮮民主主義人民共和国独立以後」の現代史を挙げている。

こうした配慮は、外部から人を呼ぶ際にも徹底していた。

【17】あるとき、自主学校紹介のため幻燈のフィルムを朝総連から借り出しを受けたが日文の解説書がないということがあった。そこで朝総連の青年部員が出張して説明することになった。事前に玉津中学校の実情を説明し、生徒にわかる解説を依頼したが、やはり組織独特のことばづかいや論法がでる結果となった。神経質なことであるが、自主学校と西今里中学校では当然なことであっても公立学校はそうはいかないのである。外部の人を呼んで説明してもらうのはこれを機会に依頼しないことにした。不十分なところは学習しながら我々でやらねばならない。[26]

飯田はこうした玉津中の実践について、組織の人間なら「こんなものは在日朝鮮人教育として評価に値しない」と思ったかもしれないと付け加えている。また「今日、その当時の勤評闘争の激化の前後、大波乱の教育環境のなかでよく取り組みを進めることができたもの」だとも述べている。在日朝鮮人教育の世界も教育界全般も政治の波に激しく洗われ、イデオロギー色全盛であった当時、「神経質」なまでの公共性へのこだわりは時代に逆行することを意味していたかもしれない。しかし愚直な公共性の追求はいつの間にか、必要悪とは言え在日朝鮮人教育を疎外する「障害」から、その実践可能性を開く「自由」のための条件へと意味づけを変えていったのではないだろうか。たしかに短期的に見れば徹底した政治色の排除、組織の介入の排除は、一部の在日朝鮮人保護者の反発を呼びかねないし、上で見たようにタブーとして扱えない教育内容が増すといった「不自由」を生むだろう。しかしながら、その後も在日朝鮮人社会が政治的激動の波に翻弄されつづけ今日にまで至っていることに思いが及ぶと、公共性へのこだわりは公立学校での在日朝鮮人教育にとって、実は「不自由」でなく「自由」の根本条件であったことが明白となりつつある。おそらく飯田自身、たとえばあれほど熱を帯びた帰国運動のその後の帰趨を同時代人として目撃する経験を重ねるなかで、在日社会の諸行無常、有為転変を身にしみて理解し、一般に足かせと考えられていたものがもたらす効用を早くから察知し、時とともにその判断の正しさを確証していったに違いない。

蛇足かもしれないが、本文では、六〇年代に入り日韓会談のゆくえに大きな関心が集まり始めた頃、「日韓会談絶対反対、日韓条約阻止」を掲げる日教組支部教研のありように疑問を感じ、以後遠ざかっていった経緯にも触れられている。

【18】教研は教育実践が基盤でなくてはならない。私はこの教研のあり方に大きな疑問を抱いた。教室にいる子どもと親抜きの議論だけでは教育研究集会の特色はどこにあるのか。日教組の組合員として組織の運動方針に従い日韓条約締結反対ならばそれはそれとして理解もされようが、そのことを公立学校の教育の場でどのように打ち出し対処するのか。保護者のなかには賛成の立場の人もいるではないか。

…朝総連の自主学校のスローガンに、日本の公立学校は同一歩調ではついていけないのである。このことが多くの日本人の教師の取り組みを躊躇させている一因でもあることをF氏は理解されているのであろうか。[27]

(3) 本節のまとめ

これまで、飯田正の回顧録に依拠する形で、朝問協活動ならびにその後の玉津中単独の実践がどのような論理を下敷きに行われてきたかを、リアリズム、学校文化論、公共性といったキーワードを軸に明らかにしてきた。重複する部分もあるが、その現代的意義を確認しておきたい。

まず本章では、在日朝鮮人教育の世界においては、日本政府・教育行政当局の不作為が際立っているという特殊事情から、「行政対運動」「権力対民衆」の二元論の、教育論としての限界や問題性についてほとんど真剣に考えてこなかった点を述べた。そして、二元論が次々と生み出す「総論あって各論なし」の「空虚な建前論」を脱却し、現実と切り結べるようなリアリズム言説の創出が焦眉の課題だとの立場を示した。その観点から、飯田によって主導された朝問協・玉津中学校の活動展開には、高い現代的意義が見出された。まず、大阪市の公立学校における朝鮮人教育の歴史の節目節目に立ち会った証人の立場から、「現場の動きを教育行政が常に上から封じ込めた」といった規定を覆す事実をいくつか提示している点で、大きな寄与をなしている。そしてそれ以上に重要な貢献は、リアリズム言説創出のためのツールとして学校文化論の視点を縦横に駆使した点である。そこでは教師は言うに及ばず時には保護者も、教育行政の圧制にひたすら苦しむ受動的犠牲者ではない。日常構造に位置づけられつつもそれを主体的に担い、諸エージェント間で共犯関係を結んで自己の利益につなげようと目論む「能動的」存在なのである。学校世界をこのような観点から捉えることで、誰に押し付けられたのでもなく自生的に学校世界に根づいた諸慣習にしたがって粛々と進行していく学校の日常の中で、在日朝鮮人生徒がそれこそ粛々と周縁化され排除されていくさまが浮き彫りにできた。しかも朝問協の活動および玉津中学校での朝鮮人教育実践では、単にそれを認識することから一歩進んで、さやかながら学校文化の一部に風穴を開けることもできたのだった。先述のように今日の教育界全般に、学校文化論の効用や射程がまだ十分に浸透しておらず、一部研究者が専有する「ハイカラ」な概念装置から脱しきれていない現状を考え合わせると、その現代的意義はまことに深いと言わねばならない。

次に、公共性の追求に関する現代的意義についてである。もともと朝問協時代の玉津中にあって公共性の追求は、より消極的な「中立性の確保」に近いものだった。「日本の子どもをよくするためにも、朝鮮の子を」という考え方は、自主学校（民族学校）と異なり、親の政治的立場や思想信条をコントロールできない公立学校としての立場から、在日朝鮮人教育に乗り出していこうとする際のやむを得ない便宜と考えられていた。その結果、扱う教育内容に制限が加えられるといった「不自由」がそこに付随することになった。しかしこの「不自由」を経由して初めて手にできる大きな「自由」があることにも、飯田らは思い至ったものと思われる。抜粋【17】は、幻燈会での出来事をきっかけにそれ以後、一切外部の人間を講師的な立場として玉津中に呼ぶことを止めた経緯を書いているが、傍線を施したところに注目してほしい。「外部の人を呼んで説明してもらうのはこれを機会に依頼しないことにした。不十分なところは学習しながら我々でやらねばならない。」重要なのは後段である。蟻の一穴にならぬよう、鉄壁の防御でイデオロギーや政治・思想の流入を防ごうという決意の裏には、「我々」つまり公立学校に奉職する日本人教師自身が、教育の専門職の名にかけて、外部の朝鮮人関係者ばかりを当てにせず自力で在日朝鮮人教育を担えるよう、その専門性を磨いていこう、というもう一つの決意があった。この決意がなく前段だけが強調されれば、なしくずしに在日朝鮮人教育放棄論に傾斜していきかねないだけに、この部分は重要である。さらにこれは、日本の「公」教育に従事する教師の専門性のあり方に拡張的再定義を迫るものであることに注意したい。昨今の風潮における、一国ナショナリズム一辺倒の公共性論議に一矢報いる意味もあるであろう。

上記の点に関わって若干述べておきたいことがある。周知のように大阪市における在日朝鮮人教育の動向は、一九七一年に起こった「校長会差別文書事件」を契機に「再生」市外教が誕生し[28]、差別文書批判の中心を担った大阪・考える会（全朝教大阪）の運動が、民族講師団体と提携しつつ推進の旗振り役となって今日に至っている。連載のなかで飯田も「差別文書事件」に触れ、そうしたものが発生する土壌に独自の視点から考察を加え、考える会の問題提起を評価している。しかし他方で、「再生」以後の担い手の間で「西今里中学校自主化以後、大阪市における日本人教師による取り組みは中絶空白期になっていたと昨今称せられている」ことに対しては異議申し立てをしている[29]。また七二年の市立長橋小への民族講師措置問題について、同年に出された「七・四共同声明」を読み間違え独走しようとした軽率を諌める[30]など、是々非々の態度をとっていると思われる。以下筆者の見解であるが、飯田や六〇年代の玉津中学校の実践者たちから七二年以降の推進の担い手たちに、バトンタッチされなかったもの、積み残されたものはやはり大きかったと思わざるを得ない。飯田も触れている七二年の長橋問題が事実上「再生」のスタートとなったことで、以後、大阪市内の学校における在日朝鮮人教育問題イコール民族学級の設置・民族講師の措置問題、という印象が一気に強まり、飯田らが積み上げてきた公立学校、あるいはそこに身をおく日本人教師にとっての公共性の再定義への問題提起は後退したままになっているのではないだろうか。「民族学校の門まで連れて行くのが日本人の教師の務め」という意識が飯田らの努力でようやく市内の教師たちの意識から払拭されたかと思いきや、七二年以後、「民族学校」が「民族学級」に衣替えして亡霊のようによみがえった、と言ったら言い過ぎだろうか。

2 「公立学校における在日朝鮮人教育」への教育界のまなざし
——日教組全国教研集会から

前節では五〇年代半ばから六〇年代初めにかけての朝問協の活動や大阪での取り組みを概観してきたが、本節では、それが当時の日本の教育界からどうながめられ、また公立学校における在日朝鮮人教育が当時どのように位置づけられていたかを点検したい。そのための手がかりとして日教組の全国教研集会の資料を採用し、一九五三年の第二次教研から一九六六年の第一五次教研までを検討対象とする。この当時まだ、自主学校(民族学校)から多くのレポートが日教組教研に寄せられていたことが記録より明らかだ。完全に棲み分けが定着してしまった今日の状況からは隔世の感がある。そうした中で公立学校からのレポートは、第二次教研における東京の「公立朝鮮人学校」教員梶井陟の報告[31]を嚆矢に、第六・七・八次教研では大阪から朝問協のメンバーの報告が続いている。日教組教研の草創期は、少なくとも量的観点では教育者の日朝交流も、問題への関心度も想像以上に高かったのである。

(1) 分科会の名称から浮かび上がる「まなざし」

まず、公立学校・自主学校を問わず在日朝鮮人教育に関するレポートが、日教組教研の中でどこに位置づけられていたかを確認するため、分科会の名称に着眼してみたい。

東京から「公立朝鮮人学校」教員が報告を行った第二次教研（一九五三年）では、第八分科会「平和と生産のための教育」に位置づけられている。その核心にある論理は次の引用文に尽きていると言ってもよいだろう。「在日朝鮮人教育の問題を単なる外国人の教育の問題というようなよそよそしい眼で見られないのであって、われわれはわれわれの責任と反省に加えて、今日われわれがアメリカ帝国主義の植民地支配の下に置かれ、われわれの愛する生徒児童がパ《マ》ンパ《マ》ン文化に包まれているという切実な問題に思い及ぶならば、在日朝鮮人教育の問題は決して朝鮮民族のみの問題ではなくして、ともに被圧迫民族の解放、植民地化に対する抵抗の問題として、われわれがめざしている平和と独立の問題との関連において、深い共感のもとにとりあげられなければならないはずである[32]」。驚くべき認識と言うしかない。サンフランシスコ講和条約の締結で「（日本）民族の独立」が遠のいた、という認識が基調にあるのは分かるにしても、同じ「被圧迫民族」として日本人と在日朝鮮人を同列に位置づけているのである。とまれ、曲がりなりにもこれが、在日朝鮮人教育というテーマが日本教育界に受け入れられるのを媒介する「論理」であった。

その後分科会の名称は、「平和的生産人の育成に直結する教育の具体的展開」（第三次、一九五四年）、「人権を尊重し国際理解を深めるための教育」（第四・五次、一九五五・五六年）、「基地教育同和教育ならびに特殊な環境における教育」（第六次、一九五七年）、「同和教育・特殊環境の教育・基地の教育および在日朝鮮民族子弟の教育」(第七次、一九五八年)、「人権と民族の教育」(第八次、一九五九年)と、しばらく目まぐるしく変化する。第九次(一九六〇年)以降は「人権と民族」「人権と民族教育」「人権と民族の教育」と微妙な表現の違いはあっても、大きなぶれはなくなる。ここから読み取れるのは次のことである。当初「平和」を分科会名に冠していた頃、在日朝鮮人教育は上掲のコンテクストのもとで捉えられていた。それが極めて問題含みの認識であったとしても、曲りなり日本の教育界に腰を据える位置を確保していた。しかしそれが、「(日本)民族の独立」というテーマが次第にアクチュアリティを失い時代からずれ落ちていくにしたがい、混迷が深まっていく。位置づけのためのコンテクストが失われ、分科会は「局部的」教育問題の寄せ集め部会のようなものに変質していく。その中からさらに、かつて「(日本)民族独立」の闘いの要衝であった「基地」問題への関心が後退し、また高度経済成長の中でサーカスや花柳界といった「特殊環境」の子どもへの関心も薄まり、同和教育と在日朝鮮人教育の二本柱だけが残っていく。この二者を包む袋は「人権」しかない。かつて五〇年代には「民族」とは日本民族を指していたのだが、六〇年代以降の「民族」は日本国内の非日本人民族を暗示する言葉へと、意味を変貌させていく。その過程は、日本の教育界に受け入れられるための論理を喪失していった在日朝鮮人教育が、行き場を求めて彷徨する軌跡に重なるものである。

（2）大阪からの報告をとりまく状況

第2節で見たように一九五〇年代半ばから六〇年代初頭にかけての大阪の公立学校における在日朝鮮人教育は全市的な広がりまで至らないものの、拠点的な学校ではかなり高い水準にまで達する実践が行われ、充実した内容をもつに至っていた。ところが、そうした中身を抱えて大阪の代表が臨んだ日教組全国教研集会は、ひとことで言って「不毛」の場に終始したように思われる。朝問協のメンバーがレポートを送った、第六・七次教研（一九五七・五八年）の記録を手がかりに見てみたい。

第六次教研で大阪からは、玉津中学校の市川純子が報告者として送り込まれ、「在日朝鮮人生徒の教育について――公立学校の場合」と題する報告を行った[33]。その報告内容ならびに討議は『日本の教育』第六集の「在日朝鮮人子弟の教育」という項目に、三頁ほどにわたって記述されている。しかし市川が提出したレポート原文と『日本の教育』のまとめを照らし合わせると、唖然とするほどニュアンスに隔たりがある。書き出しはこんな調子だ。「…一般の国民の間に政府の帝国主義的差別挑発政策に影響されて朝鮮人にたいする帝国主義的な差別観念が残されている。一方朝鮮人がわでは、第一にその祖国が分裂対立しており、それが在日朝鮮人の団体の分裂対立ともなっている。第二に日本帝国主義敗戦後のある時期に、在日朝鮮人の民族的運動に行きすぎや誤りがあり、それが日本人の朝鮮人にたいする帝国主義的偏見を助長した。第三に在日朝鮮人は大多数はきわめて貧困である（それは日本政府の帝国主義的政策のためであるが）…」[34]。帝国主義という概念が、教育を論じる際に常に不適切だと言いたいわけではない。しかしこうしたまとめが、「教室にいる子どもと親抜きの議論だけでは教育研究集会の特色はどこにあるのか」という信条をもつ飯田らのグループの報告を受けてのものであることを考えると、少なくとも日教組スタッフの書き手には、報告の意図するところは十分伝わらなかったように思える。またここには「大阪から出された原則」二ヶ条として、「第一あくまでも朝鮮人の民族教育に協力するということでなくてはならない。第二に、朝鮮人の母国が分裂していることや、それを反映して在日朝鮮人間にも分裂や対立があるということは、あくまでも朝鮮人自身の内部問題であって、日本人が干渉したり、それを利用したりすべき性質のものではない」[35]とまとめられている。しかしこの「原則」のみを取り上げれば、それが単なる教師への戒め、道徳的説教に堕しており、朝問協が確立したリアリズムや公共性の考え方を把握しているとは到底言いがたいことは明白である。

第七次教研では大阪からは、西今里中学校の小村一夫が報告者として送り出された[36]。しかしこの大会での議論も、前回以上に消耗するものだったことが『日本の教育』第七集から読み取れる。というのも、分科会の標題に「朝鮮人」か「韓国人」とするかがまず大問題となり激論が交わされたのだ。報告では、この一件が「日本人教師が朝鮮人教育のことを考えるに当って、どんなにデリケートな配慮を必要とするかをまざまざと示」[37]したとまとめているが、本来大阪の朝問協メンバーからの報告は、大阪の現場で「デリケート」な問題がどのように乗り越えられ教育実践に着手できたかを主題とするものであった筈であり、そうした報告を差し置くかのように同じ問題で分科会が混乱する事態を前に、朝問協メンバーも唖然としたことだろう。また報告要旨のまとめと思われる部分では次のようにある。「朝鮮民族子弟が朝鮮民族の一員としての誇りと自覚をもち、同時に日本社会に生活する市民としてりっぱに成長することは、その人のためであるばかりであるだけでなく、日本人のためであり、とくに子どものためである」[38]。この箇所は、「日本人生徒の幸福をはかるためには在日朝鮮人生徒の放任は許されず、日本人生徒のためにも朝鮮人教育は必要である」という飯田の言葉で表された朝問協のスタンスを、書き手が何とか伝えようとしたものと思われる[39]が、それに続いて次のような文章が続くとき、やはり大阪からの報告は歪めて理解されたと思わざるを得ない。「日本にいる他民族からその民族的権利を奪い、これを差別迫害することは、実は日本人自身の民族的自覚・民族愛をさまたげるものである。このことは、端的に言えば在日朝鮮民族を一段低いものとする日本人は、アメリカ人には卑屈なものであるという目前の事実をみれば明白である」[40]。もともと「日本人生徒のため」論は、公立学校の枠内で何とか在日朝鮮人教育の足場を確保するための便宜的リアリズムであった。しかし日教組教研ではそれが完全に脱文脈化され、対アメリカの日本民族「独立」とパラレルなものとして援用されている。リアリズム、学校文化論、公共性再定義といった大阪からの報告の射程は、全国レベルでは当時、まったく理解も受容もされなかったものと考えられる。

おわりに

本章では、一九五〇年代半ばから六〇年代初頭にかけての大阪市における公立学校での在日朝鮮人教育の取り組みにスポットを当て、正確な年代記の作成よりは現代的視点からのその射程を抽出することにもっぱらつとめた。先述したように七二年の「再生」市外教始動後、大阪での取り組みはある程度活況を呈して今日に至っているが、筆者はその論点がいささか民族学級・民族講師の問題に特化し過ぎていると危惧している。そうした中にあって、ときに「実践の空白期」などと決めつけられることのある六〇年代にまで、日本人教師たちが担った高い質の在日朝鮮人教育に関する議論と実践があったことは、全ての関係者が銘記しておくべきことと思われる。とりわけ飯田正を中心とする市立玉津中学校が築き上げた諸々の原則や着眼点は、今日ともすれば流れがちな民族学級・民族講師「丸投げ」論に歯止めをかけ、日本人教師が朝鮮人生徒に対して何ができるか、外国人多住地域に立地する公立学校は何をなすべきかを自前で考えていこうとする際の、またとないお手本であるように思える。また、当時の全国教研で大阪からの報告が受けた扱いは、逆にその現代的意義が大阪ローカルで完結するのでなく、全国に向けて高らかに発信されるべきことを暗示しているように思われる。

■注

1 詳しくは、梁永厚（1980a, b）を参照のこと。

2 東京における「公立民族学校」については、小沢（1973）、梶井（1974）に詳しい。大阪の西今里中学校については、梁（1981）のほか、坂本（1972）の研究が先駆的である。

3 『朝鮮研究』141号、四四頁

4 『朝鮮研究』197号、五一頁

5 各回の掲載号は以下のとおりである。第1回：139号（1974·9-10）、第2回：141号（1974·12）、第3回：142号（1975.1）、第4回：143号（1975·2-3）、第5回：145号（1975·5）、第6回：146号（1975·6）、第7回：148号（1975.8）、第8回：159号（1976·9）、第9回：160号（1976·10-11）、第10回：175号（1978·2）、第11回：176号（1978·3）、第12回：178号（1978·5）、第13回：180号（1978·7）、第14回：184号（1978·11）、第15回：193号（1979·9）、第16回：195号（1979·11）、第17回：197号（1980·1）、第18回：198号（1980·2-3）、第19回：206号（1980·12）、第20回：207号（1981·1）、第21回：208号（1981·3）、第22回：211号（1981·8）、第23回：214号（1981·9）、第24回：215号（1981·10）、第25回：216号（1981·12）。なおこの連載が続いていた七四年 - 八一年も、飯田が回顧した五〇年代半ばから六〇年代前半に負けず劣らず、朝鮮半島、とりわけ韓国の激動期であった。そうした連載当時の同時代的空気も、文中から読み取れる。

6 連載第一四回、五六頁。以下飯田（1974-1981）から引用時には一四：五六などと略して記す。

7 一五：四九

8 一九：四二

9 一九：三八

10 一九：四一、強調は筆者による。

11 一九：四一

12 一九：三七
13 九：四六
14 九：五一‐五二
15 九：四九
16 九：五二
17 二〇：四一
18 一三：五五
19 二〇：三七
20 一〇：四五
21 五：五八、強調は筆者による。［　］は筆者が補った。
22 八：三八
23 一五：四五
24 八：四〇
25 一七：四九
26 一五：五〇、強調は筆者による。
27 二〇：四二、強調は筆者による。
28 この経緯については、次の第6章に詳しいので参照のこと。
29 一九：三八
30 長橋小学校の民族講師に、朝鮮奨学会の推薦する韓国学園と朝鮮学園の教員各一名を採用しようとしたところ、民団側から強硬な反対にあい、暗礁に乗り上げてしまった。この経緯には連載第二十三回で若干触れているほか、『朝鮮研究』二二三号掲載の飯田正「七・四共同声明はなんだんねン」二九‐三二頁を参照。
31 梶井自身が自著で、この教研への参加のもようを詳しく述べている。それによれば「東京だけではなく、愛知、滋賀、京都、大阪、岡山、山口などいくつかの府県」から、朝鮮人教育に関する報告が寄せられた

という。梶井 1974、一三六 - 一五〇頁
32 日本教職員組合編 1953、四六九 - 四七〇頁
33 市川 1957
34 日本教職員組合編 1957、四八二頁。傍線は筆者が加えた。
35 前掲、四八三頁
36 小村 1958
37 日本教職員組合編 1958、三九〇頁
38 前掲、三九四頁
39 報告者の小村の所属は西今里中学校であるが、当日の報告書では「玉津中学校」の実践に大きな紙面が割かれている。小村 1958 を参照のこと。
40 日本教職員組合編 1958、三九四頁

補章3

着地から浮遊への分岐点

「一九六五文部次官通達」の読み方

はじめに

一九五五年体制という言葉はきいたことがあっても、一九六五年体制ときいてピンとくる人は少ないだろう。日本と韓国との間に国交がむすばれ、第二次世界大戦後の世界において日本と朝鮮半島との間にまがりなり外交秩序が成立した年が一九六五年であった。日朝国交正常化が全く見通せない現時点で、六五年に確立された秩序は現在にいたるまで変わることなくつづいていると言わざるを得ない。実は、旧植民地の朝鮮半島出身者で日本国内に居住する人びと、すなわち在日朝鮮人の処遇がさだまったのがこの一九六五年である。こちらも、いくらかの微修正をへたものの基本的に現在にまでひきつがれている。

この年の一二月二八日、文部次官名で二本の通達が出された。たぶんひっそりと、人目をしのぶように出されたであろうこれらの通達文が注目されることはなかった。しかしそれは、五〇年以上経過した現在にまでつながる、日本政府当局の在日朝鮮人教育に関する唯一といってよい政策表明である。一つが「日本国に居住する大韓民国の法的地位及び待遇に関する日本国と大韓民国との間の協定における教育関係事項の実施について」、あまりに長いタイトルなので以下「通達A」とする。もう一つが「朝鮮人のみを収容する教育施設の取扱いについて」、上に準じて以下「通達B」とする。通達Aは、日本の学校に学ぶ在日朝鮮人の子どもの処遇を定めたものであり、通達Bが朝鮮学校に対する当局の姿勢に加え、いわゆる「公立朝鮮人学校」（分校ならびに学級も含む）に学ぶ在日朝鮮人の子どもの処遇を述べたものである。

本章はこの二つの通達を読み解いていくことを課題とするが、その基本的視点は、この通達に象徴される「一九六五年」こそが、在日朝鮮人教育の分岐点だったという見通しである。前章でみた玉津中学校の事例に典型的な、在日の生活実態に即した支援を提供する現実主義的なものが、次章以降でみるような民間教育運動体を主役とする精神主義的なアイデンティティ確立重視のものへと移り変わっていく契機が、この二つの通達だったのではないか、という視点である。

1　通達A

以下に通達Aの全文を掲げる[1]。

日本国に居住する大韓民国国民の法的地位及び待遇に関する日本国と大韓民国との間の協定における教育関係事項の実施について

四〇・一二・二八　文部次官通達

日本国に居住する大韓民国国民の法的地位及び待遇に関する日本国と大韓民国との間の協定（以下「協定」という。）は、昭和四〇年一二月一八日条約第二八号をもって公布され、昭和四一年一月一七日から効力を発生します。

この協定における教育関係事項としては、協定第四条に、協定第一条の規定に従い日本国で永住することを許可されている大韓民国国民（以下「永住を許可された者」という。）に対する日本国における教育に関する事項について、日本国政府は妥当な考慮を払うものとすることが規定されており、妥当な考慮の内容としては、合意議事録の同条に関する部分において、日本国政府は、永住を許可された者が日本国の公立の小学校または中学校へ入学することを希望する場合には、その入学が認められるよう必要と認める措置を執り、および日本国の中学校を卒業した場合には、日本国の上級学校への入学資格を認めることが明らかにされています。

ついては、下記事項に御留意の上、日韓両国民の相互理解と親和の促進の見地も考慮して、事務処理に遺漏のないようにお取り計らい願います。

なお、貴管下の関係機関および学校に対してよろしく御指導下さい。

記

一、協定の実施に伴う事項

(1) 公立の小学校および中学校関係

ア 公立の小学校および中学校への入学の取り扱い。

学校教育法第二三条に規定する学齢児童または同法第三九条第二項に規定する学齢生徒の年齢に相当する年齢の永住を許可された者の保護者（親権を行なう者または後見人をいう。以下同じ）が、当該永住を許可された者をその住所の存する市（特別区を含む。以下同じ）町村（当該市町村の加入する市町村の組合を含む。以下同じ）の設置する小学校または中学校に入学させることを希望する場合には、市町村の教育委員会は、その入学を認めること。

この場合において、小学校または中学校への入学は、それぞれ第一学年生への入学を原則とすることはもとよりであるが、やむを得ない特別の事情があるときは第二学年以上の年齢相当の学年（学力が著しく劣っていると認められる者に係わる場合等教育的配慮から年齢相当の学年以下の学年に入学させることが適当なときはその学年）への入学を認めることができること。

なお、上記の場合において、入学は学年の始めからとするよう取り扱うものとすること。また、小学校を卒業した者でなければ、中学校への入学は認められないこと。

イ　入学手続きの取り扱い

永住を許可された者の保護者が、当該永住を許可された者を公立の小学校または中学校に入学させることを希望する場合には、市町村の教育委員会は、市町村の教育委員会に対して入学の申請をさせるものとし、保護者に対して入学期日を通知すること。市町村の教育委員会は、当該市町村の設置する小学校または中学校が二校以上ある場合においては、前記の通知において当該永住を許可された者の入学すべき学校を指定すること。また、市町村の教育委員会は、当該永住を許可された者の入学すべき学校の学校長に対し、当該永住を許可された者の氏名および入学期日を通知すること。

なお、永住を許可された者の入学に当っては、日本人子弟の場合における就学時の健康診断について、日本人子弟と同じ取り扱いとすることが適当であること。

(2) 学校の指定の取り扱い

永住を許可された者の入学すべき学校を指定する場合においては、日本人子弟と同様の取り扱いとすること。ただし、入学を希望する永住を許可された者の数およびその住所地ならびに小学校または中学校の施設等の実情に照らして、通常の場合と異なる学校を指定してもさしつかえないこと。

(3) 高等学校への入学資格関係

永住を許可された者で中学校を卒業した者については、高等学校への入学資格を認めること。

二、協定の実施に関する事項

(1) 授業料等の取り扱い関係

一に掲げる協定の実施に伴う事項のほか、公立の小学校または中学校に在籍する永住を許可された者については、日韓の友好関係の増進および教育上の配慮等の観点から、授業料等について次に掲げる取り扱いとすること。

ア　授業料は徴収しないものとすること。

イ　教科用図書の無償措置の対象とするものとすること。

ウ　就学援助措置(学用品またはその購入費、通学に要する交通費、修学旅行費、教科用図書またはその購入費、寄宿舎住居費、医療費、学校給食費および日本学校安全会の共済掛金に係る援助措置）についても、日本人子弟の場合に準じ、同様の扱いとするものとすること。

（2）盲学校、ろう学校及び養護学校関係

ア　小学部および中学部に係る取り扱い

公立の盲学校、ろう学校および養護学校の小学部および中学部に係る永住を許可された者の教育上の取り扱いについては、一の（1）および二の（1）に掲げる公立の小学校および中学校に係る永住を許可された者の取り扱いに準ずること。

イ　高等部に係る取り扱い

盲学校、ろう学校および養護学校の高等部に係る永住を許可された者の入学資格の取り扱いについては、一の（2）に掲げる高等学校に係る入学資格の取り扱いに準ずること。

なお、盲学校、ろう学校および養護学校の高等部に在籍する永住を許可された者に係る就学援助措置についても、日本人子弟の場合に準じ、同様の扱いとするものとすること。

（3）永住を許可された者以外の朝鮮人の教育上の取り扱いに関する事項

永住を許可された者以外の朝鮮人についても、わが国の公立小学校または中学校において教育を受けることを希望する場合には、永住を許可された者と同様に一および二に掲げる内容の取り扱いとすること。

（4）教育課程に関する事項

学校教育法一条に規定する学校に在籍する永住を許可された者およびそれ以外の朝鮮人教育については、日本人子弟と同様に取り扱うものとし、教育課程の編成・実施について特別の取り扱いをすべきではないこと。

一九六五年にスタートした新しい体制は、韓国籍の「在日」に限って日本におけるより安定した法的地位を保障するものだった。このことが通達Aのなかでは「永住を許可された者」いう文言で表現されている。この通達は、韓国系の民族学校に通う者を除いた永住許可者子弟の児童生徒の取り扱いについて「遺漏のないようにお取り計らい願」うべく、全国の教育関係機関宛てに発せられたものである。この通達文を読み解いていく前提としてまず押さえておかねばならないのが、外国籍児童生徒は義務教育の対象とみなされず、それゆえ就学義務と表裏一体で発生する教育をうける諸権利がうばわれた状態にあることである。朝鮮人保護者は公立小中学校への入学を「希望」するむね申請し、教育委員会がそれを「認める」という表現が頻繁にみられるが、この関係からは教育をうける権利主体という考えがぬけおちている。このことを踏まえて通達文を読み解いていきたいが、その際のポイントとなるのが「同様に取り扱う」「同じ取り扱いとする」という用語である。

「同様に取り扱う」もしくはそれと同義ととれる表現は、文中でつごう五回用いられている。具体的には、在日朝鮮人の子どもが入学すべき学校の指定、入学時健診、高校への入学資格、授業料無償、教科書無償、就学援助措置、盲学校・ろう学校・養護学校関係、教育課程の各項目について、「日本人子弟と同様の取り扱いとする」旨が明言されている。これらの「同様の取り扱い」のうち、問題含みとして批判の対象とされてきたのが最後の教育課程に関する部分である（前掲資料・二の（４））。教育課程（カリキュラム）において在日を「同様に取り扱う」ものとし、「特別な扱い」の対象とはみなさないということは、カリキュラム上の一切の配慮をしないということである。つまり、朝鮮半島にルーツをもつ者として自らのルーツの言語や文化、地理や歴史について学ぶニーズもつ主体として承認しないことがここに宣言されている。それは結果的に、在日朝鮮人児童生徒を「いないも同然のもの（透明人間）として扱う」ことを含意している点で、表面的な包摂的レトリックとは裏腹に、強い排除性を帯びたものであることに注意したい。こうした頑なな姿勢は、関係者の強い批判や抵抗を呼び起こした。また大阪府など自治体レベルでは、それまでも続いていた民族学級の取り組みが一九七〇年代以降いっそう活性化する、といった想定外の事態も発生した[2]。その後、一九九一年に日韓両政府の間で改めて交わされた覚書では、あくまで課外活動の範疇ではあるが民族学級の存在が追認され、六五年当時の排除性の緩和がはかられたことは周知の通りである[3]。

このように「同様の取り扱い」には異質なものが含まれていることに十分注意した上でここでは、通達Aの教育課程以外の部分において「同様の取り扱い」、すなわち日本人子弟との間に処遇の差異や差別なく平等に扱うことが宣せられた「包摂」の部分にスポットを当てたい。前掲資料二の（1）ア、イ、ウに注目してほしい。義務教育段階における授業料無償も教科書無償も、近代日本の教育史において所与のものだったわけではない。特に教科書無償は、はげしい無償化闘争のすえに勝ちとられたばかりの権利であったことは、本書第一部補章2で見てきたとおりである。こうして勝ちとられた権利が、在日朝鮮人（外国人）の子どもに無条件に拡大されたことの意義は大変に大きい。日本の学校で教科書の無償配布をうけることの意味は、単に教科書代の負担の免除という物的、経済的な恩恵を受けることにとどまらない。それはかれらが学校という場に「居ることが当然の存在」として承認されるということを意味する[4]。これは無条件に全員を配布の対象とすることで可能になることであり、高知・長浜の人々がこだわったように、たとえば所得制限付き配布という福祉的措置を受けての配布であれば、このような承認という性格は与えられなかったであろう。同様に授業料無償についても、戦前の時代のように制度上授業は存続しながら「不徴収」という制度運用によって「無償」が保たれていた状態と異なり、戦後において憲法第二六条によって無条件に全ての者に認められた権利として「無償」が位置づけられたことの意義は極めて大きい。このような理由から、授業料無償および教科書無償をめぐる「同様の取り扱い」を、在日朝鮮人に対する包摂として特徴づけたい。

授業料無償、教科書無償措置に限らず、入学時健診、高校への入学資格、就学援助措置、盲学校・ろう学校・養護学校関係など、この通達をもって「同様の取り扱い」が改めて確認された事項はどれも、生存や生命保障に直結するものである点にも注意を促したい。特に医療や健康に関わるものとして、入学時健診や就学援助に含まれる「医療費、学校給食費および日本学校安全会の共済掛金に係る援助措置」などが目をひく。一九六五年時点で在日外国人には、国民健康保険への加入が認められていなかった。またその住環境は今日では想像がつかないほど劣悪であり、健康・衛生面で大きな問題を抱えていた。こうした背景を踏まえるとき、通達Aの内容は、在日朝鮮人の子どもが就学を契機として医療や福祉といったケアにつながっていく可能性を切り開いたものと評価することができる[5]。

以上、通達Aにはカリキュラム面において在日朝鮮人の存在を否認する排除性がみられる一方で、授業料、教科書やその他学校生活のなかで生存保障に関わる領域においては、「居ることが当然の存在」として承認する包摂の契機をもつことを明らかにしてきた。これまでの六五年通達をめぐる議論ではもっぱら前者の排除性の部分がクローズアップされ、文部省による同化主義政策のあらわれとして強く批判されてきた。その一方で後者の平等化による包摂の側面については、ほとんど見過ごされてきたのではないだろうか。特に注意しなければならないのは、この平等化・包摂は国家の善意によって突然「上」から降ってきたわけではないという点である。それは本書第5章でみたような、公教育の現場において在日の生活実態に即して現実主義的にそのニーズに応えていこうとする、地道な取り組みの積み重ねの結果として、六五年通達にあらわれたような現実主義的対応につながっていったのである。

2　通達B

では次に、通達Aとセットで同じ日付に出されたもう一つの文部次官通達に目を転じよう。以下に通達Bの全文を掲げる。

朝鮮人のみを収容する教育施設の取扱いについて

四〇・一二・二八　文部次官通達

一、朝鮮人のみを収容する公立小学校分校の取扱いについて

わが国に在住する朝鮮人子弟の教育上の取扱いについては、従来もわが国の公立の小学校または中学校において教育を受けることを希望する場合には、その入学を認め、今後も、別途「日本国に居住する大韓民国国民の法的地位及び待遇に関する日本国と大韓民国との間の協定における教育関係事項の実施について（昭和四〇年一二月一八日文部初財第四六四号文部次官通達）」によりその入学を認めることとなったが、このことは、朝鮮人子弟にわが国の公立学校において特別な教育を行うことを認める趣旨でないことはいうまでもないところである。

しかるに、朝鮮人のみを収容する大部分の公立の小学校分校の実態は、教職員の任命・構成・教育課程の編成・実施・学校管理等において法令の規定に違反し、きわめて不公正な状態にあると認められるので、次によって、適切な処置を講ずること。
（1）これらの朝鮮人のみを収容する公立の小学校分校については、法令に違反する状態の是正その他学校教育の正常化について必要な措置を講ずること。
（2）これらの公立の小学校分校における学校教育の実態が改善され、正常化されると認められない場合には、これらの分校の存続について検討すること。
（3）なお、朝鮮人のみを収容する公立の小学校または中学校およびこれらの学校の分校または、特別の学級は、今後設置すべきではないこと。
二、朝鮮人のみを収容する私立の教育施設（以下「朝鮮人学校」という。）の取扱いについては次によって措置すること。
（1）朝鮮人学校については、学校教育法第一条に規定する学校の目的にかんがみ、これを学校教育法第一条の学校として認可すべきではないこと。
（2）朝鮮人としての民族性または国民性を涵養することを目的とする朝鮮人学校は、わが国の社会にとって、各種学校の地位を与える積極的意義を有するものとは認められないので、これを各種学校として認可すべきではないこと、また同様の理由により、この種の朝鮮人学校の設置を目的とする準学校法人の設立についても、これを認可すべきではないこと。

なお、このことは、当該施設の教育がわが国の社会に有害なものでない限り、これが事実上行われることを禁止する趣旨ではない。

（3）すでに学校教育法第一条の学校または各種学校として認可されている朝鮮人学校の取扱いについては検討を要する問題もあるが、さしあたり、報告、届出等の義務の励行等法令を遵守した適正な運営がなされるよう留意とするとともに実態の把握につとめること。

なお、朝鮮人を含めて一般にわが国に在住する外国人をもっぱら収容する教育施設の取扱いについては、国際親善等の見地から、新しい制度を検討し、外国人学校の統一的取扱いをはかりたいと考えている。

一般に六五年通達というとき、どちらかと言うと注目されてきたのはこの通達Bであり、それもクローズアップされてきたのは朝鮮学校について述べた後半二、の部分が中心であったように思える。そこでは朝鮮学校が一条校としては勿論のこと、各種学校としても認可されるべきでないことが述べられている。これが政府の在日朝鮮人に対する過酷な同化主義的スタンスを示したものとして、多くの批判の的となった。だが事の成り行きがこの通達文どおりに進行しなかったことも多くの論者が指摘している。各種学校の認可を与える権限は都道府県知事にあったが、おりしも六〇年代後半からの革新自治体ブームを背景に、東京都をはじめ多くの自治体で各種学校認可が朝鮮学校に対して与えられ、政府の思惑は外れた、というわけである。だがこの通達文においてすら、二の（2）において「わが国の社会に有害なものでない限り、これが事実上行われることを禁止する趣旨ではない」と、柔軟なスタンスも垣間見せていることを忘れてはならない。

本章において注目するのは、前段一、の方である。ここで述べられているいわゆる公立朝鮮人学校とは、一九四九年以降の民族学校閉鎖の一連の経緯のなかで生まれた緊急避難的措置であった。また分校、公立学校内の朝鮮人学級についてもその経緯は同断である。その民族教育機関としての中途半端さ、融通の悪さに対しては朝鮮人側からも厳しい批判が寄せられ、その限界に見切りを付けるかたちで自主学校（私立）化が進められていったのは周知の通りである。そうした背景から、通達Bでその「不正常な状態」が指摘され、原則解消の方向性がしめされていることに対しても、朝鮮学校のくだりのような大きな批判を浴びることはなかった。

だが目線を在日朝鮮人の足元、その生活現実に落としてみると、公立朝鮮人学校の位置づけもまた変わってくるのではないだろうか。たとえば赤塚康雄は、大阪市における唯一の「公立朝鮮人学校」であった市立本庄中学校西今里分校（いわゆる西今里中学校）について、それが困難にみちた在日朝鮮人の子どもの長欠・不就学問題への解決策を模索するものであったことを指摘している[6]。公立朝鮮人学校・分校・学級は法制度の常識を覆すアクロバティックな措置であったが、そこに体現されていたのは、たとえ「曲芸」をしてでも目の前の長欠・不就学の実態に対処しようとする関係者の心意気であり、現実主義的感覚であったとも言える。通達Bの一、の段は、そのような性格をもつ公立朝鮮人学校・分校・学級が戦後教育史から、その役割を終えて静かに退場しようとする際の挽歌のようにも聞こえるのである。それは、政策当局と民族教育運動の双方がある点で歩み寄り、妥協しながら折り合っていく、そんな現実主義の時代の終焉を物語っているようでもある。

おわりに――分岐点としての一九六五年

ここまで、一九六五年に出された二つの文部次官通達を読み解く作業を行ってきた。日本の小中学校に通う在日朝鮮人児童生徒の処遇について明らかにした通達Aからは、包摂と排除をめぐって政府当局の姿勢が分裂していることが読み取れる。一方でカリキュラム領域においては、在日児童生徒は「居ないも同然、透明人間のような存在」として扱われ、その排除性が際立つものだった。他方で授業料、教科書代、就学援助措置その他生存に直結する教育福祉的な領域においては処遇の平等化がなされ、「居ることが当然の存在」として承認する包摂の姿勢が鮮明化された。この矛盾をはらみ分裂した政府当局の姿勢へのリアクションとして次の時代に展開されていくのが、一九七〇年代以降の民族的アイデンティティ確立に傾斜し個人化していく在日朝鮮人教育へのアプローチであると考えられる。そこでは一人の在日生徒の「本名宣言」を願ってトコトン教師が付き合ったり、いろいろな民族団体の青年との出会いを教師がコーディネートしたり、指紋押捺制度に疑問をもった特定生徒がその意志を貫徹するよう役所にまで同行して「拒否」を全面支援したり、といったドラマが繰り広げられた。また一生徒が内定した就職先から「本名就職」に難色を示されたのを機に、自治体の労働当局も巻き込んで差別企業糾弾キャンペーンを巻きおこして前言を撤回させた教師もいた（本書第7章参照）。これらの実践記録は読む者に深い感動を与えるが、やはり第5章で検討した玉津中学校の実践がもった迫力とは異質であることは否定できない。それは序章で述べた「線でも面でもなく点でしかない」という指摘につながるものであるが、実践者の間で共同性が失われ「点」化するにつれ、実践者が個人的に在日朝鮮人教育において追求する価値や目的の実現が前景化し、それが逆に在日の生活実態に即した支援の提供というかつての姿から教育実践を遠ざけていったのではないだろうか。

通達Bについては、朝鮮学校への厳しいスタンスを改めて宣言した二、よりも、公立朝鮮人学校・分校・学級の無効性をうたったその前段に注目した。それが、政策当局と民族教育運動の双方がある点で歩み寄り、妥協しながら折り合っていく現実主義の時代の終焉を象徴するものであるとの解釈を示した。妥協と折り合いの時代のあとに到来したのは、より原理原則を前面に打ち出した妥協なきアイデンティティ・ポリティクスの時代だったのではないだろうか。在日朝鮮人教育の「着地」から「浮遊」への転轍は、こうしたことを背景に起こったのではないかと考えられる。

■注

1 通達文の引用は、A、Bとも宮原他 1979 によった。ただし明らかに誤りと思われる番号の振り間違いや、誤字誤表記は筆者の責任で訂正した。

2 その経緯は稲富・中村 2008、朴 2008 などに詳しい。大阪市など一部の自治体では、その要求が施策として実現され、課外活動としての民族学級と民族講師の配置として位置づけられた。ただ厳密に言えば関西（大阪、京都）の民族学級は、七〇年代以降に運動の成果としてかちとられていったものと、それより古く一九四八－九年の阪神教育事件をうけて交わされた覚書に基づくものの二種類がある。また二〇〇八年現在、民族学級は大阪府下の約一八〇校、大阪市内だけでみれば一〇五校に設置されている（朴 2008、二二六頁）。

3 「日本社会において韓国語等の民族の伝統及び文化を保持したいとの在日韓国人社会の希望を理解し、現在、地方自治体の判断により学校の課外で行われている韓国語や韓国文化等の学習が今後も支障なく行われるよう日本国政府として配慮する。」（日韓法的地位協定に基づく協議の結果に関する覚書、一九九一年一月一〇日）

4 包摂がこのような、メンバーとしての共同体への参加、メンバーシップの承認という次元をもつことについては多くの論者が指摘している。阿部 2008、Bhalla, A.S. & F.Lapeyre, 2004=2005、福原 2007、岩田 2008 などを参照。

5 外国人多数在籍校への日本人教員の配置を厚くする教員加配も、この包摂の系列に連なるだろう。公立義務教育諸学校の学級編成及び教職員定数の標準に関する法律施行令（一九六九年政令第一一七号による改正）において「日本の国籍を有しない者である児童又は生徒の数のその学校における児童又は生徒の総数に対する割合が百分の十以上である小学校若しくは中学校が存する場合」を教職員定数の算定における特例とさだめたことに端を発する。同時期にさだめられたいわゆる同和加配ともども、この加配枠は現在なくなり、児童生徒支援加配に一元化されている。

6 赤塚 1987

第6章

新たな「包摂」の立ち上がり

一九七〇年前後の大阪市における在日朝鮮人教育の「言説の交代劇」から

はじめに

公教育の枠内での在日朝鮮人児童生徒への教育的取り組みは、西日本を中心とする同和教育（解放教育）とも連携しながら、着実に実践を積み重ね広がってきた。しかしながら他方そうした量的拡大にあいまって、教育実践や教育研究の世界にある種の「言説の空洞化」が起こることも不可避である。例をあげるならば、同化を拒む、民族の誇り、反差別といったスローガン的言葉はどれももはや、議論の輪を作り対話の端緒をひらく触媒としてよりは、議論や対話を終結させ、「判断停止」「思考停止」をまねく方にその主たる機能をシフトさせているように思える。こうした状態に風穴をあけるためには、現在の在日朝鮮人教育実践・研究の世界を形づくり、われわれの思考を媒介し制約しているところの言説やレトリックを再吟味する必要があるが、その際有効なアプローチの一つが、当該の語りや言説の誕生の地点、あるいはその直前の地点に再度たち戻る手法である。つまり、当該の言説が、それに先行して存在した言説をどのように排除してそれに取って代わり、そこで何が「切断」され、何が語り継がれたかを検証する手法である。この作業を経ることで、俎上の言説が何を見えさせ照らし出し、代わりに何を見えなくさせ隠蔽するかが明確になる。それはマイノリティ教育論を再活性化する力ともなるのではないだろうか。

本章は、一九七〇年前後の大阪市を舞台とした、在日朝鮮人教育をめぐる言説の「交代劇」と目されるる事例を手がかりに、被差別状況の中でこれまで教育の埒外にうち捨てられてきたマイノリティの子どもに教育対象として全力で向き合おうとする〈包摂〉の言説と実践を再検討する。「荒れる子と荒れさせる状況」[1]という概念対は、〈包摂〉の認識の核心部分を端的に表現している。「被差別状況にある子どものもつ…差別への即自的反発としての『荒々しさ』のもつ変革力を大切にする」「教師に牙をむき、学校秩序を乱していく子を、かぎりなく『かわいい子』としてとらえていく」[2]といった言説は、被差別状況の中で「荒れ」たマイノリティの子どもを丸ごと理解し、教育の埒外にあったその存在を内部化しようとする〈包摂〉の考えを表明したものとして、解放教育的な在日朝鮮人教育の世界で抵抗なく受け止められてきた[3]。しかし考えてみれば、一九五二年サンフランシスコ講和条約の発効によって在日朝鮮人の処遇が固まった直後、一九五三年一月の第二次日教組教育研究全国大会で早くも日本学校に在籍する朝鮮人の問題を取り上げた報告が寄せられ[4]、以後「忘れられた」在日朝鮮人教育問題の想起をうながし、〈包摂〉の考えを表明する言説が、周期的に繰り返し現われている。となればむしろ〈包摂〉は、どれほど少数派の動きであれそれ自体〝ノーマル〟な現象として、教育秩序内に織り込まれたものなのではないか。マイノリティ〈包摂〉がその開放的な外観とは裏腹に、秩序にとって親和的なものである――この命題を論証するためには、自明性の判断をいったん解除して、〈包摂〉の言説と実践に動員された論理を検討し、そこに伏在する原理を浮き彫りにする必要がある。こうした大きな問題意識を念頭におきながら事例、すなわち在日朝鮮人生徒の逸脱行動をめぐって展開された、七〇年前後の大阪における〈包摂〉の教育言説の登場と経過の検討を進めていく。

本章の目的にとって、一九七〇年前後の大阪市における動向は、以下の二つの理由で適切な検討材料を提供する。第一に、一九七一、二年に大阪で相次いで結成された、在日朝鮮人教育の実践者からなる有力な民間団体は、今日の在日朝鮮人教育実践を形づくっている支配的な〈包摂〉の教育言説生産者の直接のルーツである。第二に、これらの民間団体は、一九七一年に大阪で発生したある事象（「中学校校長会差別文書事件」と通称される）を直接的な契機として、「市外教」という大阪市の公的な研究組織を舞台に、在日朝鮮人生徒の教育不可能性を主張したそれまでの〈排除 exclusion〉の語りへの厳しい批判を展開し、「交代劇」以後は「再生、市外教」の一角を自らが占め、「再生」「出直し」を強調して過去との差異化をはかり、〈包摂〉の在日朝鮮人教育を志向した（この差異化の営みを以下、「切断」の実践と呼ぶ)。大阪市の事例は、象徴的な事象を挟んで〈排除〉から〈包摂〉へのドラスチックな言説の「交代」という、分析上都合のいい構図を呈しているのである。

1 本章で扱う事例の概要と背景——大阪市「市外教」の性格

直前で述べたように、本章で取り上げる言説の「交代劇」の直接的な舞台になったのは、現在「市外教」の略称で呼ばれる、大阪市外国人教育研究協議会という公的な性格を持った教育の研究組織である。「市外教」は一九六五年二月、大阪市教育委員会から研究委託を受けて発足した(発足時の名称は大阪市外国人子弟教育問題研究協議会)。時代背景として、間近に日韓条約締結が迫り、公立校に在籍する朝鮮人生徒の問題が待ったなしの状況を迎えていた。発足から数年間の同協議会の活動が、のちに「非行対策・管理の発想」「朝鮮人迷惑論、民族差別の典型」、つまり〈包摂〉の対極にある〈排除〉の思想を体現したものと規定され、一九七二年市外教は「出直し」「再生」を余儀なくされる。以後は、正しい朝鮮理解を図るための自主教材編纂などに取り組んでいる。しかしながら「在校朝鮮人の教育を研究する組織が、市教委の研究委託事業として存在したことは全国的に例を見ないこと」[5]という評価は、立場の違いを超えて広く共有されている。

発足にあたって市外教は、その目的として「大阪市立小中学校の教育効果を高めるために、外国人子弟教育のあり方を研究協議すること」（『会則』第2条）をうたい、事業内容として「各校の実態調査並びに実情交換」[6]「問題生徒児童の指導事例の発表と研究会」「機関紙を発行し外国人子弟教育の理解と実践のため啓蒙活動を行う」等のことをかかげていた。組織形態としては、朝鮮人の子どもが多数在籍する市内の小中学校五二校が「加盟」するという形をとった。留意しておきたいのが、「研究部員」として各校から一名ずつ派遣された教師に、「生徒主事」「生活指導主任」など、本務校での生徒指導・生活指導分野の責任者を意味する肩書きが非常に多く見られる点である[7]。

次節で検討するのは、市外教によって行われ公刊された「問題生徒児童の指導事例の発表」にみられる一教師の語りのテクストである。この資料は、六〇年代の市外教の活動に関する資料の中でも、「朝鮮人迷惑論」、あるいは「一九七一年に至る約九年間、大阪市内での在日朝鮮民族児童生徒に視点をすえた教育実践は、ほとんど空白に近い状況をつくり出した」[8]と後に強い調子で断罪されたその性格、つまり朝鮮人生徒を教育対象の埒外に放擲する〈排除〉性を生々しく物語ったものである、とさしあたって考えることにする。

2　在日朝鮮人教育における〈排除〉の語り——「問題生徒児童の指導事例」から

本節で分析する一九六九年度の大阪市外国人子弟教育問題研究協議会『研究報告』に発表された

テクスト「ある非行少年の記録――朝鮮人少年の場合」[9]は、大阪市生野区内のある中学校に「生徒主事」として所属する「研究部員」によって書かれた、全文二八頁におよぶ実践記録である[10]。四〇〇字詰めで約九五枚相当の長大なものである。

(1) 前書き・主人公の家庭背景の語り

このテクストは、語り手が教育現場でかかわった朝鮮人生徒Kを主人公とする生徒指導実践の記録である。「はじめに」の部分で語り手はまず、「私は本校に在職してから九年になる。この間おもに生活指導主任、生徒主事として、その任にあたってきた」と自己紹介した上で、「生徒の非行は…たいへんすくなくなってきている。しかしながら非行は絶無とはいえない。…ところで、その非行発生率は、日本人生徒〔の二〕に対し韓国・朝鮮人生徒は四という数字になっている」[11]と、ほとんど何の但し書きもなく、非行と「韓国・朝鮮人生徒」をリンクさせ、論を先へと進めていく。「なぜ韓国・朝鮮籍の子弟の非行発生率が多いかという原因はいろいろあろうが、私が過去にとりあつかった、韓国朝鮮人子弟の記録をひもとくことによって、その原因の一つでも解明できるかもしれない」[12]。このように、「韓国・朝鮮籍の子弟の非行発生率が多い」ことを所与の事実としてまず確定化し、その事実を解剖するというスタンスから語られる。

テクストでは、語り手が担任として受け持った少年K．J．の中学三年時の一年間にもっとも多くの記述が費やされている。それに対して、一、二年生の頃については、「非行や問題行動はみられなかった」[13]もしくは「彼の所属する学年外に多くの問題が発生していたので、それに気をとられ気がつかなかった面もあった」[14]と、非行の「潜伏期」としてその時期を構成している。さらに語り手は、潜伏期の空白を埋めるかのように、「ところがI署の少年補導カードには、つぎのように記載されていたのである」[15]として、Kの中学校入学までの補導事例に関する、警察サイドのK本人および家庭についての所見をそのまま引用している。

さらに語り手は、主人公の家族の肖像をも語る。記述は、母、長姉I子、妹E子という三人の女性たちを中心としたものである。

①母親は、日本語があまり上手でなく、家庭訪問をしても話合うことばのなかに朝鮮語らしきものが混じるといった具合で、子どもたちの躾や、親子との親密度とか子ども、特にKの学校における行動の問題点についての考え方などは聞きだすことができなかった。[16]

〔長〕姉のI子はKが本校に入学したとき卒業したが、感情の起伏の激しい子どもで、三年生のとき、好きな男生徒がI子に冷たい態度をとったというので窓ガラスを手で割り、手からひじにかけて十数針を縫う事故をおこしている。『あの生徒は、ちょっと異常とちがうか』という先生がたの声もきかれた。[17]

妹E子は、…K以上に非行歴を持つ、女生徒とは思えぬ激しい気性であり[18]、…本校に入学したものの粗暴行為（同級生や上級生の男子までも殴ったり、どうかつしたりする）のため、学級内で紛争がたえず、かてて加えて、担任の先生との人間関係も悪く、転居ということもあって…転校する。[19]

語り手はこの三人の女性について、「姉のＩ子、本人、このＥ子に共通して爆発性の行動と、すぐカッとなる性格がある。『頭にくる』という傾向は、在日韓国・朝鮮人に強い面である。このＥ子の行動と、母親の行動とによって、実は、Ｋ一家との共感的な理解が断たれるのである」[20]と記している。「『頭にくる』という傾向は、在日韓国・朝鮮人に強い面である」は明らかに過度の一般化を含んでいるが、こうした言明を通して語り手が行おうとしているのは、母、長姉、妹という三人の女性の行動の叙述を通して、Ｋの家族集団そのものを理解不可能なひとびととして囲い込み「他者」化する実践である。長姉、妹の二人については、「感情」「気」「気性」「気持ち」「異常とちがうか」といった心に関する語彙を用いて、「非理性」を彼女らに帰属させようとしている。それに対して母親には、「日本語があまり上手でな」いことを強調して、他者性を言語の「違い」に帰責させようとしている。過度の一般化によって非‐理性（非‐人間）をエスニック集団としての朝鮮人に帰させようとする点に、ここでの物語行為の本質がある[21]。語り手は、これらの人々への「共感的な理解」を断つという自らの〈排除〉行為を、他者化のレトリックによって中和化・正当化しようとしている。始まりのこの部分で構成された、「在日韓国・朝鮮人」一般を関わり不可能な存在として〈排除〉する他者化のシェマは、これ以後無批判に主人公の少年に適用され、それが〈排除〉の教育言説を結果していくのである。

（2）「問題児」との格闘の日々の語り

語り手とK少年との、本格的なかかわりの時期の語りは、時系列的に、一学期、二学期、三学期、後日譚という順に配列されている。冒頭の語りは、次のようなものである。

> ②彼が組分けで、私の三年三組にきた。内心いやな生徒がきたと思ったが、それほど深刻でもなかった。…Kについては、運動会で大活躍し、彼の特技である器械体操をさせたときの実に生き生きとした表情が好ましい印象であった。また、私の力で、なんとか良い生徒に仕上げ、卒業させてやろうといった自負も少しは働いたためであった。それと、三年生にでもなれば、進学など進路の問題も生じるので、おとなしくなるものだといった観測も働いたのであった。もちろん、これらの甘い予測は後にみごとにくつがえされたのではあぬ《ママ》が。[22]

一学期は、「Kにどう接近し、どう指導していこうかと考えることが馬鹿らしいほど…静かで、授業中も熱心にノートを書き、クラブ活動にも精を出していた」[23]とあるように、Kをめぐる記述は比較的散文的で、平板である。そして一学期の記述は、Kが徐々に悪い方向へと傾斜していくことを示唆する、次のような叙述で終わっている。

③ところが、六月、七月にかけて、授業時間中の無駄口が多くなり、先生がたの注意に反抗するようになってきた。六月のなかば、進路について相談をしたとき、Kは「もちろん進学や、隣の組のAが公立へいくのだから、オレも公立だ」と述べ、…「君の成績ではとてもだめだ。またいまの勉強ぶりではとても公立どころの騒ぎではない。学習態度をかえないかぎりだめだ。それより君は韓国籍だし、朝鮮語や民族の歴史、地理などを学ぶことのできる建国高校[24]はどうか」ときくと「あんな朝鮮のあつまる学校はいやだ」さらに「オレを高校へ入らせなかったら先生をうらむで」と凄む一幕もあった。[25]

ここでは、自己の楽観的な進路観を一蹴した教師を「入らせなかったらうらむで」と逆に脅迫する主人公少年の「非合理性」の表象が達成されている。このように「人間」的共感や感情の動きへの予測を裏切る存在として、主人公がしばしばテクスト上で造形される[26]。

二学期に入ってからの記述は、語り手である教師とK少年の二人のかかわりの物語というよりも、新学期早々から激しくなったKによるクラスの女子生徒への問題行動（卑わいなことを言う、身体をさわる、等）を契機に、クラス集団がどのように対処しKはそれにどう反応したかがテーマの、学級の人間力学の記録と言うのがふさわしい。この種の、学級集団づくりの動的プロセス・力学の活用による「生徒指導」は、「非-人間」的な逸脱行動が顕著な「問題生徒」にあっても残っている「人間」的な理性や感受性に働きかけ、集団力学によって「問題生徒」を「人間」化していこうとする方法である。しかしこの報告では、ときおり語り手の視点は学級集団サイドから離れ、教師と生徒集団が一丸となった朝鮮人生徒Kへの対処を、どこか傍観者的な視点から冷たく見てもいる。それは、集団づくりの「生活指導」ツールでも全く歯が立たない、「人間」として共感や理解の余地の乏しい存在としてK少年の人物造形を際立たせる効果を生んでいる。「普通の生徒」と在日朝鮮人であるKとの間に、人間／非人間を隔てる線引きが行われている。

④あまりしつこく卑わいなことを言ったとき、とうとう私もこらえきれなくなって力づくで教室の外へ押しだしたことがあった。そのときはさすがにびっくりしたのか、おとなしく追い出されたが「先生よ、ええ度胸してんな。卒業式まではお礼させてもらいますぜ」とすて台詞をのこして二、三日休んでしまった。Kが休むと教室内は、なごやかになる。ひとりの問題少年のために、こうも学級の雰囲気がかわるのかとおどろいた。とにかく被害調査をする。…この被害についてどうしようかと考えているとき、クラスの主だったものが、Kや、クラス内のKのグループのものを自分たちの手でなんとか解決したいから、クラス会をもたせてほしいと申し入れてきた。…

i　Kが授業中、クラスのものを笑わせ、へんなことを言っても、ぜったい笑わないこと、笑うと得意になってやるから挑発にのらない覚悟がいる。

ii　女子は、からだを触れられたり、暴力をうけたりしたら全員でKを追求する。

iii　学級の団結心を高め、よい学級にするように努力する。　と決議した。…

Kはクラス会がもたれたことを知り、他のクラスのグループのものにあんなクラスはいやだ。○○先生のクラスへ行きたいとぼやいていたそうであるが、このあとしばらくは平穏な日が続いた。集団の力が、これほどKにダメージを与えることは思いもしなかった。[27]

傍線を引いた、「K一人がいないとクラスがなごやかになる」「集団の力がKにダメージを与えた」といった言葉は、クラスの生徒が「自発的」に起こした行動による集団力学のゆくえと影響に、何の楽観的な評価も与えてはいない。

また語り手の教師は、リアルタイムのKの様子を「生徒指導事例研究会」なる場で発表し、出席していた「本校の職員、市教委指導主事、家裁調査官、生野警察署の防犯少年係、相談コーナー員のかたがたの意見を求め」[28]ている。そこで寄せられた意見は、たとえば下記のようなものであった。

⑤彼のもつ劣等意識は、背が低いことである。兄は大きいので、はやく兄のように大きくなりたいと

願っている。さらに成績が悪く公立へも進学できない加えて、私立校は国籍を理由に受けいれようとしない。それに自分の行為で学級から疎外されていわば自暴自棄の状態である。…

家裁における態度はなっていない。自分に都合の悪いことは黙って答えない。彼の問題点は、担任の指摘通り自己顕示性が強いことで…衝動的に事を起こすことである。おそらく原因は幼児から少年期における家庭の社会的訓練がほとんどなされず未熟のままにあるのだろう。…

彼については、まだ救いようがあると思う。ただ日本人とちがって、行動なり考え方に二重構造があるのではなかろうか。…クラス会でのKのあつかい方は、たいへん上手であり、疎外され友達としての相手をしてくれないというので何か感じとったにちがいないが、態度が良くなれば、あたたかく迎え入れてやる配慮がいる。またKにかぎらず、韓国・朝鮮籍のひとたちは、恥をかかせることにひじょうに敏感であるから気をつけなくてはならない。[29]

この研究会はさまざまな立場の人たちの「言いっぱなし」の場であった感がある。語り手は「結局、事例研究会によって得たものは、早期指導の必要なこと、うらがえせば、Kについては手おくれであること…韓国・朝鮮人の非行少年、問題少年については一本筋の指導はできないこと」[30]だったと、もはやKは教育対象の埒外だという〈排除〉の立場を表明する。研究会で出た最後の意見、「クラス会でのKのあつかいによって、Kは何か感じとったにちがいない」という楽観論は、テクストの語り手によって無言の否定にさらされている。

こうした学級集団力学を背景にした記述が続いたあと、後半部は語り手の教師とKが抜き差しならぬ形でぶつかる物語が展開される。「暴力」の度合いもエスカレートしていく。

⑥二月のはじめ、Kは、日本刀のつぎに銃剣を所持している現場をY教諭に発見された。KはY教諭に「たのむから、担任（私）に言わんといてくれ」と言ったので、その約束のかわり銃剣を捨てるよう注意した。Y教諭は、もちろん私にこの事実を報告してくれた。Kが私に言わないようにとたのんだことをつけて…。…ところがKは剣を運河にすてることをしないばかりか、近くのパン屋の主人に剣をつきつけてパンを強奪したことがわかったのである。…あくる日Kをつかまえ、「君の銃剣のことは、観察官のW氏にも言った。近所の人を剣でおどすような君は卑怯な奴か」と詰った。黙って聞いていたので、これは多少こたえたあなと思った。ところが、彼は授業中のY教諭のところへ行き「言うなと言ったのによくもしゃべったな、お前を殺してやる」と叫んだ。すぐさま連絡があり、Y教諭と私は暴れるKをおさえつけ別室で、われわれも多少暴力的に「やるならやれ、きょうはお前が手を出したらこちらもやる」と強い態度に出た。…放課後自分の教室で「二人とも卒業式には殺してしまう」とわめいたそうである。[31]

この激しいぶつかり合いの結果、「果たして〈校内の〉一部から、処分せよという声が出た」[32]。しかしながら「私」は、「いったい彼を処分したとして、あとだれが彼を拾ってくれるのか。私にも、他の先生にも反抗するのは、私たちに何かをしてほしいからそうするのだろう。ここまで預かってきた生徒だ。最後まで抱いてしまえ、と」[33]という思いに辿り着く。語り手は、一二月二四日の終業式に、Kに対して1の評価をつけた音楽教師のところにKがどなりこんだエピソードを加え、二学期の叙述をこう締め括った。「このときも、『あんなやつ、はやく処分せよ』の声があったが、むしろいよいよ抱く決意が強まった。こうして二学期が終わった」[34]。これまで一貫して少年を「他者」化しその教育不可能性を弁じてきた語り手が、ここでは「抱く」という言葉によって、少年を教育（的働きかけ）可能な主体として構成してみせるのである。

(3) 〈排除〉の語りのレイシズムと語りの揺らぎ

ここで検討した、六〇年代市外教の〈排除〉性を象徴すると思われるテクストは、警察を出元とするパーソナルドキュメントや、教員以外の取締サイドの人々の談話の引用など、七〇年代初めの「切断」以後こんにちまで支配的な実践記録の語りのあり方とは大きく隔絶した、教育実践者の語りのあり方を示す資料であった。その特性は、ひとまず、理性と非理性（人間と非・人間）との境界線を、不用意に、「日本人と朝鮮人」とを分かつとされるエスニックな境界線に重ねて引いたことにある、と言える。語り手は、K少年、およびその周囲の友人や家族の生活世界との接触から断片的に得られた手掛かりをもとに、「生活指導」のツールが全く歯が立たない、つまりは同じ「人間」として共感や理解の余地を共有せず教育的働きかけの手がかりがない「他者」または「非‐人間」として、K少年を人物造形したのだ。このような線引きは明確にレイシズム（人種差別主義）的性格を帯び、理解・解釈困難なものを民族の違いに帰結させることで固定的、硬直的な現実理解を導き出していると言わねばならない。

しかしながら上テクストは、そうした特性で一枚岩に構成されているわけでもなかった。たとえば断片②における記述（傍線部参照）や、記録が佳境に入った断片⑥での「（生徒を）抱く」や「教師に何かを求めて反抗するのだ」といった言葉は明らかに少年に教育可能な余地を見ようとする〈包摂〉の考え[35]に立ったもので、〈排除〉の語りにあって異分子である。これをひとまず〈排除〉の教育言説の揺らぎと括っておいて、先を急ぎたい。

3　在日朝鮮人教育における〈包摂〉の語り――「切断」をへても継承されたもの

本節では、七〇年代はじめの「切断」の契機、すなわち六〇年代の〈排除〉の教育言説を批判、攻撃する〈包摂〉言説の登場に焦点を合わせる。しかしここで作業は図らずも、レイシズム批判を核とした「切断」を経てなお引き継がれていたものにわれわれの目を向けることとなるだろう。その際、様々な含みを持った「荒れ」という用語が一つの鍵となる。

上記の作業を進めるための有力な資料のリソースとして、市外教の資料を基に作成されたとされる「中学校校長会差別文書」を問題化した大阪の教師有志が、一九七一年九月に結成することとなった運動体「公立学校に在籍する朝鮮人子弟の教育を考える会」[36]（略称「考える会」）周辺の動向に注目する。その理由は幾つかある。まず同会は、「校長会差別文書」を生んだ背景の一つに当時の市外教の体質があるとして、市外教およびその事業委託主体である市教委に対して、体質の改善を鋭く迫ったエージェントだった。そして、「考える会」の主張が大筋で、翌七二年の「再生、市外教」の方向にみちすじをつけたばかりでなく、「再生、市外教」の事務局には「考える会」の有力メンバーが入り、その運営を担った。さらに、この「考える会」が準備の核となって、八〇年代以降の在日朝鮮人教育運動を担う有力な公教育の教師達の運動体、「全国在日朝鮮人教育研究協議会」（略称「全朝教」）へと発展した。完成・成熟期の解放教育的〈包摂〉のあり方は、「全朝教」関係の資料によって充分にうかがうことができる。

（1）「考える会」周辺の教育実践者による〈排除〉言説批判

「考える会」結成一〇周年によせて、「切断」の頃を回顧した「考える会」当事者の次の語りには、

〈排除〉の教育言説批判の論点がほぼ出そろっている。「一九七一年、大阪市立中学校長会は、『研究部のあゆみ』の中で『外国人子弟の実態と問題点』…として、子どもの生活現実を無視し、教育施策なしに結果のみを問題にした、いわば朝鮮人迷惑論、民族差別の典型ともいうべき文書を公にした。…判明したことは、校長会の『民族差別文書』の基本資料が、『大阪市外国人子弟教育問題研究協議会』が作製したものであったこと…である」、「『しんどいのは朝鮮人の子、部落の子が多いからや』といった、社会的不公正に目を向けずに、現象面だけをみた教師の被害者意識も一般化していく。「朝鮮人が多くてしんどい」から、その「非行対策・管理」の発想で、市外協が運営されたのは、このような周囲の状況によるものである。市教委の適切な指導も、行政的な保障もないままに、当然のなりゆきとして子どもを大事にする教育実践抜きの活動となり、…当時の研究報告をみると、差別と偏見にみちたものがあり、なぜもっと早く指摘できなかったのか、残念でならない」[37]。

こうした抗議に、市外教が最終的に自らの非を認めたことが、一九七二年二月に出された「推進基調」に見て取れる。「日々発生する生活指導上の問題についても、根源的な原因を明確にすることなくただ対症療法的に問題をとらえていたにすぎませんでした。…朝鮮民族子弟の教育の中味の問題を研究するというよりも、管理的な面で、問題を対策的に処理するという目的が強く、研究組織の上にもそれが現われ、真に実践者の意見で研究推進されるものであったとはいえませんでした」[38]。傍線部分からは、当時、「考える会」が市外教に対して行った抗議・批判の内容、つまり非行対策・管理的発想であり現象面もしくは結果のみを見て在日朝鮮人の内面や生活背景への踏み込みが足りず差別に満ちたものだ、という批判が、そのまま自己批判へと転用されたことが分かる。

以上のような「旧市外教」の〈排除〉言説への厳しい批判は、マイノリティ〈包摂〉の立場表明へと地続きになっている。ここで留意しておくべきは、批判の言説において現象／本質（あるいは表層／深層）の二元論が明確に措定され、その枠組でマイノリティの非行・逸脱が理解されていることである。次節で〈包摂〉の立場に立つ実践者たちの語りの実際を検討する際、このことを念頭においておきたい。

（2）〈包摂〉の語りの実際――「荒れ」という用法を中心に

「考える会」周辺に集った教育実践者達は、同会の機関紙『むくげ』などにその実践記録を発表してきた。特に非行や逸脱行動に触れた部分に注目してみよう。

彼ら、在日朝鮮人生徒は、今まで日本名を使い、日本語を国語と呼び、日本の歴史、文化を学んで、まったく日本人として育てられてきた。そして、自分が「朝鮮人」であることに気づいた時、自分の生活をささえるすべてのものが、砕かれくずれ去ってしまい、非行へ、また自殺へと追いこまれていく。このような同化の教育が日々進められてきた。これに気づいた我々は…一九七四年度には、在日外国人教育部をつくり、朝問研をつくり、基礎学力保障の学習会をはじめた。朝問研では幾多の難問をのり越えて、民族講師をまねくことができた。それまで、勉強がわからずに学校がおもしろくないとして荒れていた在日朝鮮人生徒は、朝問研活動を通じて、自分の置かれている立場を知り、自分を大切にする事の尊さを学ぶことによって、何ら問題をおこさなくなった。[39]

これは、大阪市内のある解放教育先進校から『むくげ』誌に出されたレポートであるが、同じ学校について、「考える会」の有力メンバーの一人内山はこうコメントしている。

『非行』に見る在日朝鮮人の子どもたちの置かれた現実は、教師が、たとえ人間対人間の問題として対しようとしても解決できないもの、日本人としての自らのカラを破らない限り、一歩も前へ進めないこと――在日朝鮮人問題との対決を否応なく迫られてくる。[40]

やはり有力メンバーの杉谷依子は、朝鮮人の子の「非行・問題行動」をこう語っている。

進路への絶望と相重なる重荷で、非行に走る子どもも多く、暴走族の中にも、在日朝鮮人の少年が多くいる。一四才になると指紋をとられ、外国人登録証をもち歩かねばならなくなることも大きな重荷となっている。[41]

上に抜粋した「考える会」のメンバーの語りには、旧市外教を批判した際と同じ、現象・表層としての非行／根本・深層としての民族差別や内面の苦悩、という二元論が見て取れる。批判は同じ立場の教師に向けられたものだが、この文脈では、二元論が〈包摂〉の立場に立つ実践の語りの中で、朝鮮人の子ども（とりわけ非行、自殺、暴走といった逸脱行為）を語る目的に転用されている。子ども（生徒）に注がれるまなざしの中に折り込まれることで、くだんの二元論がいかなる論理を内包しているかがより鮮明に浮き彫りになる。朝鮮人に対する民族差別が当の子どもの本来の「善」なる姿を蝕んだ結果が逸脱行為であり、それは固定的・属性的な性質でなく暫定的・人為的な状態である、というのが二元論に内包された論理だ。〈包摂〉の教育言説はこの論理を動員するおかげで、民族との肯定的出会い（民族教育）を生徒に与えれば逸脱状態は鎮められる、という形で次に打つ手を構想できるのである。ところで二元論の論理に戻ると、これが同一人物内部に、人間／非-人間という線引きを持ち込むものである点が強調されねばならない。当人の観察可能な状態とは無関係に仮想される「善」なる本来態と、観察される現象としての「悪」との間に線引きを設けることで、対象を教育可能性（educability）の領域内に取り込むことができるのだ。マイノリティの〈包摂〉が常に教育世界にとってノーマルな現象にとどまり、秩序にとって親和的であることを理解する鍵はここにある。この点を在日朝鮮人教育に即してさらに論証するため、時計の針を早回しして、「考える会」がその準備を担い、全国的な教育実践者ネットワークとして一九七九年にスタートした全国在日朝鮮人教育研究集会の場において発表された、教育実践記録に目を移してみることにする。前節のテクストに比すべき実践者の語りが、確立された叙述スタイルをとってそこに現われているのが一つの理由だが、ここに非行や問題行動を指す「荒れ」という言葉の多用が認められるのも注目の理由である。

　全国在日朝鮮人教育研究集会の資料から、小中高の各学校段階ごとの「荒れ」をめぐる語りを抜粋する。

> （小学校）S君を受け持って一年四ヶ月が過ぎようとしている。去年の今頃は、「荒れ」ていた。何回となく家や学校を出ては、その度おうちの人にこっぴどく叱られる。…「荒れ」ているS君と朝鮮とは別の次元と思っていた。いくら表面的に立ち直らせようとしてもだめだ。自分と朝鮮の位置があまりにも離れていたのである。自分の朝鮮観がいつしか負のイメージで植えつけられ今日にきている。…とにかく上滑りな関わりではだめだ。真剣に関わり合わなければだめだ。[42]

> （中学校）それは、いわゆる「荒れ」た生徒、「しんどい背景をもった」生徒たちの抱える変革さるべき課題が、個別に彼らだけのものではなく、社会生活（同時代状況とも言うべき）の背景によるもので

あるが故に、クラス全体、学年全体、更には教師自身のものでもあるわけであって…。[43]

（高校1）Yの「荒れ」は学校教育の中で朝鮮がマイナスのものとしてしか考えられず、民族としての誇りを持てなくさせていることから来ている。そういう「荒れ」の責任をYにのみにきせていくのは、まさに「子供が見えていない」ということではないか。[44]

（高校2）彼は中学二年まで民族学校へ行っていた。同胞ばかりの付合いから日本人の中に入って来た時に彼の受けたショックは大変なものだったそうです。現在、彼は遅刻や欠席も多く授業中は眠り、頭髪や変形ズボンという形でしか自分をだせないでいる。日々人格を損ない続けているかのような彼を見る時、いまさらながら日本社会の朝鮮人に対する重たさ、同化の意味を思わずにはおれませんし、また私達の力量不足を感じています。[45]

（高校3）朝鮮人であることを隠しつづけようとするKだが結局クラスの子どもたちに分かってしまう。入学当初は大学に進学したい希望をもっていた、所謂真面目な子だったKは、そうしたことから荒れはじめ、ツッパったグループに身をおくようになった。[46]

S君、Y、「彼」、Kなどは、実践者が語る朝鮮人教育の物語に主人公として登場する、人物造形されたキャラクターである。それぞれ、彼／女ら主人公をめぐる長い物語の一部分である。傍線部分において、主人公の逸脱行動に関してどの語り手もが、その原因を何か〈どこか〉深奥にある別のもの〈差別や抑圧〉に帰属させており、そこに現象／本質という二元論の枠組を動員している。朝鮮人の子どもの逸脱行動はその本来態ではなく、何らかの外部要因の介在によって人為的に引き起こされた「荒れ」という暫定的状態だという論法である。だから「荒れ」はしばしば、「立て直し」「変革」「損ない」といった言葉と共に、つまり同じ人物の「荒れでない」状態との関係性において語られるのである。つまり、「荒れ」という語の用法上の含意は、誰かと誰かのあいだでなくある人物の内部に、一つの線引きを持ち込むことにあるのだ。

この「荒れ」という教師用語は、教育可能な主体として子どもを構成する作業に潤滑油的な役割を果たしていると考えられる。「考える会」から「全朝教」へと連なる教師達の教育的取り組みは、朝鮮人生徒の人物個々人の内部に線引きを持ち込むことで、生徒の内部に、「荒れ」た部分と切り離して教育的働きかけが可能な領域〈「人間」〉をまず確保した。そして在日朝鮮人の場合、民族差別によってその「人間」的部分が「荒れ」た部分によって逼迫されているとの認識に基づき、「人間」回復に至るために「民族との〈肯定的〉出会い」という迂路を経ねばならない、という実践的道筋が導出されたのだった。逆に言えば、「荒れ」としていま＝ここに現前している朝鮮人の子どもの様々な姿は、「人間」から疎外された「非・人間」として、克服・排除の対象となることは避けられない。

ここで言いたいのは、〈包摂〉の立場を掲げる解放教育もまた実は子どもを管理対象視している、などということではない。〈包摂〉もまた、教育をそこに施すことが可能な（educable）主体として「人間」を構成する営みにかかわらざるをえないという点が重要なのである。教育が「非-人間」を「人間」化する同化的営みであることが問題ではない。「人間」であるための資格要件として、教育可能性がたえず参照されることが問題なのである。ここには「educable な存在（＝「人間」）だけに教育は施すことができる」というトートロジーが読み取れる。そしてマイノリティ〈包摂〉の教育も、この「論理」から逃れられない。かつて〈排除〉の教育言説は日本人と朝鮮人とのエスニックな境界線に重ねて、人間／非-人間の線引きをした。〈包摂〉の言説はその線引きをずらして、朝鮮人の子ども一人一人の内部にそれを引き直した。その引き直しに鮮明な反差別・反レイシズムの意思が込められていることは言うまでもないが、それでもなお、この線引き実践そのものは問い直されることなく引き継がれ、トートロジカルな教育の論理も温存された。マイノリティの〈包摂〉はこうした原理によって、教育世界にとってノーマルな現象にとどまり続けることを保障、ないし運命づけられるのである。大阪市の事例に即して見ても、「切断」を経てなお教育の論理は強固に維持された。逆にいえば、旧市外教の〈排除〉の言説もまた極めて「教育的」なことがここで再確認される。朝鮮人は教育不可能な存在だから埒外に放逐するという〈排除〉の立場と、朝鮮人には教育可能な余地が見い出せるから〈包摂〉しようという立場は、同じコインの表裏の関係にあるのだ。だから〈包摂〉の教育言説は教育の論理総体を批判・対象化するに至らない[47]という限界を抱え、これまでの実践の積み重ねを守るという保守的立場に転化しかねない危うさも抱え持っている。

まとめると、在日朝鮮人教育における〈排除〉の言説が、人間と非‐人間との境界線を不用意に「日本人と朝鮮人」とを分かつとされる境界線に重ねて引いたのに対し、解放教育を主要な発信源とする〈包摂〉の言説は、人間と非人間とを隔てる境界線を消滅させたのでなく位置をずらし、子ども一人一人の内部に引いた。この結果、「非‐人間」性を特定民族に帰属させるレイシズム的な硬直した線引きは克服された反面、線引きの対象が特定社会集団に限定されずフレキシブルになることで、「人間」の構成可能な領域はますます拡大した。「荒れ」という徴候さえ確認されれば、今や非‐マイノリティの子どもさえもが線引き対象となりうる。じっさい、「全朝教」の実践報告においては、在日朝鮮人の子どもの問題と並列させるような形で、親の離婚・「家庭崩壊」・「片親」・貧困・病い・障害・成績不振など多様な「しんどい事情」を抱えた子どもの「荒れ」とそこからの「立ち上がり」の物語がしばしば認められるのである。

おわりに

ここまでの分析・考察は、一九七〇年前後の大阪市（同市「市外教」）を舞台とした在日朝鮮人教育の動向が、言説ないし語りの「交代劇」であることを前提に進めてきた。しかし分析の結果、当事者

〈特に「考える会」「再生、市外教」サイド〉が表象する「善玉による悪玉の駆逐」という構図ほど事態は単純ではなく、むしろ「切断」前後を貫く連続性があらわになった。まずこの連続性の解釈を呈示し、次に本章の一連の考察がマイノリティ教育論にもたらす展望を示したい。

序論で述べたように、「忘れられた」在日朝鮮人教育問題を発見してその想起をうながし、〈包摂〉の考えを表明する言説はこれまで周期的に繰り返し現われてきた。大阪市でも一九五〇年代後半に「朝問協」(本書第5章参照)の日本人教師たちが日教組教研集会で年々問題提起を行うなどの活動が見られた[48]。本章で扱った実践記録は表面的には〈排除〉の言説に覆われていたが、それでもなおそこには主人公の朝鮮人少年を「人間」化しようとする意志が歴然と読み取れた。またこの時期市外教は、朝鮮人多数在籍校の物的・人的条件の改善要求にも間接的に関わっていた[49]。市外教立ち上げも本質的には、「忘れられた」問題を発見し想起する〈包摂〉の過程の一部だったのであり、〈排除〉の相貌は、2節で指摘したように市外教の実質的担い手が生徒指導主担者に偏るといった、どちらかと言えば副次的要因によって生じたものに過ぎない。そして「切断」後、「考える会」の系譜に連なる教師達が展開した〈包摂〉の言説と実践は、市外教が先んじて行っていた環境設定の拘束を受け、またそれを利用する道をとらざるを得なかった。詳述したように、〈包摂〉の教育言説は人間／非-人間の線引きをずらしつつも継承し、朝鮮人の子どもを教育可能な主体として構成した。教育可能性の概念を展開軸とする「教育の論理」は、反省の手が加えられないまま残された。しかしこうした「切断」以前との連続性は、「考える会」以降の実践にとって必ずしも不名誉なことではない。それは、市外教の中に胚胎した大阪における〈包摂〉の教育を、かつての人種主義的な部分を清算しながら受け継ぎ、十二分に発展させたのだ。また「考える会」は日本人教師としての実践を模索する一方、朝鮮人民族講師の身分保障継続と市内学校の民族学級の制度維持を行政に求める闘争を展開した[50]。この志向性は「朝鮮人教育には同じ朝鮮人にしかできない部分がある」ことを含意し、教育可能性の領域をエスニックな境界線の外に押しやるものである点で、「切断」以前における〈排除〉の論理を、その差別的な性格を克服しつつ継承したものである。

さて、本章で展開してきた〈包摂〉原理をめぐる考察は、マイノリティ教育という限定された「課題領域」を予め設定し、それに対する何らかの提言や示唆を待ち受ける構えをとった場合、その意義や展望は見えてきにくい。しかしながら、〈包摂〉の原理、とりわけ他者内部における「人間」としての余地の構成は他者との関係の産物であるよりむしろそれに先んじ、関係形成の成否を握るという知見は、教室や学校場面という限定を超えて、マイノリティのみならず広義の〈他者〉と接し関係を切り結ぶ日常場面において作動するメカニズムの説明としても、かなりの程度妥当するのではなかろうか。つまりそれは、〈他者〉との関係の拒絶・没交渉から〈他者〉との濃密な関係維持まで、関係行動の広大なスペクトラムを貫き下支えしている原理＝祖型を探り当てているのだ。そして、マイノリティ教育の思想と実践の中核にある〈包摂〉原理が、関係行動一般のスペクトラムにおいても心棒として確固たる位置を占めているとするなら、そのことは、マイノリティ教育という所与の領域への「現実的提言」を性急に求める伝統的な問題構成を掘り崩すインパクトを持っている。旧来の問い方は、マイノリティ教育という領域を充填するはずの教育理念・内容・方法等の「欠乏」感に突き動かされたものだった。しかし本考察が切り開いた地平に立てば、「欠乏」認識は錯誤に過ぎない。むしろ、学校なり教育論といったローカルな文脈でのみ機能すると思われていた教育のロジックと同型のものが「過剰」として社会的諸場面に点在・分布し、マイノリティを取り巻く日常世界の構成に様々な形で寄与している点にこそ注目すべきだ。反差別やマイノリティの解放を志向する教育は日常世界と地続きの関係にあり、日常の〈他者〉了解の実践との境界は実は曖昧だ。この知見は、マイノリティ教育が〈包摂〉原理に無自覚的に依拠し続ける限り、差別構造を穿ち批判的介入を行う試みもまた不完全に終わり続けることを示唆している。なぜなら日常世界における排除・差別現象もまた、「人間」の余地の構成を他者関係形成の前提条件としている限りで、〈包摂〉とそのロジックを共有しているからである。しかし逆に考えれば、マイノリティ教育が自らの〈包摂〉原理の機能を見つめ直し反省をはかった時、それは日常世界の一部分を穿ちその差別性を照射する大きな力となる。この点が、本考察のマイノリティ教育に対する展望であろう。

■注

1 野口・野口 1985
2 前掲、九頁、一一 - 一二頁、傍線は筆者が加えた。
3 むろん、社会学の逸脱研究においてこの種の発想は、「悪なる結果は、その原因も悪なるものに求めるべきだという錯誤」(evil-causes-evil fallacy) として、早くから批判的吟味の俎上にのっている (大村・宝月 1979)。しかしそうした成果は、解放教育の世界にはほとんど届いていないし、顧みられてもいない。
4 本書第五章の日教組教研に関する記述を参照のこと。梶井 1974 も併せて参照のこと。
5 日本の学校に在籍する朝鮮人児童・生徒の教育を考える会 1981、三〇頁
6 『研究報告』によれば市外教は調査事業として、一九六六年度に価値観、世界観の調査、六七年度に「外国人児童生徒」の作文募集と「外国人子弟教育の困難にどう対処するか」をテーマとした実態調査、六八年度に教師の意識調査と作文集の刊行、六九年度に「作文集中にみる差別意識」の分析作業を行っている。また年度ごとの調査と並行して、「問題生徒児童の指導事例の発表」が継続して行われてきたことが『研究報告』から分かる。
7 中山 1995
8 日本の学校に在籍する朝鮮人児童・生徒の教育を考える会 1981、一九頁
9 大阪市外国人子弟教育問題研究協議会 1970、六二 - 八九頁
10 この中学校は一九六九年度の外国籍生徒在籍率三九%であり、当時の市内でもっとも朝鮮人の子どもの比率が高い中学校であった (中山 1995、一二二頁)。
11 大阪市外国人子弟教育問題研究協議会 1970、六二頁。〔 〕内は筆者による補足であり、以下同様とする。
12 前掲、六二頁
13 前掲、六四頁
14 前掲、六四頁
15 前掲、六四頁
16 前掲、六八頁

17 前掲、六九頁。傍線は全て筆者によるものである。以下同様とする。
18 前掲、六五頁
19 前掲、六九頁
20 前掲、六九頁
21 大阪における朝鮮人教育の流れを変える直接の契機となった、七一年の「中学校校長会差別文書」にも、「「朝鮮人の」非行生は感情に走り、理づめの話（言葉）は理解が困難である」「暴力に屈するが、理づめの話は容易に理解できない」」（中山1995、一四六-七頁、強調は筆者）といった、同様の趣旨の記述がある。なお同「文書」は、市外教が作成した資料を基にしたとされている（前掲、九一頁、市外教1979扉、日本の学校に在籍する朝鮮人児童・生徒の教育を考える会1981、一九頁）。
22 大阪市外国人子弟教育問題研究協議会1970、七一頁
23 前掲、七一頁
24 学校法人白頭学院建国高等学校を指している。在日のための民族教育機関として設立されたが、早期に学校教育法第一条に基づく正規校となった。
25 大阪市外国人子弟教育問題研究協議会1970、七四f頁
26 「人間／非-人間」を社会的構成体と捉える見方はM・フーコーに負っている。桜井によれば「フーコーは…近代の学問体系（知）が設定する「人間」という価値基準が、その裏に「非人間」という存在を前提としていることを暴こうとした…。時代を超える普遍的な「人間」という概念は成立しないから、各々の時代によって「人間」という価値が作りあげられるが、当然、「人間」としてみなされない存在もまた作り上げられる」（桜井1996、一七五頁）。またFoucault1,1982=1996を参照のこと。
27 大阪市外国人子弟教育問題研究協議会1970、七五f頁
28 前掲、七六f頁
29 前掲、七七f頁
30 前掲、七八頁

31　前掲、七九f頁
32　前掲、八〇頁
33　前掲、八〇頁
34　前掲、八一頁
35　〈包摂〉の本質が教育可能性の構成にある点は、田中 1996 の議論にヒントをえた。
36　同会はその後「日本の学校に在籍する朝鮮人児童・生徒の教育を考える会」に改称する。
37　日本の学校に在籍する朝鮮人児童・生徒の教育を考える会 1981、一九頁、三〇頁。傍線は筆者による。以下同様。
38　大阪市外国人子弟教育問題研究協議会 1972、一二-三頁。傍線は筆者による。以下同様。
39　日本の学校に在籍する朝鮮人児童・生徒の教育を考える会 1976/7/30、一二-三頁→日本の学校に在籍する朝鮮人児童・生徒の教育を考える会 1981
40　内山 1976/1982、一五〇頁
41　日本の学校に在籍する朝鮮人児童・生徒の教育を考える会 1981、一五頁
42　全国在日朝鮮人教育研究協議会 1987、六五頁。傍線は筆者による。
43　全国在日朝鮮人教育研究協議会 1983、四九頁。傍線は筆者による。以下同様。
44　全国在日朝鮮人教育研究協議会 1983、六四頁
45　全国在日朝鮮人教育研究協議会 1988、一六五頁。傍線は筆者による。以下同様。
46　全国在日朝鮮人教育研究協議会 1982、七九頁。傍線は筆者による。
47　『「非人間性」』の廉による教育告発」が空転に帰する機制は、森（1999、一五九頁）に明快な指摘がある。〈排除〉の教育言説批判の隘路もまた、この機制で説明可能であろう。
48　中山 1995、日本の学校に在籍する朝鮮人児童・生徒の教育を考える会 1981
49　中山 1995
50　日本の学校に在籍する朝鮮人児童・生徒の教育を考える会 1981

第7章

在日朝鮮人教育の「個人戦」的深まり

『全国在日朝鮮人教育研究集会』資料を手がかりに

はじめに

前章で見たように、一九六〇年代後半には、在日朝鮮人の「非行」「問題行動」といった逸脱現象を手がかりに、警察・補導サイドの語り口を一つの有力なモデルとするまなざしが在日朝鮮人の子どもたちに注がれていた。ところがこれらは、「現象面のみをとらえ、その背後の社会的文脈や子どもの内面的真実を無視するもの」として厳しく指弾され、その後退けられた。その結果、「非行」に代わって問題を語る語彙として広がった「荒れ」という言葉が担った機能を検討して分かったように、表層レベルに現出するさまざまな逸脱現象を、暫定的な擬装態として捉え、いまは深層に押し込められている子どもの本来態を、「民族」という回路を経由して回復させ、逸脱現象を鎮めるという、必ずしも「排除＝レイシズムの語り」から切断されておらずむしろ「転調」させた語りの登場が、準備されたわけであった。そして結末部では、語り直しの両義性を指摘した。すなわち、レイシズム的語りの解体の代償として、「包摂＝教育の語り」が温存をはかった近代教育の「人間」という理念が、逆に今度はくびきとなって抑圧に転じる可能性に言及した。

本章では、それに続く時代の在日朝鮮人教育の展開・深化のようすを、実践記録のテキスト群を読み解くことで描く。序章で述べたようにこの時期の在日朝鮮人教育は「個人戦」の様相を深め、個々には大変読み応えのある実践記録が生み出されていく。ある教師は一人の生徒の「本名宣言」を願ってトコトンその生徒と付き合い、いろいろな民族団体の青年との出会いをコーディネートしたり、また指紋押捺制度に疑問をもった在日生徒がその意志を貫徹するよう役所にまで同行して「拒否」を全面支援したり、また一生徒が内定した就職先から「本名就職」に難色を示されたのを機に、自治体の労働当局も巻き込んで差別企業糾弾キャンペーンを巻きおこして前言を撤回させたり、といった具合である。これらの教師たちは「点」として職場では孤立した存在であったかもしれないが、一九七〇年代中盤以降の大阪の「考える会」の展開をへて結成された「全朝教（全国在日朝鮮人教育研究協議会）」が一定規模のネットワークとして軌道に乗り、一定の共通の枠組みを共有できるようになった。こうして一九八〇年代には、「在日朝鮮人教育」の教育実践記録の語りが完成から円熟に向かう時期となった。

1　本章で使用する実践記録群について

右で述べた目的に照らして、本章では、一九八〇年代に「全朝教」に集った教育実践者による教育実践記録の語り、『全国在日朝鮮人教育研究集会資料』（全朝教 1980, 1982-1989）をテキストとして使用することにする。「全朝教」は、大阪の「考える会」が核となって全国的な教師たちのネットワークとして一九八二年に誕生し、今日に至っている。「全朝教」は毎年夏に教育研究集会を開き、そこに全国の教育実践者から実践報告が寄せられている。そこには、以下に定義する「教育実践記録」の要件を満たすテキストが数多く含まれている。

本論では「教育実践記録（の語り）」に対して、教育実践を担う立場にある語り手が自らの実践を語り、なおかつその中に、語り手がかかわりを持った固有名を持つ在日朝鮮人の子どもが登場人物として登場する言説もしくはテキスト、という定義を与えることにする。重要な点はそれが、自らが語ろうとしている（子どもとの邂逅、かかわりの）経験が世界に二つとなく二度と生じない独自性を有することの承認を読み手に対して請求しているということである。つまり、教育実践記録の語りは、在日朝鮮人の子どもを描き（人物造形）、子どもに声を付与する物語行為である一方、語り手が自己を語る自伝（autobiography）としての性格も併せ持つ、ということである。

2　教育実践記録のテキストにおける「人間」理念の転倒と〈外部〉の発生

ここでは、「包摂＝教育の語り」の叙述のうち定型的で、ややもすれば平板・陳腐とも取れる部分に焦点化することによって、教育実践記録の語りにおいて「人間」理念がある種の転倒を引き起こし、それによってテキストによって語られない〈外部〉＝沈黙の領域が発生することを明らかにする。

この作業の糸口となるのが、教育実践記録における「支配的な物語 master narrative」の位置を占めている物語の検討である（倉石 1998も参照）。それは、在日朝鮮人の「二つの名前」の使用にかかわって浮上する、民族的出自の隠蔽と開示の物語である。たとえば典型的には、日本風の通称名を名乗り、できるだけ周囲に民族のことを知られたくないという卑屈な思いで学校生活を送る在日朝鮮人の子どもがいる。その彼／女が、教師の働きかけによって「民族」と出会い直すことで変貌・成長を遂げ、その過程もしくは締め括りに感動的な民族名（朝鮮名）の名乗り出、いわゆる「本名宣言」を成し遂げた、という筋立てである。直接的な名乗りの代わりに、他者に対して自分が朝鮮人であると言明する「民族宣言」や、朝鮮に関する舞踊や着衣など文化的パフォーマンスを公衆の面前で行う、などが充てられる場合もある。これらの物語を総称して、「宣言実践の語り」と呼ぶ。「宣言実践の語り」は、〈民族〉という媒介を経て「人間」に至るという理念を実体化するための装置である。この語りのテキストから分かることは、「包摂＝教育の語り」においてもなお、近代教育を根幹で支える「人間」との対立項をなす、他者としての「非人間」の排除が不断になされていること、そして語りの中で、〈民族〉に接近するにはまず主体の側の「人間化」が前提としてなされねばならないという、論理の転倒が発生すること、である。

まず以下に掲げるのは、地域で在日朝鮮人の子どもを支える「子ども会」が活動し、同じ地域の小中学校と密接な連携も行っている、当時の最先端をいく実践現場からの報告である。ここで登場する朝鮮人の子ども二人は、中学生である。ここには、「宣言実践の語り」が「人間」理念を温存し、「他者」を排除していくさま、そして〈民族〉に接近するにはまず在日朝鮮人の側が「人間化」されねばならないという転倒した論理が、実に典型的に示されている。

① その間、担任としては、来るべき彼らの本名宣言に対して、彼らを支える学級集団になるように、体育祭、音楽コンクール、文化祭等の学校行事を迎えながら、クラスの団結に力を注ぎました。…決意の程をただしたところ、地区の子供会で「本名宣言するつもりだ！」と言ったとのことでした。しかし日頃の彼らの言動から考えて、「きちんとやりきれるか？」が不安でした。…そこで、「これから自分達がしようとしていること（本名宣言）とそれらはどうかかわっているのか、又、二人には、他の生徒以上に、やるべきことがあるのではないか。」等を話し、…大部分が日本人生徒の中で、自分達の立

場や気持ちを、理解してもらうには余程の決意が必要なこと、それをどうすればわかってもらえるかを話しました。

…今まで、在日朝鮮人だということを明らかにする場もなく、…今まで学習してきた本名宣言のきびしさ、しんどさと二人の言動（腕力にまかせ、自分の都合を他人におしつけたりするA君、自主性を持たず人に流されやすいM君）とを、クラスの生徒達はどう結びつけてくれるかが不安でした。1

①の実践記録の背景には、地域子ども会という基本的に「同胞」が集う場と、学校（教室）という朝鮮人が少数派の場という、二つの世界を朝鮮人の子どもが行き来しており、語り手である中学教師もまた、フリーパスでこの両者を往還できる、そうした整備された連携体制があることを押さえておく必要がある。最初の段落は、子ども会の場で「本名宣言を学校でする」という意向を聴取した教師が、それを踏まえて何が必要と感じどう動いたかを記述した文である。学校行事等の生活指導・集団づくりのツールを用いて、「彼らを支える」人々つまり学級の非朝鮮人生徒の側にまず、「宣言」をする子どもの思いに共感し呼応するような人格形成がなされねばならない、そのことをこれは語っている。つまり、「宣言」に先立つ、非朝鮮人の側の「人間化」、「他者」性の減殺をうたっているのだ。

続く二つの段落は、これから「本名宣言」しようとする、二人の朝鮮人の子どもの側の「人間化」必要性を語ったディスコースである。二人にとっての「他の生徒以上にやるべきこと」、それは「宣言」を非朝鮮人に「理解してもらう」ために朝鮮人の側が飛躍的に遂げなければいけない変貌である。その変貌の中には、「日頃の彼らの言動」、すなわち「腕力にまかせ、自分の都合を他人におしつけたりする」点、「自主性を持たず人に流されやすい」点の克服などが含まれている、というのだ。暴力や依存性という、近代教育学が規範化するところの「人間」の満たす要件にない特性、すなわち「非人間」の部分を矯正、排除することが自明のこととして「宣言実践」の記録の中で語られているわけである。

次の実践記録は、朝鮮人の子どもを中心に小学校でクラブを結成させ、そのメンバーで朝鮮に関する舞踊や歌唱、着衣など文化的パフォーマンスを公衆の面前で行うという挿話と「本名宣言」の挿話とをつないだ「宣言実践の語り」である。語り手は、自身も日本籍朝鮮人として民族名で、公教育の教壇に立つ人物である。ここでも、朝鮮人、非朝鮮人双方の「人間」化が「宣言実践」の前段をなすことが言わずもがなのこととして語られる。

② クラブで学芸会に出演することにした。多くの日本人の子ども達に朝鮮の文化を知ってもらいたい、日本人の子たちの側にある差別意識を何とかしたいという気持ちからだった。とにかく、朝鮮のきれいなものを何でも集めて見せてしまおうと、形式にこだわらずに構成した。…練習の前に、「なぜやるか」を話し合った。「朝鮮の文化が劣ると思っている人がいる。差別がある、そういう現実の中で演じる

のだから失敗できない。なんだ、こんなものかと思われたら、ヘリや私がつらい思いをする。」と必死の思いで話していった。[2] …次はいよいよヘリが本名宣言する番となる。クラブの仲間に、とっても勇気がいることなんだから、応援演説をしてほしいと頼み、三人の子が書いてくれた。そのうちの一人、S・F・は自分の両親が離婚し、祖母の家に預けられていた頃のことを書き、自分のつらさを通して〝ヘリにも頑張ってほしい、応援する〟と書いた。[3]

第一段は、朝鮮関係のクラブで学芸会に発表する朝鮮文化のパフォーマンスの練習に関する挿話であるが、語り手の教師が子ども達に語りかけた「失敗できない」「なんだこんなものかと思われたら、朝鮮人（全体）がつらい思いをする」という言葉が注意を引く。この物語の主人公の朝鮮人の子ども「ヘリ」はこの時点でまだ、民族的出自を公には明かしていないが、語り手は学芸会のパフォーマンスを、「宣言」に至るステップ、もしくはその一部分と位置づけて物語を語っている。つまり朝鮮人の「宣言」とは、「失敗できない」もの、もしその時は「なんだこんなものかと思われたら、民族全体がつらい思いをする」ような、いわば優れた文化を担う民族的主体という人間像を、完璧に演じこなさなければならない営みであることが、前提として承認されている。

二段目は、クラスで主人公が「本名宣言」をする挿話であるが、「宣言」に呼応する「応援演説」の中に、両親の離婚、親との別居という別の子どもの「つらいこと」が含まれている点に注目したい。

この「つらいこと」の目録は、離婚や親との死別といった「欠損家庭」のみでなく、自分自身の心身の疾病や障害、親や家族の心身の疾病や障害、親や家族の失職、貧困・生活苦、部落差別や他の差別の当事者である、学業不振、各種の心的コンプレックスなどなど、ほとんど無限と言えるほどの広がりを見せて、数多くの実践記録に姿を見せている。しかしやはり、家族にまつわる何らかの「問題」に一つの焦点があることは疑いえない。主として家族において現象するこうした「つらい」「しんどい」現象は、通常の社会的価値基準に照らせば単なる負価値に過ぎないが、教育実践記録の中ではそれが、朝鮮人の子どもにおいて諸々の「非人間的」荒廃を顕現させる民族差別の現実と等価なものとして、意味づけられる。非‐朝鮮人の側の「しんどさ」の告白が、朝鮮人の「宣言」、つまり自分がこれまで「二つの名前」で生きるのを余儀なくされ、諸々の「非人間的」荒廃が自己に発現していることの「告白」に呼応するとされるのは、それ故のことである。しかしそれらの「等」価性それ自体について、格別の吟味もないまま、「つらいことを言い切れる仲間づくり」「しんどさを語る中で手をつなげるクラス」という一つの有力なツールとして、実践記録の中で繰り返し語られているのである。

次の事例は、朝鮮人の高校生が主人公の物語である。民族団体が主催する「中四国日高生サマースクール」や「三千里の会」といった、同胞が集って民族について語り合い朝鮮語を学習する集いになるたけ子どもを行かせて、民族を媒介とした「人間化」をはかりたい教師と、学校関係者から「逸脱」に近い価値づけをされている、「ヘビーメタル」のロックバンドで身を立てることを志向する朝鮮人の子ども、という二極性を特徴として持っている。

③　Kもやはり「朝鮮人も日本人もなく、自由に」というPの言葉には、「わしもそう思う」と言った。KとPは共にロックバンド（ヘビーメタル）で身を立てることを志向しており、今現在そのことが二人にとって一大事であり最大の関心事になっている。自由という言葉のはき違いもここらから出ているのかもしれない。

…バンド——音楽活動を選択することは、自らが何者かをごまかそうとしていることになりはしないか、という私の疑問に…[4]

語り手は、もはや高校生相手には絶対的な影響力を行使できない、教師という立場を分かりながら、しかしなお執拗に、「ヘビメタ」の音楽活動への精進は「何者かをごまかそうとする」ことにしかならず、諸民族団体が主催する集まりへの参加こそが「人間化」への道だとほのめかすのである。

次に示す語りのテキストは、「宣言実践の語り」の導入部において、主人公となる子どもの家族のプロフィールが描かれることが、単なるアクセサリーではなく、「人間化」のストーリーのための小道具として機能していることを、指し示す。

④　光一が本名を名のって生きることを決心した背景には家族の支え、特に父親の度量の大きさが支えになっている。父親を中心に家族はよくまとまり、光一と父親は互いに多く話すことはないが、父は常に光一の挙動を遠くから見守っているように思える。また自分の生き方を見せることによって、子供達に各々の生き方を考えさせているようだ。[5]

④の例はテキストの終末付近であるが、「本名実践」をはじめとする「宣言実践の語り」においてはしばしば、物語の主人公の親や保護者が「民族に誇りを持って生きておられる」「しっかりとした」人物であることの描写が、テキストの後の方で生じる事象の伏線でもあるかのように、テキストの前の方に配置されている。ここで前提されているのは、在日朝鮮人の子どもの「人間化」には、その子の家族がすでに「人間化」されているという条件が好ましいという命題である。教育実践記録の語りはこのように、朝鮮人の家族にさえも人間と非人間との線引きを持ち込み、一方を「宣言実践」を支えるものとして、他方を「しんどい」「つらい」部分として分かち、各々を「宣言実践」のストーリーの構成要素として効果的に用いているのである。

ここまでの分析を整理しておこう。八〇年代以降の支配的な物語である「宣言実践の語り」は、それまで、民族差別の結果として子どもにおいて現出していた何らかの望ましくない状態（「非人間」）

を、〈民族〉との出会いという回路を通して、本来態としての望ましい状態（「人間」）に変容させるという筋書に内実を与える、最も有力なツールであった。ところがこの語りは、実際の運用の中では論理が転倒され、〈民族〉と出会いその担い手（成員）となるためにはまず、朝鮮人の子どもが「人間」化されねばならない、という筋書を産み出した。そうした転倒のなかで、「荒れ」た部分とそうでない部分との間に、人間と非人間とを分かつ線引きが行われた。線引きの対象は、「宣言」の当事者である在日朝鮮人の子どもばかりではなかった。それを「受けとめる」教室の非朝鮮人の子どもたちや、朝鮮人の家族や保護者にも線引きは持ち込まれ、人間と非人間に分断された双方ともが、物語の引き立て役を担わされた。また、そればかりでなく、非朝鮮人の子どもの家族・保護者、語り手の同僚の教師集団、校区の住民全体と、際限なく線引きの対象は広げられていく。ここでの「人間」の要件は、朝鮮人の子どもや家族の「苦悩」や「思い」に心から十全に共感することができることである。

それでは、これらの教育実践記録の語りが口をつぐみ、黙殺を試みているものは何だろうか。それは、「人権教育」がその名において取り組みを始める、その始源の時から切り捨てを約束される「他者」の存在である。矯正可能性、教化可能性という色眼鏡を外したときに像をむすぶ筈の、個別の教師にとっても近代教育という営み全体にとっても〈外部〉的な存在、それを真っ向から人物造形しようとする語りは、「包摂＝教育の語り」においては見ることができない。なぜならば「包摂＝教育の語り」が、論理の転倒によって、〈民族〉との出会いへ向けた旅のスタート地点に立てるものと立てないものを選別し、後者を排除するからである。しかしながら、では読み手は、これら在日朝鮮人の実践記録のテキスト群から、全く〈外部〉的な存在、他者の影を感知できないかと言えば、そうではない。「包摂＝教育の語り」においても、自らの言説空間内部の複数の声の間の緊張関係に気づき、それらに配慮しながらながら周到に語り進めていくテキストに出会うことがある。それをドストエフスキー論におけるミハイル・バフチンの用法にならって「対話的」テキストと呼ぼう[6]。そうしたものから読み手は、「包摂＝教育の語り」が既に消去してしまったものの痕跡を知覚するのである。また、どれほど矯正可能性、教化可能性という色眼鏡で子どもを眺め、描くテキストにおいても、そうしたまなざしの構図が不意に揺らぎ、描かれた子どもが、作者が課した枷を抜け出して一人歩き出す瞬間に遭遇することがある。次節以降では、そうした対話的テキストに焦点を合わせていこう。

3　「包摂＝教育の語り」における対話的テキストの事例

(1)　言説空間内の相互引用による「転倒」の可視化

次の実践記録は、小学校の教師によるものであるが、はじめの部分は以下に見るように、「宣言実践の語り」の主要な構成要素を満たした、一見きわめて平板な記述である。

⑤-1　T君も在日韓国人の子どもです。そこぬけに明るく、私とふざけ合うのを日課としているT君は、低学年の頃から自分の出身を胸を張って語ってきたのです。それは、T君のお父さんお母さんが胸をはって祖国を語ってある姿をみて育ってきたことからくるものでした。そのT君のすごさに驚きつつも、一方彼が克服せねばならない課題もまた私には感じれられました。それは、彼が人の気持ちを鋭く傷つけてしまう言葉を容易に使うという行為が目にあまったからです。7

上記引用部分からは、「宣言」をしている朝鮮人の子ども、それを支える「民族的誇りある」家族、そして「宣言」していることと釣り合わない（「宣言」をした以上、克服してもらわなくては困る）子どもの「人格」上の欠点、という、「包摂＝教育の語り」に固有の語りの機制があまりにもあからさまに見て取れる。しかしながらこのテキストが実は、従来の定型的な語りを、それが平板・陳腐なものとして響くような文脈で引用する戦略をとるものであることが、次第にはっきりしてくる。

⑤-2「T君が、私が自転車に乗れないということを、図工室の窓から大声で言いました。」とHさんが訴えてきました。Hさんにとって自転車に乗れないということは、父母の懸命の労働を、そして今母と妹の三人暮らしのつらさ、厳しさを一言でつく言葉でした。…この後も同じような過ちはくり返されていったのです。

最初の家庭訪問の時、韓国人として立派に生きていけるように育てましょうと、お母さんと話し合ったものの、私は、人の心を傷つけてしまう彼の行動ばかりに目をうばわれ、何とかしなければいけないというあせりばかりが先にたっていたのでした。「韓国人として、しっかり生きないかんやろが。」と彼をしかることをくり返すことしかできませんでした。[8]

語り手が「克服せねばならない課題」と目したものが、教室での出来事に即して語られていく。T君は級友に家計の貧窮をつく発言を浴びせ、教師はそれを、韓国人として「宣言」している子どもに似つかわしくない、恥ずかしい言動ととらえ、その旨指導した。だが語り手は、自らの言動を単に読み手に対してレポートしているのではない。自己の実践報告の形態をとりながら、ある定型化した物語の機制そのもの（傍線部参照）を、その陳腐さ平板さを浮かび上がらせる文脈で引用しているのだ。引用の対象は、「人間」化された者でなければ〈民族〉との出会いへ向けて旅立つことができない、という「宣言実践の語り」にひそむ転倒した排除の論理である。ここで注意すべきは、実践記録の語り手の言葉が、「普通の言葉として発話の指示対象へと向かう」というよりも、「他人の言葉へ他者の発話へと向かう方向性」[9]を持っていることである。このテキストの言葉が、発話の指示対象、つまりこの教師が関わったT君や家族、学級の子どもたちに直線的に向かうものと捉えてしまい、その言葉が転倒した「人間化」の論理という他者の言葉へと向かっている点を捉え損なうと、この実践記録の「対話性」までが見失われてしまうことになる。

さて、同様の「他者の言葉への志向」戦略が以下でも続く。今度はT君がクラスの親友から、口げんかの応酬の中で「かん国に帰れ」という手痛い発言を投げつけられた。

⑤-3　六月のある日、T君は仲のいい友だちから、韓国人ということで差別を受けたのです。…この時、「かん国に帰れ」という言葉の持つ重さを私は本当に分かっているとはいえませんでした。『A君の言った言葉は確かにひどいが、T君もT君だ。A君を怒らせるような事をいったんだから』という気持ちが私の心の中にありました。[10]

このように語り手は、在日朝鮮人の「人間化」実践が論理を転倒させ、排除の性格をむき出したところには、犠牲者非難（victim blaming）という罠さえもが待ち構えていることを語る。その上で、語り手は次のように、平板・陳腐な従来の定型的な語りを、語り直していく。

⑤-4　「韓国に帰れ」の一言は、A君には差別しようとする意識はなかったとしても、T君にとっては絶対聞き捨てにすることのできない言葉でした。彼の努力のらち外にある差別語だったのです。[11]

…T君は近くのM君にいやがらせをよくしていたということです。…たまりかねたM君のお母さんは、ひどく叱ったそうです。そんな状態でした。でも、T君は韓国を代表してこの日本で生きているのではない。ほかの友だちと同じなんだ。同じ五年生として素晴らしい面をもっているし、失敗もする。…[12]

「Tは韓国（人）を代表してここにいるのではない」、何でもない言葉のように見えるが、ここには、「包摂＝教育の語り」に潜んでいる転倒した「人間」理念による排除の機制を可視化し、そこで排除されてきた膨大な人やことの〈沈黙〉へと、読み手の耳を澄まさせる手がかりがある。また、論理転倒の罠を回避して、あらゆる差別・侮蔑発言に立ち向かう出発点もここにある。この実践記録における「Tは韓国（人）を代表しているのではない」という言葉は、転倒した「人間」理念を含む「包摂＝教育の語り」との間に「隠された論争」（バフチン）に入っている。つまりそれは「自分の対象を指し示しながら、その対象自体の中で他者の言葉と衝突するのである」[13]。

この事例⑤は、「包摂＝教育の語り」の圏域内部に身をおく者が陥りやすい転倒の危険性を指摘したいわば内部批判であるが、この種の転倒は通常、「包摂＝教育の語り」の圏域外で遠目に、あるいは冷淡・敵対的にそれを見守るサイドに、広く見られるものである。次のテキストは、在日朝鮮人生徒Yをめぐる語りであるが、その担任の言動に注目したい。

，⑤　本名を名のりたいことを担任に伝えた時に、「本名でいくからには自分自身でも誇りをもてるような生活態度をとらなくてはいけない」という指導がされた。本人にも「やはり朝鮮人は」と言われたくないという気持ちがあったのだろう、自分でも正していこうと努力し始めた。[14]

「本名でいくからには…」の部分は、Yの担任教師による転倒した「人間」理念の使用を示し、「やはり朝鮮人は」と言われたくないというYの気持ちは、こうした転倒した「人間」理念の物語の本人への転移を示している。このようにこの実践記録は、「包摂＝教育の語り」のらち外の「無関心な」人々に分有されている、転倒した「人間化」の物語を叙述の対象とするという点で、「他人の言葉へ他者の発話へと向かう方向性」を有する対話的テキストであると言える。ただ事例⑤と異なって、固有名は伏されているが他者の言葉は「Yの担任教師」のものと特定されている。つまりそれはバフチンの用語では、「ただひたすら、論破されるべき他者の言葉を自分の対象として指し示すだけ」の、「あからさまに開かれた論争」[15]に分類される対話関係なのである。

以上は、在日朝鮮人の子どもをアリーナとした、「人間／非人間」を分かつ転倒した線引きを告発する語り直しであったが、次に見るのは、朝鮮人の家族を舞台とした転倒した線引きへの告発の語り直しである。

⑥　守口でも「本名」で通学しませんかというといかけは、多くの先生方がするようになりました。親の希望により本名で通学している子も一二人います。しかし、ぼくは大きな疑問を感じます。…保護者への配慮ということで、保護者の意向を尊重することが同研でもよく言われます。「あの親はしっかりしたはる」というところによりかかった「本名」とはなんでしょうか。ぼくは、教師の側の責任放棄だと思っています。16

上の断片のうち、「あの親はしっかりしている」という言葉は、「同研（同和教育研究協議会）」という、「包摂＝教育の語り」の主体でつくるコミュニティー内部の声の引用である。「あの親はしっかりしたはる」というところによりかかった「本名」実践、というのは、そうしたコミュニティー内部で、転倒した「人間」化の物語が語られていることを示している。つまりこの実践記録は、「人間」化された家族だけが子どもの〈民族〉へのアクセスを可能にするのだという、朝鮮人家族内部にまで人間／非人間の線引きを持ち込もうとする語り（他者の言葉）へと志向した、「あからさまに開かれた論争」型の対話的テキストなのである。

（2）「肩を並べる構図」・「子どもの肩越しにのぞかれる世界」

包摂＝教育の語りにおいては通常、語り手（である教師）は子どもと日々向き合い、子どもの顔を見定める位置から発話を紡いでいる。そのような位置からの発話によって、あたかも対面診察を行う臨床医のように、表面にあらわれた「徴候」を手がかりに内面の「本質」を復原・再構成するのである。ところが、教育実践記録の中には、そうした構図が崩れ、語り手（である教師）が主人公である在日朝鮮人の子どもと肩を並べたその位置から、子どもを人物造形する瞬間を、テキストからいくつか観察できるのである。本節で言う「肩を並べる構図」[17]とはこのように、包摂＝教育の語りにおける基本的な構図である非対称な対面的視線構造が、語りの中でくずれさる瞬間を言い表そうとするものである。誤解のないよう注意しておきたいが、これは、「子どもと肩を並べる」実践が点在することを指摘しているのではない。あくまでテキスト内現象として、このようなことが観察されるという主張である。次の事例⑦を見てみよう。

⑦-1　以前、家族が「C」と呼ぶのを聞いた友だちが「チャンス（chance）」と渾名をつけて彼を呼んだ時期があった。彼はその渾名を非常にいやがり、「もう言うな」と言ったそうである。教室でその件をC君にたずねたら、「日本人として学校に来ているのに、チャンスと言われると何か別の人間になったような気がする。言ってほしくない。」と語ってくれた。そのときの周囲を気にしていた落ち着かない話しぶりが、本名のもつ重み＝在日三世として生きていく重みを語っているようだった。ある晩、一緒に風呂に入った帰りに、「いろいろ聞いて欲しいことや悩みがあったら、話してくれんか」と言うと、「まだ、

先生には話せん」と言う。[18]

事例⑦の断片1の部分は、最後の一文をのぞいて、ごく定型的な、教室での在日朝鮮人の子どもの様子の叙述である。教室の中で主人公Cが見せた「周囲を気にした落ち着かない話しぶり」という現象に、「在日三世の生きる重み」という本質が宿っているという語りは、まさしく非対称な対面的視線構造の中で生まれた臨床家的語りである。ところが傍線を引いた最後の一文は、一転して、Cが暮らす「街」の、おそらく路上のような場所での情景である。おそらく被差別地域と思われる生活圏に暮らす子ども達の生活背景や思いをよりよく理解するため、語り手の教師は意識的に、勤務時間外の自らの生活圏を同じ地域に重ねるよう努めているのだろう。子どもと「一緒に風呂（公衆浴場と思われる）に入った」という出だしには、そのような語り手の日常実践が背景にある。風呂からの帰り道、「何か悩みがあったら話してくれ」と善意でもちかけた教師と、にべもなく断る朝鮮人の子どもは、このとき「肩を並べる」構図にある。そのとき、読み手に印象深く伝わるのは、語り手によってまなざされた子どもの姿よりも、子どもからの不審のまなざしを浴びて一瞬立ちすくむ語り手（教師）自身の姿である。この時、主人公のCは一瞬、小学校の「児童」というカテゴリーを超え出た別の存在としての相貌を見せる。

事例⑦には、同じく子どもと生活圏を努めて同じくする日常実践の延長上に、語り手と主人公が、地域社会の大人の案内で「朝鮮幼稚園」を訪ね、民族文化の出し物を見学した挿話も含まれている。

⑦-2 近所のおばさんが、C君やC君のおばあちゃんの人なつっこい人柄を話題に出してくれたことは、C君にとって〈家〉への確かな安心感を与えてくれただろう。また、彼女が朝鮮幼稚園へC君と私を案内する、そのことも、そのことも、また予期せぬ教育ではなかろうか。C君は、教室で、私にサンモのまねを〝見せる〟事によって、共に幼稚園を訪ねたことを語れない言葉として身体で語ってくれた。19

こちらの挿話は、「肩を並べる構図」の性格はいささか曖昧であり、平板な「宣言実践の語り」にほとんど回収されてしまっている感がある。だが重要なのは、「肩を並べる構図」の副産物または下位バージョンとして、語り手が子どもの「肩越し」にながめられる世界を記述、解釈する実践の存在が、ここに示されていることである。この事例では、子どもの「肩越し」にながめられるのは外部からは伺いしれぬ、朝鮮人コミュニティの奥深くに息づく朝鮮「文化」であった。

在日朝鮮人の子どもの「肩越し」にながめられる世界の語りは、実践記録の定型化された支配的な語りである、臨床家的語りと混同されてはならない。「肩越しの世界」は、臨床家的語りの基本メタファである「(子どもの)背後に背負っているもの」とは似て非なる、全く異質のものである。「肩越し」にながめられる世界の語りは、非対称な対面的視線構造の中では生まれない。具体例をここで二タイプ、検討してみよう。一つ目は、一九八〇年代の朝鮮人コミュニティにおける最大の社会運動でもあった、外国人登録およびその際に求められる指紋押捺場面、あるいはそれにまつわる子どもの姿の造形である。

⑧　Aの誕生日である五月の始めには、外国人登録証の新規登録があり、それには担任として必ずついて行くことは了解がとれたのだが、立続けにあれこれ言うので、「変な先生だと思った。」ということを後でやんわり聞かされた。新規登録には中間試験の最後の日に、ボクシング部の練習を休み二人で行って、ひどく興奮したことを覚えている。当時押捺のし方は回転式で、指についた黒のインクをふきとるクリームの匂いをかいで、「なんだこりゃあ、靴のクリームと同じじゃ」と言ったAの言葉が忘れられない。[20]

⑨　…正直なところ私はF子に対する「つきあい」をいい加減放棄したいとも思ったりしたのであるが、一一月の班ノートにはこう書いて来た。
「今日はとんでもない事実を知ったのです。私はめげそ〜です。ショッピングをしながらよろよろして

ました。食欲も消えたし、どうか私を助けて下さい。」

F子にしてはしおらしいことを書いてきたなあ位にしか思わず、私はそのままにしておいたのであるが、…F子の父親を訪ねたのは、その日から三、四日経った日の夜であった。その夜の話で、F子の元気のなさの原因が分かったのである。「外国人登録証」である。やがて一四歳を迎えようとする彼女にとって、親から聞く外国人登録証の話は信じられないものであったに違いない。[21]

事例⑧は高校生、事例⑨は中学生を主人公とする、実践記録の語りである。外国人登録については当時と現在では、法改正によって状況が異なっており、高校一年にあたる一六歳の年齢で指紋押捺を求められることはなくなった。しかしながら、現在でも、在日朝鮮人の子どものうち少なからぬ比率が、韓国もしくは朝鮮籍として、法制度上「外国人」として遇されている。「人間化」の物語である「包摂＝教育の語り」が、人間化のための経由点として重視する「民族」、あるいは「韓国人」「朝鮮人」と、国家・行政運営のための排除対象の単なる符号である「外国人＝非‐国民」は、まったく異質な表徴であることに注意せねばならない。「民族」がさしあたって「包摂＝教育の語り」の必然において要請されたフィクションであり、近代教育学が根本とする「人間」理念と接合可能であるのに対し、「外国人」は、国民共同体というまた別のフィクションにおいて、その正統性調達のために必要とされた「外部」であり、必要とされた排除の対象である。したがって、物語の主人公である在日朝鮮人が、実は法的立場において「外国人」であることは、「包摂＝教育の語り」にとって、国家や行政という別のフィクションが押しつけてくる、耳障りでノイズ的な情報である。しかしながら語り手である教師は、法的執行力をそなえたこのフィクションが自らの物語世界を侵食するのを、止めるすべがない。語り手が造形した登場人物である朝鮮人の子どもが、国家機構から法に基づいて「外国人」として遇される瞬間の記述は、教育というフィクションにとっての茫漠たる〈外部〉を指示する。語り手はこのとき、子どもの「肩越し」にこの〈外部〉をのぞき見たのである。

事例⑧⑨は、登場人物がいまだ、「生徒」として語り手の世界に帰属している時点を扱ったものだが、学校を中途または最後まで終えて「労働者」として飛び込んだ世界を、子どもの「肩越し」にのぞき込んだ実践記録が、次の事例⑩である。基本的に労働の世界は、学校教師（教育実践者）にとって手の及ばない、正に語りえない〈外部〉なわけであるが、子どもを学校から労働者の世界へと送り届ける、つなぎ目に位置する高校の教師の中には、子どもの巣立ち後も、子ども自身や企業関係者と連絡をとり続ける者がいる。そうした教師の営みをもとにした「実践記録」は、子どもの「肩越し」に見る、企業や労働現場のひとびととの対面的な朝鮮人処遇を語っている。語り手は、工業高校の教師（当時）である。

工業高校の生徒で在日朝鮮人のK君が学校斡旋で受験し、採用内定したR製造K・Kという企業に、内定後、教師が企業側にKの国籍（韓国籍）を伝えたことに端を発し、何とか入社にまでこぎ着けたものの、結局わずかの期間で就業を断念する（させられる）までの顛末を語ったものである。

⑩-1　生徒の国籍が韓国籍であることを話すと対応に出た総務部長は、突然のことでどう受け止めて良いか分からないと困惑した表情を示す。…

学校「本来であれば、初めから明らかにして受験させるべきであると思うが、日本社会の偏見の中で、現実には国籍で就業がだめになって行く場合が多い。…」

部長「日本国籍でないというケースは初めてなので、急に言われても何と答えたら良いか…困った…」

…

部長「個人的には、本人とも会っているし…問題ないと思うが…内定の段階まで来ているのだし…なんとかしたいと思うが…社長の考えがダメだろう」

学校「社の方針がだめなのですか？」

部長「そういうものは無いが…社長と仕事をしてきて分かるのだが…良いとは言わないと思う」[22]

このあと、社長本人を交えて教師と会社側との応酬が行われ、会社側からは「国籍が違うと何か起きたときに困る。団体で押しかけたりする」「何かあって注意したりしたとき『朝鮮人だから注意するのか』と思われても困る」といった「予断と偏見に満ちた本音」が出されるが、関係機関などに急きょ問い合わせを行った結果、会社側の対応にやはり誤りがあったと察知し、社長の次のような判断によってKの採用がきまる。

⑩-2　社長「本人のことを一番に考えよう。ここまできて…内定しているのだし…ここでだめだったら本人はどうするだろうか。…一人の人間の将来を左右することだし、…」「外国人登録もあるし、…協定永住もあるし、…徴兵の心配はないね。日本の法律の中でやって行くんだ…。本人が仕事をきちんとやってくれればいいんだから…心配することは無いんだよ」（自ら納得し、部下の顔を見て同意を求める様に話す）…23

こうして三月一日からKは「研修」に入るが、Kの行く先を案じる工業高校の教師達は会社を訪れ、名前や「帰化」の問題にかんする申し入れをしている。しかし、Kは次第に出社に困難をおぼえ始める。

⑩-3　三月三〇日、総務部長より、Kが無断で休み困っているとの電話が入る。Kとはこの間何度か話をし、研修の様子を聞いたり、元気でやっているとのことだったので、唐突なことであり驚いたが至急連絡をとり事情を聞くことを伝える。三日後、家を空けていたKと連絡がとれ事情が分かる。それ

によると、二五日の研修期間中の手当が支給されたが、当初の約束と違って支給額が大幅に少なかったこと。本名を名のるなどの〝じんどさ〟を踏まえることなく本名問題を扱い、本名を名のってもいいんだよと言いながら、それはKをいびる様な言い方であったのだろう、Kに「いやな感じだった」と言わせている。その上、国籍については職場の人に紹介して欲しいという本人の希望を押さえた上、この事は先生に黙っていればよいなどと言われていた。24

こうした事態を踏まえて教師達は、職安を通じた行政指導という手に打って出た。その一方で、Kに対する出社の説得を続ける。そして何とか「やっとの思い」で出社する。

⑩-4　二六日以降、会社の対応に嫌気をさし就業をあきらめアルバイトを始めていたKとは、行政も指導に入っているし、この様な形で入社を断念したのでは悔しいではないかとの話を続ける。…Kは、皆の言われることは分かるし、そうしなければいけないと思うのだがどうしてもだめなんだと苦しそうに言う。帰化のことや、国籍や給料のことなど、会社のやり方を考えるとやっぱり本当には受入れてくれようとはしていないみたいだし、行ってもまだ嫌な思いをすると思うともう嫌だと言う。…

当日、やっとの思いで出社したKに対し、行政は「任せて欲しい」と言い、その場に立合っていたにもかかわらず、企業側の「社長が怒っている」「自分の立場が無くなってしまった」「いちいち先生に言って」などと非があたかもKの側にあるような暴言を許してしまっている。そして、一旦、帰宅するように言われたKは、この事で完全にR製造への就業を断念することになった。25

事例⑩では、語り手はKの談話をそれほど克明に再録することなく、自らが経験し得た範囲内の事象を叙述している。Kという在日朝鮮人の登場人物は、本論で引用した限りでは、読者の中であまり明確な像を結んでいかない（むしろ、応対に出た企業の総務部長や社長の姿の方が、印象的でさえある）。なによりもこの登場人物は、物語の中で「成長」「発達」しない。しかしながら、そのことの代償としてこの語りは、教育というフィクションの臨界点、つまり「人間」理念の通用圏が終わったその向こう側の〈外部〉世界をくっきりと描き出している。「包摂＝教育の語り」の登場によって舞台から放逐された筈の、さまざまな登場人物に、声が与えられているのだ。

4 「生成の自伝」から「生成する自伝」へ
――ある記録に見る「呼称の変更」を手がかりに

本節でも引き続いて、「包摂＝教育の語り」がその成り立ちによって排除した〈外部〉との相互交渉を、ある程度戦略的にその語り方のなかに組み込んでいる事例を取り上げる。本節ではその解釈のために、実践記録のテキストを、語り手にとって他者である在日朝鮮人の子どもの変容や生成の物語としてでなく、語り手（である教師）の自伝物語として読むことへの、態度変更を行う。

実践記録は基本的に一人称で語られ、また「私」が登場人物となって重要な役回りを演じるものが数多い。これらのテキストを自伝として実践記録を読むとき、その主題の多くは、朝鮮人の子どもとの関わりをとおしての、教師としての自分自身の「回心」「気づき」「成長」、一言で言えば「生成」であることが分かる。これを「生成の自伝」と名づけよう。この「生成の自伝」を可能にする一つの定型化した仕掛けが、テキストの中で（比較的はじめの部分で）行われる、「告白・悔恨の語り」である。これは、語り手自身がその教員歴、もしくは生活歴のなかで、ある時期まで、いかに在日朝鮮人（の子ども）に対して偏見を持ったり、差別的な関係を形成していたかを語るものである。この例は無数にあるので、ランダムにいくつかを取り出して並べてみよう。

私が「ちょうせん」と言うことばを耳にして、あまりよくないイメージを抱くようになったのは、どうしてだろうか。「あの人はちょうせんじんよ」「戦争の時、ちょうせんじんは血を見ると興奮するちよう言われよった」「ちょうせん高校のやつらは集団できて、ワリバシを鼻につっこんだりするけこわいぞ」など、まわりの者から（在日）朝鮮人を悪く言う話しを聞かされ、聞きいれていた。私の心の風景に根づく「いやしく、貧しく、野蛮」に見える朝鮮人観である。それは私自身のいやしさ、貧しさ、野蛮さを語るものであった。[26]

＊H男は、私が教員になって最初に三年を担任したときの子供だった。…担任となって「荒れ」を見せるH男と話しこんだり追っかけたりしたが、気持ちばかり焦ってH男の本質的なところは一歩も踏み込めなかった。「在日」に出会うたびにH男を思い出す。H男に対して何もできなかった思いをひきずりながら、いま目の前にいるK子やI子とつきあっている。[27]

＊私が小学校の時のことである。今でもその時の光景をありありと思い出すのだが、便所の裏のポプラの木の下で友だちがその場にいない在日韓国人の友だちのことを「あの人朝鮮人のくせに…。」とかげ口を言うのを私は聞いた。そんなこと言っていいのかなあという気はあったように思うが実際はだまっていた。…教員になって、私のような子どもを育ててはならないという思いがあった。自分のこと、世の中のいろんな問題を機会をとらえては話していった。反対に子どもから教えられることも多かった。自分が生きてきた中では、想像もつかないような状況の中で荒れを見せながらもたくましく生きている子どもを見せつけられた。在日韓国人のOさんもその中の一人である。[28]

このように、物語の出発点における語り手自身の恥ずべき「状態」を告白することで、その後に

「私」に訪れる大きな変化、それによる状態の「改善」「克服」という「生成の自伝」の筋書を、容易に読者に予想させる。機能はそれだけではない。冒頭に＊を付したものはテキスト全体の語り出しにあたる箇所だが、「告白・悔恨」の語りは見て分かるように、物語の冒頭部（ないし近辺）に位置し、K子、I子、Oといった各々の物語の主人公である朝鮮人の子どもの固有名を最初に登場させるイントロダクションの機能も兼ねているのである。恥ずべき自己の「状態」の告白の中で、同時並行的に朝鮮人の子どもという主人公の物語への導入が済まされてしまう。ここに、自己の「生成」を主題（テーマ）とする教育実践記録がなぜ、平板・陳腐な相貌を帯びてしまうかという疑問を解く鍵がある。「生成の自伝」において、主人公が「在日朝鮮人であること」は、告白の陰に隠れて、導入部で「所与」として済ませられている。教室や現場で出会った一人の子どもが、いかにして語り手にとって「在日朝鮮人」としての存在感を獲得したかという、正しく「生成」に関わる部分が省かれるとき、その語りは、ただあるお決まりの二つの地点（たとえば、民族を隠している状態、深く考えず民族を出している状態、民族的自覚を持っている状態、など）間を短絡的に結ぶだけの平板な物語に堕してしまう。

こうした「生成の自伝」の対極にある自伝の語り方を、理念型として想定することができる。この理念型を、矢野（2008、とりわけ第五章）の「生成する物語」概念[29]にヒントをえて、「生成する自伝」と名づけたい。この語りは、単一の出来合いの安定した位置からでなく、自己言及的に、語りの位置の場所をそのつど踏み固めながら進んでいく。実践記録のテキストの中から「生成する自伝」を見つけ出すのは困難だが、方向として「生成する自伝」を目指す一つの試みとして、「県下では川崎に次ぐ在日朝鮮人多住地域」に立地する高校に「新採用の社会科教員として着任した」女性教師の、一年目を綴った実践記録を手がかりに考えていこう。「大学時代に在日朝鮮人史を専攻した」という「私」は、「実際の教育現場でどんな朝鮮人生徒と出会えるだろうかと思い」つつ、高校に赴任する。

⑪-1 〔1 朝鮮人生徒が見えてこない〕…そんな中で在日朝鮮人生徒の姿がまるで見えてこなかった。本名で通学している生徒は一人もいない。同僚に「どの位の在日朝鮮人生徒がいるのか」と聞いても、かなりいるはずだ、と言いつつ誰一人、正確な数を把握しない。…進路指導部の教員にたずねてみると、やはり就職・進学を控えた三年生になってから在日朝鮮人生徒のことが話題になることがあるが、これまで民族差別に関する〝トラブル〟は全くなかった、と言う。…鶴見、という学校のおかれている地域を考えれば少なからぬ在日朝鮮人生徒がいるはずなのに、その姿がまるで見えてこない。…在日朝鮮人生徒のことをもっと知りたい、という私にやがて同僚たちは「寝た子は起こすな」「うちの学校に来るような生徒は民族意識などほとんどない」「本名で通学させるとその生徒がどんな目にあうかわかっているのか」等の意見・忠告を言うようになる。[30]

断片1の部分は、学校にとって新参者である「私」にとって、朝鮮人が未だ「存在しない」もの、ゼロであることの解釈からはじまっている。語り手は、鶴見という地域背景を勘案し、さらに、民族差別のトラブルはない、うちの学校に来るような生徒に民族意識はない、など同僚からもれ聞こえる声を慎重に寄せ集めることで、出発点の「私」にとって朝鮮人の子どもをゼロの存在たらしめる力を分析していく。「うちの学校に来るような」という言説は、のちの生徒の対教師暴力の記述からうかがえるように、この学校がいわゆる底辺校であることを踏まえたものである。「民族意識」は、学習面においても行動面においても「問題」のない、そうした子どもだけが所有を許される特権だという、在日朝鮮人教育用に手直しされた転倒した「人間」理念が、ここにも顔を出しているのである。

こうした状態の中で、「私」は担当の一年「現代社会」の授業をとおして、日立就職裁判や本名と通名の問題などを取り上げ、また「折にふれて私がこれまで出会ってきた在日朝鮮人のことや指紋押捺制度のことなどをつとめて話していった」。しかし、「地域柄、小・中学校時代に在日朝鮮人生徒と接する機会が多かったのでは、という思いこみ」を裏切って、生徒たちの反応はきわめて低調で、無知や誤解が目立っていた。その叙述に続けて、「たけし君との出合い」が語られる。

⑪-2 ［3　たけし君との出合い］　そんな生徒の中で一人とても気になる男子生徒がいた。私が副担任をしている一年九組の生徒で入学当初から体も大きく、よく動き回るので何かと目立った。「先生、先生」とよく私に声をかけて尋ねてくる、人なつっこい生徒だ。彼、たけし君は現代社会の最初の授業

で生徒にアンケートをとった際、「今、日本で問題になっていることは何か」という質問に対して「在日韓国・朝鮮人問題」と答えた数少ない生徒の一人で目を引いた。…初めのうちはたけし君について、一見、ツッパリを気どっているようで、そのくせお茶目で素直な生徒、そして授業を通して意外としっかりした考えをもっている頼もしい生徒、という印象をもち、他の生徒よりはいくらか気になる存在であったにすぎなかった。しかし、ある日同僚の一人から、「中学の調査書にたしか、カッコ書きで本名が書いてあったような気がする」といわれ、驚いてしまった。あのたけし君は在日朝鮮人だったのか。[31]

断片2は、物語の主人公である朝鮮人の子どもの固有名を最初に登場させるイントロダクションの機能を担っているが、他のテキストと較べて、かなりおもむきが違っている。まず、他に較べてかなり遅い時点でのイントロである。さらに、他のテキストでは主人公が「在日朝鮮人であること」は、告白の陰に隠れて、導入部で「所与」として済ませられるが、このテキストでは、授業者として教室で出会った「たけし君」が、いかにして「私」にとって「在日朝鮮人」としての存在感を獲得したかという、正しく「生成」に関わる部分にこれから触れようとしているのだ。「私」はある日、「たけし君」の調査書を調べる。

⑪-3　「あっ、あった……。」たけし君の調査書にはたしかに通名のあとにカッコ書きで〝金英哲〟

というもう一つの名前が書かれてあった。他の生徒の調査書もすべて目を通したが、彼以外に在日朝鮮人とわかる生徒は見あたらなかった。のちに同僚の話からたけし君の卒業したN中学校は調査書に通名・本名の両方を記載しているが、周辺の他の中学は本名をいっさい書いてこない、という事も分かった。ともかく、こうしてようやく一人の在日朝鮮人生徒が私の目の前に現れたのである。[32]

このように、なぜ最初、朝鮮人の子どもが「私」にとって見えない、ゼロの存在であったかが次第に白日の下にさらされながら、ようやく物語に、在日朝鮮人の子どもという主人公が、姿を見せ始めるのだ。これが大多数のテキストであれば、語り出しの冒頭から「金英哲と私との出会いは……」などと、滑らかにイントロダクションを済ましてしまうところである。ところが、この語り手は、このような丁寧な語り進め方によって、「包摂＝教育の語り」の主人公がどのような筋道を踏んで、「私」にとって正にそうした存在として立ち現れるに至ったか、をテキストに刻んでいく。そればかりではない。ここからあと、語り手は主人公の固有名を、以後早急に「金英哲」に改めるかといえば、そうではない。次の断片4に見るように、依然として「たけし君」と呼ばれ続けるのである。ここに、大多数のテキストとの決定的な分岐点がある。

⑪-4　「4　たけし君とツッパリたち」　しかし、ちょうどこの頃と前後して、たけし君との間に距

離ができるようになる。彼が卒業したN中学出身の生徒に留年生が加わった八～九名の一年生男子生徒がグループを作り、授業をぬけだす、校内でタバコを吸う、などの行為をくり返して教員を悩ませ、…たけし君もそのグループに入って行動を共にする。…私に対しては以前のように人なつっこく話しかけてくることもなくなった。もともと社会科は好きだし得意だ、と言っていたのに授業には全く参加せず、マンガを盗み読んだり、騒ぎ出したりして私の言うことなどまるで聞かなくなる。…

さて、一学期の終業式の日、思い切って教室にいたたけし君に声をかけた。県立川崎高・大師高両校の朝問研が夏休みに合同で合宿をする、というので私と一緒に参加してみない？　と誘ってみた。彼は意外と素直にウン、ウン、とうなずきながら私が話すのを聞いてくれた。…彼が在日朝鮮人であることを、また彼の本名を知っていることを正面から告げる勇気が出なかったが、初めて彼を〝在日朝鮮人生徒〟と意識して語りかけた。ようやくこれできっかけができたか、と単純に喜んだ。33

このように、語り手はなおテキスト内で、主人公を「たけし君」という「日本名」で呼び続ける。意外なことだが、多数を占める「宣言実践の語り」は言うに及ばず、ほとんどのテキストが、朝鮮人の名前の「問題」としての重要性を強調しているにもかかわらず、テキストの語りの中での主人公の呼称については、無頓着である。イニシャル、仮名、実名、いずれを表記に使おうとも、語りの初めから一貫して最後まで同一の呼称を使い続ける。しかしこれでは、語りのスタイルが「生成」という語りの内容を裏切っているも同然である。「通名」を名のる自己から「本名」使用者へと超え出ていく、子どもの「生成」のプロセスこそがその内容であるわけだから。

このように語り手は、語り自体が「生成」を裏切ってしまわないよう注意を払い続ける。その一方で、断片1の「うちの学校に来るような生徒に民族意識はない」の言葉に見られるような、同僚教師の日常的思考を支える「人間」理念の告発を、引用の戦略を通して執拗に継続する。「人間」理念は、「包摂＝教育の語り」を下支えしているだけでなく、「人権教育」に冷淡なサイドにも、恰好の自己正当化の資源となることに注意されたい。

⑪-5　たけし君が在籍しているクラスの担任は指導要録の生徒・保護者の氏名・住所等を記入する欄…を配布、保護者に書いてもらうよう指示したあとで、「もし万が一、外国籍の生徒がいたら氏名について家の人とよく相談して書いてきなさい」とつけ加えた。…

教員の間では…在日韓国・朝鮮人が本名で生きにくい日本社会や学校こそが問題なのに、タブー視してしまったり、「むずかしい問題だから」と逃げてしまう。本名を名のれないこと、それ自体が差別なのだ、と主張するものの、…「本人が自覚をもっていないのに日本人が民族性を持て、というのはおかしい」…等の同僚たちの言葉に反論しきれるだけの実践がない自分が腹立たしい。[34]

指導要録に「民族名」を記入するような保護者（家族）、「自覚」をもった朝鮮人生徒、等々、このような理念型としての自律的主体の名のもとに、〈いま＝ここ〉の在日朝鮮人の家族や子どもの存在そのものが、教育現場からかき消されていく。

さて「私」は、「たけし君」が「ふだんどんな生活をし、どんなことを考えているのか、…彼の内面を少しでも知りたい、その一心で彼と二人でゆっくり話をする機会がもちたい、と接触をはじめた」が、彼は「休み時間や放課後に私が声をかけてもスルスルと逃げ回」っていて、手がかりがつかめない。

⑪-6 〔6 逃げ回るたけし君〕…彼一人を追いかける私に不審感をもち始めたのか例のツッパリ君たちはたけし君を私からガードするようになる。…彼を追いかけ、追いつめることが一体、何になるのか、と自分のやっていることに疑問をもち始める。…たけし君がいつも私から逃げていく先はあのツッパリ・グループである。彼らと丸ごと関わっていかなければ、…たけし君ともつながりがもてないのではないか。…だけれど…生徒と共有できるコトバ・話題が出てこない。何を話せばいいのかわからなくて生徒のまわりをウロウロしているだけ。そしてやはりどこかであのツッパリ君たちを自分とは異質なものとして排除しようとしていないか。…

あるがままの彼を受け入れる、ということは在日朝鮮人生徒である彼を受けとめることであるが、目の前にいる彼は通名で、日本人生徒のように学校に通う。それもあるがままのたけし君、であれば同様にツッパリ君たちと徒党を組んでいるのもあるがままのたけし君、である。35

語り手はここで、「丸ごと」「あるがまま」という日常用語を用いた平易な表現ながら、非常に重要な挑戦をしかけている。この語りは、「人権教育」擁護派から敵対陣営までを横断して幅を利かせる「人間」理念の働きを可視化し、双方の共謀関係によって物語世界から排除されてきた、膨大なキャラクター〈登場人物〉群や声の数々、つまりは〈外部〉へと読み手の注意を喚起する。ツッパリつまり逸脱行動や、通名つまり「民族的主体性」の欠落といった事柄は、矯正や克服されるべきものとしてのみ「包摂＝教育の語り」に位置を占めることができ、「あるがまま」としてのそれらは排除の対象であった。

三学期に入り、「私」が「ツッパリ君」たちが所属するサッカー部の試合に見に行ったことで少しは会話を交わせるようになるが、苦悩は続く。そして、物語の山場がくる。

⑪-7 ［8 はじめてたけし君を本名で呼んだ日］二月に入って現代社会の授業の最後のしめくくりとして「日本社会を見つめ直す―在日朝鮮人問題」というテーマにとりかかる。…プリントやビデオを使っての在日朝鮮人問題に関する授業が進んでいった。たけし君は配られたプリントにまずざっと一通り目を通したあと、マンガを盗み読む。毎時間彼に試されているようで、それでいて反応が全くわか

らない。目の前にいる在日朝鮮人生徒とまともに向き合って話をすることができず、彼が今、どんなことを考えているのかもわからずに、日本人である私が教室で朝鮮の歴史や差別のことなどを知ったかぶりして生徒に教えるのがつらくてつらくて耐えられなくなった。…二月一三日、授業で日本の植民地支配の話をする。授業終了後すぐにたけし君の席に近より「ちょっとお話がしたいんだけど……」と声をかける。初めはいやがって教室の中を逃げ回ったが、やがて自分から廊下に出て私の話を聞いてくれた。「中学からの書類を見せてもらったんだけど、あなたは金英哲という本当の名前があるんだよね。」「ウン。」思いきってストレートに聞いてしまったらたけし君こと英哲はさしたる動揺も見せず、むしろ冷静に言葉少なに答えてくれた。自分の家は「わりきって」いる、日本人とあまり変わらない、今、家で帰化をする相談をしているが自分ではまだどうするかわからない、今日授業でやったことは前にも聞いたことがある……など。36

大多数の「宣言実践の語り」のテキストにおける山場は、言うまでもなく、在日朝鮮人の子どもの民族名（「本名」）を焦点とした、その子どものカミングアウトである。ところが、このテキストでは、同じく「本名」に焦点が当てられているとは言え、図式がその根本からくつがえされている点に注意せねばならない。ここでの山場は、教師である「私」から主人公の子どもへ向けての、一種のカミングアウトである。そして、「宣言実践の語り」が好んで取りあげる「生成」という主題（「通名」

を名のる自己から「本名」使用者へと超え出ていくプロセス）は本来は、この「私」という語り手の側のカミングアウトによる超出経験の叙述を通してでしか、表現できないものである。「私」の側の超出経験が、語りを通して「生成」という主題へと至る唯一の回路なのである。この場合語り手は、授業の「つらさ」の語りによって、なぜ、物語の主人公に「たけし君」として向き合うことができず、「英哲」と彼を呼ばねばならなくなったかを開示したわけだが、実践記録のこの部分自体が、「たけし君」に宛てた自己開示の語りのようでもある。この教師は、ミハイル・バフチンが指摘した次のようなポリフォニー小説の作者のありようと、そう遠からざる位置にいるのではないだろうか。「作者はその小説の全構成をもって、主人公について語るのではなく、主人公と語り合う。そう、それしかあり得ないのだ。ただ対話的な共同作業への志向のみが、他者の言葉を真剣に受け止め、一つの意味的な立場、もう一つの視点を表すものとして、それに近づくことを可能にするのである」[37]。こうした語りの実践と即応して、ここからはテキスト内部でも、主人公の呼称が「たけし君」から「英哲」へと切り換わる。これに続く断片8が以下である。

⑪-8　［9　英哲、カンニングをする］三月七日、期末試験の三日め、理科の試験中に英哲がカンニングをして見つかる。次の時間がたまたま現代社会の試験で、教室から生徒指導室へ〝別室受験〟をするために移動してきた英哲を職員室の前の廊下で待ちうけ、「次は落ちついて試験を受けるのよ」と声を

かける。英哲、バツが悪そうに照れ笑いをする。試験終了後、生徒指導室にこっそりしのびこんで、生徒指導部の教員が事情聴取に来るまでの数分間、英哲と並んで椅子に腰をかける。「オレ、ダブるかもしれない」と英哲、泣き出す。前日、社会だけしか勉強しなかったので理科は自信がなかったこと、お父さんが成績に関して〝結構キビシイ〟ことなど、ベソをかきながら話してくれた。[38]

これに続いてテキストでは、謹慎処分中の「英哲」に対して、「川崎市在住のある在日朝鮮人一家の聞き書き」のコピーを読んで感想文を書く課題を与えたこと、すると「思わず読んで目頭が熱くなってしま」うような感想文を「英哲」が書いたことが叙述され、その全文が載せられている。

⑪-9 〔10 英哲、再び遠くへ〕 四月、新学期を迎える。…結局、新一年生の担任となり、…。ツッパリ・グループのうち三人が留年、英哲を含む六人が二年生に進級したが、四月頭初から進級した生徒たちが傍若無人にふるまいはじめ、二年担当の教員らが頭を悩ませている。英哲もグループと共に行動してしばしば授業の〝中ぬけ〟をしている。…私は今年、一年生の授業しか受け持っていないので英哲の顔を見る機会もほとんどない。授業時間中に廊下や校庭でウロウロしているのを見かけて「早く教室に戻りなさい」と声をかけたら「わかったよ……。」とむくれてどこかへ行ってしまった、というのが二回あった位。顔つきがどことなくすさんだ感じで明るさがない。またまた遠くへ離れてしまったような

気がする。39

このようにして、物語は収束へと向かっていく。これまでの概観で明らかなように、この実践記録の語りは、主流である「宣言実践の語り」と大きく異なって、物語の終着点に至ってもなお、関わりの中で主人公にどのような「変化」「成長」が起きたのか、何が「成果」としてあがったかという点は、きわめて茫漠としたままである。しかしそれは、テキストの「語られる内容」のみからの判断である。テキストの「語り方」のレベルにおいて、教師である「私」は、生徒のことを「たけし君」と呼ぶ「私」から決別し、「英哲」と呼ぶ「私」へと生成・変容を遂げた。この物語からは、「包摂＝教育の語り」の中では特例的な、そうした「私」の「生成する物語」をめざす息吹がはっきりと感じられるのである。

おわりに

本章では、まず、「排除＝レイシズムの語り」への厳しい指弾、「切断」が行われたあとに成立した「包摂＝教育の語り」のテキスト群が、手直しされた「人間」理念による放逐・排除によって、物語世界の〈外部〉を創り出した点を明らかにした。手直しされた「人間」理念は、在日朝鮮人の子どもにおいて、近代教育学がうたう「自律的主体」たりえた者だけが〈民族〉へのアクセスの資格を有する、という転倒した論理を内包していた。民族差別の結果として子どもにおいて現出する望ましくない状態（「非人間」）を、〈民族〉との出会いという回路を通して本来態（「人間」）に変容させる、という「人間化」の物語はこの論理の転倒によって、〈民族〉との出会いへ向けた旅のスタート地点に立てないものを選別・排除し、〈外部〉を作り出したのだった。

しかしながらその一方で、「包摂＝教育の語り」のテキスト群には、そうした〈外部〉世界との相互交渉＝〈対話〉関係に入る回路も残されていた。主流の「宣言実践の語り」の内部にも、「包摂＝教育の語り」の言説空間内での相互引用の動態が息づき、基本構造である対面的非対称の視線構造がくずれ「肩を並べる構図」が出現する余地があり、また「子どもの肩越し」という視座がとられることで、読み手に、物語世界の〈外部〉を垣間見せる瞬間も目撃できた。さらに、より〈外部〉との相互交渉＝〈対話〉を徹底させる戦略として、「生成する自伝」という語りの戦略をとることで、物語世界の〈外部〉自体を主題とする挑戦的試みが見られた。これらが一九八〇～九〇年代の「包摂＝教育の語り」の一つの到達点として評価して良いだろう。

またこうした一九八〇年代における在日朝鮮人教育の「個人戦」的深化を、少し別の角度から考えてみることもできるだろう。たしかにそこでは民族性、アイデンティティ、名前といったシンボリックなテーマが追求され、生活支援や生存保障、福祉といった視点は希薄となってしまった。着地から浮遊へ、という叙述はその面を捉えたものである。だが八〇年代の実践記録のなかにも、高等学校教師による進路保障の実践のなかに、生存という視点に通じるものが散在していたことを指摘しておかねばならない。たとえば在日生徒に地方公務員や郵政職員受験を支援するという取り組みは、本名(民族名)ではたらくことができる職場に送り込む、というアイデンティティ追求の性格をもつ半面、在日の生活の安定に資するという面も有していた。今日では在日、あるいは高校生一般をとりまく就労環境や労働市場の状況も変化し、これらの実践が一定の時代性を帯びていることは否定できない。しかしその点を差し引いた上でも、教育の生存保障という機能の重要性は大いに高まっており、かつての実践は再評価に値するものと考えられる。

■注

1 全国在日朝鮮人教育研究協議会1982、一三九頁。傍線は筆者による。
2 単行本収録前の『資料集』では、「…と脅迫めいたことまで言ったりした。」となっている(全国在日朝鮮人教育研究協議会1987、一〇五頁)。文中の固有名はイニシャルに改めた。
3 全国在日朝鮮人教育研究協議会1987、一〇五、一〇七頁→稲富1988、八四 - 八五頁。傍線は筆者による。
4 全国在日朝鮮人教育研究協議会1987、一二八頁、一三三頁。傍線は筆者による。
5 全国在日朝鮮人教育研究協議会1987、一三九頁。傍線は筆者による。
6 Bakhtin1929/1963=1995
7 全国在日朝鮮人教育研究協議会1989、七七頁。傍線は筆者による。

8 前掲、七七頁。傍線は筆者による。
9 Bakhtin1929/1963=1995、三七四頁
10 全国在日朝鮮人教育研究協議会 1989、七七頁。傍線は筆者による。
11 前掲、七八頁。傍線は筆者による。傍点は原文どおり。
12 前掲、七九頁。傍線は筆者による。
13 Bakhtin1929/1963=1995、三九四頁
14 全国在日朝鮮人教育研究協議会 1983、六四頁。傍線は筆者による。
15 Bakhtin1929/1963=1995、三九五頁
16 全国在日朝鮮人教育研究協議会 1989、五九頁。傍線は筆者による。
17 この概念は、栗原彬による、社会科学的手法としての「聞き書き」をめぐる論考の表現を借用した。栗原（1982、二九二頁）は直接的にはE・H・エリクソンの臨床方法に触れて、それが「聞き手が語り手の横顔に向ける一方的な視線」（フロイト）とも、「相互に向き合う正面の視線」（ユング）とも区別して、聞き手と語り手が「肩を並べる」構図をとることを傍線した。
18 全国在日朝鮮人教育研究協議会 1984、七九頁。傍線は筆者による。
19 前掲、八三頁。傍線は筆者による。
20 全国在日朝鮮人教育研究協議会 1986、九五頁。傍線は筆者による。
21 全国在日朝鮮人教育研究協議会 1983、五六頁。傍線は筆者による。
22 全国在日朝鮮人教育研究協議会 1983、九三頁。傍線は筆者による。
23 前掲、九三頁。傍線は筆者による。
24 前掲、九五頁。傍線は筆者による。
25 前掲、九六頁。傍線は筆者による。
26 全国在日朝鮮人教育研究協議会 1984、七九頁
27 全国在日朝鮮人教育研究協議会 1993、三八頁。傍線は筆者による。

28 全朝教 1988:42。傍線は筆者による。
29 矢野智司は、「誕生から死まで生の全体を見通すことのできる全能の作者によって構築された閉じた物語世界」としての「発達という物語」に対置して、物語自体の向こう側を考えることを可能にするような「物語」として、開かれた「生成する物語」という概念を定立する（矢野 2008、一〇一 - 一二頁）。
30 全国在日朝鮮人教育研究協議会 1989、二一一頁。傍線は筆者による。
31 前掲、二二一 - 二二頁。傍線は筆者による。
32 前掲、二二三頁。傍線は筆者による。文中の固有名詞は変更してある。
33 前掲、二二三 - 四頁。傍線は筆者による。
34 前掲、二二四頁。傍線は筆者による。
35 前掲、二二四 - 五頁。傍線は筆者による。
36 前掲、二二七頁。傍線は筆者による。文中の固有名詞は変更してある。
37 Bakhtin1929/1963=1995、一三二頁
38 全国在日朝鮮人教育研究協議会 1989、二二七頁。傍線は筆者による。文中の固有名詞は変更してある。
39 前掲、二二八頁。傍線は筆者による。文中の固有名詞は変更してある。

第8章

オルタナティブな「着地」のかたち

京都・東九条「希望の家」小史

はじめに

京都市において、同和地区指定に基づく同和地区対策事業とは別に、同和地区に準ずる地域として「福祉地区」指定が行われ、同様に福祉地区対策事業が行われてきたことは、意外に知られていない。本章では、対策事業を背景に同和地区において展開された教育を一般に同和教育と呼ぶのにならって、この京都市の福祉地区における教育を「福祉教育」と呼ぶこととしたい。さて京都市において福祉地区指定を受けてきたのは、いわゆる東三条近辺に位置する有済地区、そして南区の東九条四ヶ町（以下、東九条地域）の二つである。前者が同和地区と異なるカテゴリーの行政対象となった背景については、中西宏次による詳細な研究がすでに行われている[1]。一方、東九条地域についてはもっぱら、在日韓国・朝鮮人問題ないし定住外国人問題の文脈で、その住環境のあり方や行政と住民運動とのせめぎ合いなどがさかんに論じられてきた。しかし管見の限りでは、こうした東九条地域をめぐるさまざまな議論において、福祉地区指定という行政による位置づけが意識され、そのもとでの福祉地区対策事業のあり方の検証がきちんと行われたという形跡は、ほとんど見あたらない。本研究の趣旨の一つは、先行する研究のこうした問題点を指摘するとともにその欠如を補うことにある。

上記のような問題意識に照らして、ここで、東九条地域において展開した京都市による福祉地区対策事業が総体として検証に付されることが最も望ましいことは言うまでもない。しかしそれは筆者の力量に余るテーマである。そこで本章では、筆者の最も主要な関心領域である教育に引きつけて、東九条地域において福祉地区指定を背景に展開した教育、すなわち福祉教育に的を絞って、検討対象とすることにしたい。東九条地域に対して教育学的関心が向けられることにも、決して短くない積み重ねの歴史がある。しかしその大半が、陶化小学校、山王小学校等における民族学級の展開（歴史研究および教育実践論の両方を含む）、また在日一世を対象とした識字教育の実践、さらには「マダン」に象徴されるような一九九〇年代以降の地域における民族文化リバイバル運動などに集中してきたと考えられる。こうしたテーマ設定にはもちろん大きな意義があるが、同時にその限界性をも自覚せねばならない。東九条地域に多くの在日韓国・朝鮮人住民が暮らすことは論をまたないが、決してかれらだけが地域住民ではなく、在日住民を上回る数の日本人住民が東九条地域には暮らしている。子どもの数でみても、小中学校に在籍する児童生徒に占める韓国・朝鮮籍の割合は二割程度である[2]。したがってこの地域における教育のあり方を考える際、在日韓国・朝鮮人の存在だけをとりあげて論じるのでなく、総体としての地域の子どもへの目配りが重要である。民族教育という枠に過度に依拠することなく、東九条地域における教育のあり方を問うための枠組みとして、本章が取り上げる福祉教育という視点は大きな可能性を有していると考えられる[3]。

1　地域福祉センター希望の家

教育面において福祉地区対策事業が何を目指したのかを把握するには、行政文書の収集・検討が欠かせない作業となる。しかしここでは、教育面において一般に問題の所在がどのように認識されていたかを記すにとどめよう。東九条地域全体を校区にふくむ陶化中学校が、一九六九‐一九七〇年度にかけて、生徒指導確立に向けた実態調査および指導体制の模索を精力的に行っているが、そこには次のように問題の所在が指摘されており、手がかりとなる。「生徒の基礎能力は十分とはいえない。学習意欲の欠ける者が多く学習指導そのものよりも先ず学習意欲を持つように指導し、学習の方法を会得させ、後にその学年に対する学習内容を指導するといったいわば学習の方法を学習するのが現状である。…これらの低位性は、生徒の生活環境の中でつくられた『ひずみ』に根ざすものや、それに対する学校の指導法にも問題点があろうが、今後、読解力の指導や学習意欲の向上、学習への関心を高めなければならない」[4]。また特に外国籍生徒にふれて、「経済的に上位のものは一般に韓国中学や朝鮮中学（以上ママ）へ行くため、貧困家庭の子弟が多い。両親の不安定な職業と賃金、粗末な密集家屋、日本人の偏見と差別、民族意識の指導の不徹底、就職、進学の不安、等が彼等の心を痛め、それが非行に通ずる場合が多い。彼等に希望と夢をあたえることが本校としては大切な目標の一つでもある」[5]。このように貧困や劣悪な生活環境に加え、民族差別によるアイデンティティ危機や将来展望の欠如が、低学力や非行のような問題行動を惹起しているとの認識が中学校側から示されている。しかしながら、陶化中学校やその校区の山王、陶化、東和各校側の資料からだけでは、本章が把握をめざしている福祉教育の実態はなかなか見えてこないのもまた、確かである。

ではどこに照準を合わせたらよいか。本章でクローズアップするのは、東九条地域における福祉事業のセンターとして半世紀を超える活動の歴史をもつ「地域福祉センター希望の家」（以下、希望の家）である。この着眼点は、京都市・福祉地区対策事業の経緯や性格を考えれば、ごく必然的に導きだされるものである。というのも同事業は、「東九条地域に生活館を設置し、住民の生活相談等の隣保事業を行うとともに、社会福祉法人等に事業を委託」[6]することを内容としており、京都市から事業委託を受けた社会福祉法人カトリック京都司教区カリタス会が、「青少年等対策事業」を長年にわたり実施してきた。このカリタス会が主体となって運営してきた施設こそ、地域福祉センターとしての希望の家に他ならない。希望の家は、一九五九年四月にメリノール宣教会のディフリー神父が東九条の地に開設して以来、保育園、学童クラブ（学童保育）、中学生学習会、青年会などの教育・保育関係事業（以下、教育関係事業）を次々と展開し、乳幼児から青年まで幅広い年代層の人間形成につねに深くかかわってきた[7]。生活館が主体となって始められた事業の多くも希望の家に委託されたものだった[8]ことを考えても、希望の家の存在感はまさしく絶大なものがあると言わねばならない。本章ではこうした部分に注目し、希望の家が担った教育関係事業を東九条地域における「福祉教育」の展開として位置づけ直してみたい。なお本章では、福祉地区対策事業の開始を、京都市生活館条例が施行された一九七二年四月と見なし[9]、希望の家の教育関係事業についても本章では一九七二年以降の部分を検討対象とする。

以上のような作業を行うにあたって参照する基礎資料は、希望の家が定期的に刊行している『希望の家新聞』当該時期のバックナンバーである。だが本研究では、『希望の家新聞』について一九八一年一〇月の再刊一号以降の分しか収集することができなかった。一九七二年からの約九年分の空白という、大きな資料的制約を本研究は抱えている。今後さらなる収集努力によって精緻化をはかっていきたい。ほかに二次資料であるが、希望の家創立五〇周年記念誌も参考とした[10]。また学童保育・児童館事業を理解するうえで、『京都市児童福祉百年史』[11]が有用であった。

2 もう一つの「福祉地区」――有済地区における歴史的背景の概略

東九条地域とならんで京都市内で「福祉地区」指定を受けた東三条の有済地区について、その経緯を理解する手がかりを与えてくれるのが、前掲の中西宏次の研究[12]である。ここではその研究に依りながら、福祉地区指定の背後にある歴史的背景の概略を述べるが、東九条地域とは異なり、そこには複雑な部落史的背景があった。

東三条地区は、「四条寺町南に『天部図子』と呼ばれる惣を形成していた天部村が、一五八七年、豊臣政権の命により、大雲院建築用地になるとして替地を求められ、三条大橋東の現在地に移転させられたのが起源である」。また「天部の西、鴨川との中間にはその後非人小屋が立地し、「寺裏」と呼ばれる集落となった」[13]。この天部（穢多村）と寺裏（非人小屋地区）との境界が、本章で問題としている「同和地区」と「福祉地区」とを分かつ境界の原型となった。「現在でも東三条地区は旧「同和地区」（天部）と「福祉地区」（寺裏）に分かたれることもあるが、改良住宅が連担し景観上の同一化が進んでいる。しかし、近年にいたるまで天部と寺裏とは明確に分かたれていた」[14]。

この天部と寺裏を分かつ境界は、明治期をむかえてもその意味を失うことはなかった。一八七一年、「解放令」が出された直後のことだが、京都において発足間もない学校制度の学区改変が行われた。辻ミチ子の研究によれば、旧穢多部落の天部村（三ヶ町）は二分され、二ヶ町は下京二十五番組（すなわち粟田学区）に、残る一ヶ町は同二十四番組（すなわち有済学区）に編入されるとともに、天部村に隣接する非人部落・寺裏も二十四番組（すなわち有済学区）に編入された。辻はこの分割政策の意図について、「旧時代の身分と階層性を利用して、番組内における被差別民の人口比率の増加をおさえ、番組の自治に衝撃を与えないため」と解説している[15]。こうした政策の結果、有済小学校には、旧穢多村の天部の一部と旧非人小屋の寺裏という、異なる旧被差別身分出身者が混在することとなった。有済学区内に引かれた、この二者間の線引きが、のちの同和地区と福祉地区とを隔てる境界線となる。

戦後、同和教育運動が活発になってからは粟田・有済の両小学校、さらに弥栄中学校の三校は連携して同和教育に取り組むようになった。一九七四年の東三条同和教育推進協議会結成、さらに一九七八年には四校園連絡協議会が作られ、「同和地区」と「福祉地区」という行政上の異なる位置づけはこと教育領域では乗り越えられ、東三条地区一体となっての推進がはかられた[16]。しかし時は流れてやがて本格的な少子化時代が到来し、京都市内の学校はどこも学校統廃合の波にあらわれるようになった。特に有済小学校は二〇〇二年度には全校児童三五名にまで落ち込み、統廃合はもはや避けられない事態となった。二〇〇四年四月、有済小学校と粟田小学校との同和校どうしの統合によって白川小学校へと生まれ変わり、旧粟田小学校校地・校舎において開校した[17]。

有済福祉地区における対策事業については、「有済福祉地域福祉対策実施要綱」を実施根拠とし、内容としては「青少年・婦人・老人対策として、地元が行う事業に補助を行」う、とされている[18]。

3 「希望の家」教育関係事業の点描——学童保育・児童館事業を中心に

それでは話題を東九条地域に戻そう。先述のように東九条地域は、京都市生活館条例を実施根拠とし、一九七二年より地区指定を受けての福祉対策事業が開始された。その中で絶大な役割を果たしたのが希望の家であったことも、先述したとおりである。本節では、『希望の家新聞』バックナンバー（再刊一号~第一〇〇号）[19]を基礎資料とし、その記述を手がかりに、希望の家において展開されてきた教育関係事業のうち、一九七二年の福祉地区指定以後（資料上の制約から実質的には一九八一年以降）の展開の諸局面を描いていきたい。本章では特に、学童保育（学童クラブ）・児童館事業と青少年事業の二つに大きく分けて、順に論じていきたい。なお本章では乳幼児保育の事業は扱わないこととする。希望の家の教育関係事業において、「希望の家保育園」を基盤とした乳幼児保育事業が占めるウェイトは極めて大きく、その重要性は筆者も十分認識するところである。しかし筆者のさしあたりの関心が、希望の家の教育関係事業と公教育との関係性（連携、その他）にあるため、保育園のことはいったん視野の外に置くこととしたい。

希望の家における学童保育事業は、大変長い歴史をもっている。希望の家の開設は一九五九年四月のことであったが、それから六年半を経て一九六五年一〇月、「カギッコ教室」（学童保育）をスタートさせた[20]。保育園開所（一九六七年四月）に先だっての開設であり、学童保育が希望の家の歴史に深く根ざした事業であることをうかがわせる。カギッコ教室は、京都市民生局から受託した学童保育事業の受け皿であり[21]、法的根拠としては「京都市学童保育事業実施要綱」に基づくものであった[22]。

ところでこの学童保育事業は、希望の家に連綿として受け継がれて二〇一一年現在に至っているが、当時から変わらず小学校一年生から三年生のみを対象に、登録された児童を所で預かるという方式をとっている。そこで四年生以上の児童の受け皿が問題になってくるわけだが、その役割を担う希望の家児童館が開設されたのが一九七七年五月のことであった。それは、「地域の子供なら誰でもきてください。おもに小学校の高学年から中学校の子供たちがやってきます」[23]という謳い文句に表わされているとおり、基本的に誰もが地域の学校で学ぶ義務教育期の、全期間をカバーするような地域の児童センターを志向するものであった。ちなみに京都市において、学童保育の機能を併せもつ「一元化児童館」建設の方針が市会において市長から表明されるのが一九七七年七月のことであり、当該児童館の開設はこの動きとは直接的な関係はない[24]。むしろ希望の家児童館は、その後京都市内に広まっていった一元化児童館の先進例、モデルケースに結果的になったと言えよう。

以後本小節では、学童保育所と児童館が一体となって、また車の両輪として東九条地域における子ども支援を担ってきたことに鑑み、「学童保育・児童館事業」と一括・併記して扱っていくこととする。

『希望の家新聞』紙上において、学童保育・児童館事業に関係する記事はつねに紙面の一定のスペースが割かれ、重要な位置づけがなされ続けていることが読み取れる。その中でも一九八一年再刊後の比較的初期の段階の紙面からうかがえる、学童保育・児童館事業を性格づけることばは「集団づくり」「反差別」「連帯」など、解放教育の影響を感じさせるようなものである。たとえば一三号の「希望の家児童館の目標」と題した記事の中で、叶信治は次のように述べている。

希望の家児童館では、今年度の目標を「集団づくり」として、出発しました。子供同士の間に、何でも言い合うことができ、お互いを大事にし合い、みんなの力を出し合って進んでいるような関係を育てていきたいと思っています。[25]

また一四号では所長の越知健が、「希望の家八四年度活動計画」の中で、学童保育・児童館事業の方向性を次のように示している。

児童館学童保育所では、全体の方向性として、子供たち同志の集団、グループづくりを最重要視している。子供たちが兄弟として、互いに尊重し協力する。そこにはいっさいの差別や不正は許されない。かえってあらゆる困難を共に乗り越え成長することを願っている。この子供同士の集団づくりが、子供たちの家庭の連帯へと広がることを期待するのである。[26]

こうした基調はその後も変更はなく、事業の中にしっかり根づいていったものと考えられるが、文言を丁寧にフォローしていくと、そこには若干の新機軸が顔を出すことがある。たとえば一九八五年度の新年度にあたっての所感を述べた、越知健の次の文章には、これまでの抽象的な「反差別」「集団づくり」の文言に加え、在日韓国・朝鮮人という固有の集団名が挙げられている。

保育園、児童館は今年も子供達の連帯づくりを目指します。互いに大切にし合う友人、手をつないで困難に立向い、共に成長する仲間づくりです。今年は在日韓国、朝鮮人の子供達と共に、民族の歌や踊りを学ぶ機会を多くもつことになりました。[27]

同じ文章のなかで越知は、職員の研修体制にふれて「月一度の人権問題の学習」、「主に部落差別問題、在日韓国、朝鮮人問題について」学んでいくことを通して「私達の活動の姿勢を糺していく」とも述べている[28]。

二一号では「朴実氏紹介」と題した文章のなかで叶信治が、児童館での諸活動の中に在日韓国・朝鮮人の民族文化に関する取り組みを導入した経緯を次のように述べている。

朴実氏は、東九条に生まれ育った人で、今も続くこの厳しい現実の中でも、子どもたちが人間性豊かな民族の文化を身につけ偏見や差別にうち勝つ人間に育ってほしいと願い、精力的な活動を続けている人である。又、彼は音楽家でもある。昨年［引用者注、一九八四年］は月一回児童館で韓国や日本のいろんな歌を子どもたちに教えてもらった。児童館では今年この活動を発展させ、歌や農楽のほか、仮面劇や人形劇・紙しばいにとり組む予定である。今年は保母としての経験も長い朴夫人にも協力してもらうことになった。楽しく実りある活動にしていきたい。[29]

ここで述べられている朴実氏のような、在日韓国・朝鮮人当事者が児童に関わるのは、しかしながらあくまでスペシャル・ケースにとどまっているようである。やや年代が下ってしまうが四九号で児童館厚生員の宮川信子が、この点に関連して次のように述べている。

約三割の在日韓国・朝鮮人と七割の在日日本人が共住する地域として、民族教室も大きな課題を背負っています。現在は残念ながら日本人職員のみで、それだけに力を注がなければならないのですがなかなか思いに実践がついていかないという現状です。[30]

こうした言葉に読み取れるのは、一方で希望の家の学童保育・児童館事業に携わるスタッフたちによる、東九条地域に顕在的に見られるマイノリティ・被差別者としての在日韓国・朝鮮人の存在を強く意識し、その思いを受け止めるべく自己を向上させていこうとする不断の努力があり、他方で事業の性質上、特定のグループ（たとえば在日韓国・朝鮮人児童）のみを奉仕の対象とすることはできず、あくまで東九条地域全体へのサーヴィスを心がけなければならないというその立場との間の葛藤、ディレンマである。

しかしこうしたディレンマを抱えながらも、一九八四年頃をメルクマールとして、希望の家の学童保育・児童館事業の中に、在日韓国・朝鮮人という存在に対する意識化がより顕在化していったことはまぎれもない事実である。こうした前景化の背後関係として、一九八二年二月の死者三名を出してしまった、痛ましい大火を契機に結成された東九条地域改善対策委員会[31]に象徴される住民運動の高まりは見落とせない。東九条地域を覆う窮状に向き合う中で、民族差別に対する意識もまた再び高揚し、こうした運動と密接な関係にあった希望の家の実践の中にも、その動きが反映されていったものと考えられる。

この、民族という主題あるいは在日韓国・朝鮮人問題の意識化については、学童保育・児童館事業の日常的断面を読み解く際にもう一度立ち帰るとし、ひとまず目を先へと転じよう。あくまで地域に根ざし、地域全体に奉仕することをうたった福祉教育運動として、希望の家が意識的に向き合わねばならなかった他者存在は、なにも在日韓国・朝鮮人だけではなかった。その一つに障害児者の存在があった。特に学童保育において障害児受け入れの問題は、東九条地域に限らず全国的に、そのあり方を問う試金石と言われるほどの大きな問題であった。希望の家の学童保育・児童館事業において、障害児の存在は早くから意識化され、積極的な受け入れがはかられてきた。児童館厚生員の中垣陽子によれば、京都市学童クラブ事業の一つとして「障害のある児童の統合育成」事業が始まったのは一九九〇年度のことであったが、「希望の家児童館では、制度が整う前から障害のある児童を受け入れ、取り組みを行ってき」た[32]。

『希望の家新聞』に不定期に連載され、貴重な歴史的証言をも提供してくれるコーナー「シリーズ・街のこえ」第八回で、当時学童保育所保護者会長であったS・M[33]は、障害児をもつ親として希望の家学童保育所とのかかわりを次のように述べている。

私と希望の家との出会いは、今から九年前［引用者注、一九八四年］、主人が二年間の入退院を繰り返していた頃でした。Sを保育園に送った帰り道、希望の家の前で掃除をしながら「おはようございます」と声をかけて下さったのがシスター黒田でした。「お父さんの具合どうですか、子ども達はどうしてるの」と聞いてくれ、「Hちゃん見てあげるから、連れてらっしゃい」と言ってくれました。知恵おくれで多動で目の離せない子どもをあずかっていただきました。[34]

夫の死去後、Sは「パートの仕事に出ることにな」ったが、それも「HとSは学童であずかっていただ」くことで可能となったことであった。

『希望の家新聞』の中の学童保育・児童館事業に関する記事からも、ときおり児童集団のなかの障害児への言及が見られる。

今年度［引用者注、一九九三年度］は、四人の「障害」をもつ子どもたちが学童保育で生活することになります。いろんな子どもたちがいる、それぞれに豊かな成長と安全性を保障する場として希望の家児童館と学童保育所が機能するよう、今年もがんばっていきたいと思います。[35]

こま名人といわれる丸本先生のもと、毎年こまずもう・長まわし・的いれの三部で技を競います。…この日、的いれの部では六年生のTちゃんが優勝しました。四月には中学校へいくTちゃんは障害をもちながら、学童・児童館と、六年間を一緒に過ごしました。「ヤッター」とガッツポーズのTちゃん。会場いっぱいの大拍手でした。[36]

ただこうした希望の家の積極的な障害児受け入れの姿勢の一方で、たとえばハード面において障害児への配慮に限界を抱えている現実を、中垣陽子は二〇〇五年に指摘している。

障害のあるなしに関わらず、子どもの実態は一様ではありません。その多様なありかたをふまえ、相互にとって居心地の良い場所を確保するということも大切です。ご存じの通り、希望の家の建物は古く、児童館は二階にあります。車椅子で上ることは困難ですし、トイレも改修したとはいえ、狭くて使いづらいと思います。それらを、階段を上る練習、洋式・和式トイレの経験…と、今までなんとかプラス思考でやってきたことは言うまでもありません。[37]

このように、在日韓国・朝鮮人や障害者といった存在に、特別な意識や配慮を向けながら地域全体の学童にかかわる姿勢をとってきた希望の家学童保育・児童館事業であるが、近年において少子化を背景に、それをとりまく環境も少しずつ変化をみせている。その一つが「ネットワーク化」の動きである。八〇号の中で宮川信子は次のように述べている。

今、京都市の児童館では、子どもを核にした、地域でのネットワーク作りが勧められています。子どもがやってくるのを待っているだけでは、児童館として不十分だというわけです。…幸いにも、京都駅の南東には三つの児童館が隣接して存在し、そのネットワークもスムースです。各家庭での子どもの数は少なく、学校でも少なく、児童館でも少なく、となれば、あとは地域を越えて交流することが子どもの世界を広げることになるでしょう。二・三年前［引用者注、一九九八〜九九年頃］から近くの山王児童館や崇仁児童館との交流事業を意識して行うようになりました。38

こうした広域サーヴィス化の波の中で、希望の家学童保育・児童館事業がこれまで培ってきたマイノリティ存在の意識化や配慮の流れが、どのように継承されていくか、今後の動向が注目されるところである。

ところで学童保育の日常活動はいかなるものであろうか。『希望の家新聞』四九号の児童館からの便りから、一年間の大まかな行事の流れを読みとることができる。

今年度［引用者注、一九九三年度］の大きな行事としては、四月の入所説明会・歓迎会・ハイキングをはじめとして、五月に親子遠足、七月は映画会や合宿、八月はプール、九月は「東九条マダン」への参加、十月ハイキング、十一月バザー、十二月クリスマス、一月ゲーム大会、温水プール、二月コマ大会、三月親子スケートなどを計画しています。隔月の料理教室、誕生会、ビデオ会、定例ではありませんが、切り絵教室やオニム大会（小さいこまを指で弾いてコーナーに入れる遊び）も人気があります。[39]

こうした年間計画のもと、児童館の指導者である厚生員たちは、児童たちと「四つに組んでの戦いの時」[40]を元気に過ごしている。そしてこうした日常活動の中で、厚生員たちの方が子どもたちから深く学び、洞察に至ることも稀ではない。そんな日常活動を通しての機微をうかがい知ることのできる文章を、『希望の家新聞』の中から拾ってみたい。これらの文章は、学童保育所・児童館にやって来る子どもたちの等身大の姿の赤裸々な描写をも含んでいて、その意味でも興味深い。

四〇号で黒田恵美子は、「待つ」ことの大切さを主題にこう書いている。

新しい年が来て、暮れていく、そんな年々を過ごしながら、私達は待つことから始まる。一年生があっという間に中学生になるのではない。「おかえり」と大声で帰ってくる子にこっちもすかさず「ただいま」と答える。子供は一瞬はっと立ち止まる。この一瞬を私達大人は待とうとしない。「まちがってるでしょ」と低音の声が出る。この一瞬を待つことで子供も大人も次の瞬間、にこっと笑顔をつくれるはずである。どんな乱暴な子供でも叱れば相手が悪いと弁解しながらわめき泣く、それをじっときく前に声が出る。「あなたがしたんでしょ」「悪いのはあなたでしょ」と追い打ちをかける。待つことは大変忍耐がいるが、子供は言い終わったとき自身で答えを出す。「ああそうか」と、そこに照れた顔がある。児童館は、ああしろこうしろと言葉で教えるところではないと最近つくづく思う。体と体でぶつかりあうところに子供と私達がいる。[41]

五三号で厚生員の丸本泰三は、「新入生の思い出」と題した文章のなかでこう述べている。

思い出せば一年前やはり新一年生が入所してからしばらくのことでした。二人の女の子の間でケンカが始まりました。「あんたがわるいんやんか」「あんたのほうがわるいんやか」…ムムここで一発先生の威厳を見せなければといつもの様に「なんやどうしたんや　なんでけんかしてるんや」とケンカの仲裁に入ったのです。すると「先生はだまっといてんか。これはわたしたちのもんだいや　わたしたちのことは　わたしたちでかいけつするし　せんせいは　よけいな口出しせんといてんか」「そうや　そうや」ナ　ナント　しっかりしているというかませているというか　これが一年生？　とあいた口がふさがりませんでした。[42]

厚生員の叶信治は、五六号において児童館の日常を次のように洞察に結びつけている。

児童館は、毎年のごとく二学期からほぼ塾状態。学校からの帰りがしだいに遅くなり、児童館に来たら宿題に追われている。補習授業や習いごとのある子はそれから出かけていく。学校や家庭のこうした地道な取り組みが、徐々に子どもたちの学力に結びついているという。「今の教育は学力に片寄りすぎる」との声はよく聞くし、私も自分の経験からそう思ってきたが、自らの未熟を顧みずに言うと、大事なことは「学力」と言った場合のその中身だし、さらには互いに心開かれた関係の中での教育になっているかということだと思う。43

このように、それぞれの厚生員たちが、慌ただしい日常を慌ただしさに押し流されるままに過ごすのでなく、人間形成の機微に触れる洞察の糧にしていることが読み取れる。

ではこの小節の最後に、希望の家学童保育・児童館事業が、学童たちが在籍する地域の学校（山王小学校）がわの目にどのように映っていたか、また両者の関係性について論じておこう。希望の家側の資料である『希望の家新聞』によってこの点を推測するのには明らかに限界があるが、それでもある程度、山王小学校との関係性をうかがわせる手がかりは見つけられる。

再刊一号から第一〇〇号までの『希望の家新聞』に目をとおすと、少なくとも八号、一五号、三四号とつごう三回にわたり、山王小学校関係者からの寄稿が行われている。こうしたプレゼンス自体が、比較的良好な双方の関係性を物語っているように思える。八号では山王小学校校長の藤村彰が、次のように述べている。

山王校の児童をより支えてもらっている、なくてはならないのが希望の家です。一年から三年までお世話している学童保育、全児童が毎日何らかの形でご指導くださる活動も学校は勿論、東九条改善対策を進めていく中で重要な事業と思います。…学校、希望の家、生活館、その他各団体がそれぞれ連絡をとりあい協力しあってこそ山王学区の児童生徒の正しい育成ができると思います。[44]

一五号に山王小学校教諭・首藤誠一が寄稿した「こんな子どもに育ってほしい」という題の文章は、在日韓国・朝鮮人の存在を強くにじませた、つっこんだ内容になっている。

この地域は昭和五十一年〔原文ママ〕福祉対策地区に指定され、学校では補習が行われ、十分とは思えませんが、道路や住宅環境も改善されつつあります。又保護者の方々の教育に対する関心が高まったこともあり、最近は子ども達の学力もずいぶん向上してきました。しかし依然として「東九条」という地名だけで、他の地域から特別な目で見られる現実は残されたままです。このような見方は許されないことですが、これから社会に出ていく子ども達もこのような特別な目で見られるかも知れないのです。[45]

最後に、これは山王小学校関係者の寄稿ではないが、四四号編集後記に「S小学校の先生」の談話として次のようなことが紹介されている。小学校と希望の家との日常的な関係性がうかがえるので、参考までに引用したい。

先日S小学校で先生が「○子さんはこちらから話しかけない限り自分からは話してこないような子だったのに最近明るくなって自分からいろいろ話してくれるし『希望の家、希望の家』というので『あ、最近希望の家に行ってるんだ！』と思い『なんや、○子さん希望の家に行ってるのか？』ときくと『だって行かな迎えにきはるもん』という答えが返ってきました。希望の家は本当に『希望』だなあと思っています。」というお話をきかせて下さいました。[46]

ところで希望の家と山王小学校との関係性を語る際、こと在日韓国・朝鮮人児童にかかわって見落とすことができないのは、山王小学校における民族学級の存在である。山王小学校では歴史的経緯から京都市教育委員会によって民族学級が設置され、非常勤の民族講師が措置されている。しかしながら『希望の家新聞』紙面には管見の限り、この民族学級や民族講師に関するまとまった言及はほとんど見られない。先に見たように、希望の家学童保育・児童館事業においても、遅くとも一九八四年頃には在日韓国・朝鮮人当事者を招いての学習活動に着手している関係上、山王小学校の民族学級の存在は意識していない筈はないだろう。希望の家に来ている在日の学童が、他方で小学校の民族学級にも在籍しており、そこで韓国・朝鮮民族や文化について、一定の立場からのメッセージをくみ取ってくる。希望の家でのさまざまな民族文化に関するとりくみが、そうした民族学級で受け取るメッセージとぶつかり合ったり、最悪の場合ダブルスタンダードになってしまうことがないよう、相当の配慮が行われていたのではないだろうか。このあたりの問題は今後の課題である。

4 「希望の家」教育関係事業の点描——青少年対策事業を中心に

節を改めて本節では、同じく希望の家児童館を舞台に展開されてきた青少年を対象とした取り組みの諸局面を検討していきたい。こと在日韓国・朝鮮人問題に引きつけて言えば、自分の民族的ルーツや今後の人生展望などに思いをはせ、いわゆるアイデンティティ問題にときに悩み苦しむことになるのが青年期である。したがって、希望の家児童館でどのような青少年対策事業が行われてきたかを検討することは、重要な課題である。

まず思春期に到達した中学生を対象にした取り組みから検討しよう。『希望の家新聞』再刊六号には「中学生の学習指導始まる‼」の小見出しで記事がのっている。

ここ数年間、高校進学を希望する中学生が多く、受験が例年よりきびしくなるもようです。そこで希望の家では、陶化中学校の補習と両立させながら中学生の英語、数学の学習指導をすることになりました。ボランティアの大学生の手を借りてやっていきます。希望する中学生は所長まで申し込んでください。[47]

中学生が関わる事業において希望の家の連携パートナーは、ここで名前が挙がっている陶化中学校である。九号には陶化中学校・桐山昇造が「中学生の教育」という文章を寄せ、連携関係が存在することを示しているようにも思える。ただ桐山の文章は東九条地域の固有性にも、希望の家の存在にも言及がなく、「際限のない恵まれた物質が中学生の精神をむしばみ、生活能力を弱めている」[48]等々の一般論に終始しているのが若干気になるところである。

第一二号で所長の越知健が、一九八三年度をふりかえっての文章の中で、陶化中学校との関係性の発展がまだ道半ばであることをしのばせる次のような記述を残している。

今年［引用者注、一九八三年］から中学生の学習教室が始まりました。中学生の基礎学力を高めること、中学生が学ぶおもしろさを知り、自分の道を自分で切り開いていくのをていねいに支えること等を願っています。この教室がもっと中学校の先生がたとの連帯のもとに継続されること、そしてボランティアの先生と中学生の交流が互いの人間性を高める場にもなっていくことを願っています。[49]

こうした記述は逆に、山王小学校と比べての若干の温度差を感じさせるものとも言える。一四号でも越知は、「中学生の学習教室がより充実し、ここに通う中学生が、先生たちとの連帯の中で、自分達が学習する目的を明らかにしながら、困難と闘う力を養ってくれることを期待している」[50]と述べ、中学校教員側との連携関係構築の必要性を繰り返し説いている。

中学生学習会の理念を知る上では、児童館厚生員の中平和代が、希望の家退職にあたり書き記した「中学生学習会の関わりの中で」という文章がその手がかりを与えてくれる。

私自身の貧しさから、通り一遍の勉強に逃げ、内容の貧しい学習会に終わってしまった様な気がして、申し訳なく思っています。先生と生徒ではなく、時には友達として、また人間同志として学び合いたいと願いながら、その難しさも痛感しました。学校の勉強とは少し違う希望の家独自の〝人間としての生き方〟に根づいた豊かな学習会が今後も実践されることを期待しています。[51]

この文章にあがっている希望の家独自の〝人間としての生き方〟に根づいた学習会は、少なくとも、英語や国語や数学の勉強（補習）をただ淡々と行うだけの塾のような「通り一遍」の学習の場とは異なるものであることが示されている。それは『希望の家新聞』紙面上にはどこにも明示的に示されていないが、中学生学習会にまつわる記事の中に、断片的にほのめかされているように思える。以下にいくつか抜粋をしてみたい。

現在十一人の先生（大学生と学校で教えているシスター達）が三十人程の中学生の英語と数学を教えている。一対一を原則にしているので、勉強の指導はもちろんのこと、他のいろんな大切な問題なども話しあっていこうとしている。[52]

地域の青少年の進路を考え出発した学習教室も、はや二年がすぎた。これからの学習教室には、様々な課題が与えられていると思う。青少年たちがぶつかるであろういろんな壁を前にして、今まで以上に一対一の関係を大切にしていきたいし、また全体をとりまく状況もしっかり見抜いて、着実な歩みを進めていきたい。[53]

中学生たちとも大事な話が出来ていない。差別が原因で将来の展望が持ちにくく、とまどっている中学生たちの前でほとんど無力な私たち。[54]

それぞれの抜粋で、「他の大切な問題」「壁」「差別」とそれぞれ表現は異なるが、東九条地域の若者がこれから背負っていかなければならない重い現実の存在が示唆されている。その中には当然、在日韓国・朝鮮人の中学生も大きく視野に入っていることだろう。中学生学習会は単なる補習、学力向上のための場であるだけでなく、たとえば在日が直面するさまざまな障壁や差別をそれぞれがいかに克服し、進路を切り開いていくかをトータルに考えながら、運営されていかなければならない、という認識であろう。ほんらい、こうした役割の少なくとも一部は地域の中学校によっても担わなければならないが、社会的差別に由来するニーズに応じた進路指導が、中学校で体系的に行われてきたという事実は残念ながら確認できていない。希望の家児童館における中学生学習会は、こうした空白地帯を埋めるための貴重なリソースを提供するものだったと言うことができるだろう。

この中学生学習会が単なる勉強の場であるだけでなく、中学生が将来の進路を切り開く突破口となる場であってほしいという思いから、中学生と地域の青年たちとの交流の場が「詰め所」として開かれた。第三一号で叶信治はこう述べている。

「中学生が基礎学力を身につけることができるように」と始まった中学生学習会ですが、去年から勉強の終わった中学生と話をしたり、OBの青年達と学校のことや仕事のことを話したりできる場をつくろうと、「詰め所」を開きました。毎週土曜日夕方六時～九時、希望の家ホールで開いており、十名～十五名の青少年が集まって来て卓球で一緒に汗をかいたり、いろんな話しをしたりしています。将来は、青少年が常時集まって学校や仕事のこと、地域のことなど自由に話したり、一緒に何かに取り組んだりできる拠点に発展できたらなあと願っています。[55]

こうした努力は、のち一九九三年に「青年室」を開所し[56]、希望の家OBの地域の青年達を組織し大きな力としていこうという試みにつながっていく。青年達もそれぞれ仕事や家庭に忙しく、なかなか活動に時間がとれないのが実情のようであるが、それでも毎年バザーに出店したり、親睦をあたためるべくスキー旅行のような行事を実施したりしている。

それでは東九条地域の青少年たちは、希望の家の教育関係事業の中で育まれることを通して、どのような自己認識や自己認識を築いていくのであろうか。『希望の家新聞』だけからは資料的限界があるが、紙面上にとりおり掲載される中学生の作文、あるいは特集記事で取り上げられる地域青年の語りなどから、その断面をうかがうことはできる。一四号には、「私たちの町」と題する中学二年、T・Cの作文が掲載されている。

私の住んでいる町は、あまり上品な町ではありません。でも私にとっては、いい町です。私は、小学校二年生のときに引っ越してきてもう八年になります。前、私が住んでいた町は、隣の下京区です。ここはあまりかわらないけれどただちがうのは、京都タワーがあったり近鉄デパートがあったりえいが館があったり私の町よりは、ちょっとにぎやかだと思います。だけど私は、今、私が住んでいる町のほうが好きです。なにしろ学校がおもしろいです。勉強もきらいじゃないけど、やっぱり友達といる時が一番おもしろいです。先生は、きらいな先生もいるけど、好きな先生もいます。私たちの学校の校舎は、外から見ても、ガラスは、われているし、かびみたいにくろずんでいるし、へいぞくのあみは、やぶれているし、裏門のところは、らくがきがしてあって、きたいなと思う。でも、それは、いろんな生徒の、ふまんがでている部分もあると思う。それをだすかださないかのちがいだと思う。私も、ときたまふいに、大きくかべにらくがきしたくなるときがある。57

この作文は、生徒が住む東九条地域を見つめ「上品な町ではない」「デパートや映画館もない」けれども、支えあう仲間がいる点でかけがえのない「いい町」「好きな町」との認識を示している。また通っている中学校について、「きたない」「荒れている」と率直に記しながらも、それは生徒がもっている不満をストレートに現している結果であって、むしろそのことを前向きにとらえようとしている。

では次に、同一の人物の作文を縦断的にフォローすることを通して、認識の変遷を考察してみよう。一五号と一七号に「子供作文集より」として、小学校六年生のU・Hの作文「今、すんでいる町内について」が掲載されている。

今、すんでいる町内は、最高によい所だ。やさしいおねえさん、おにいさん、おじさん、おばさん、みんなよい人だし、私たちのことをよく考えて計画を立ててくれる。58

私の町内は、お金をたくさんつかうが、あそびや、ねこばばでもない。私の町内は、かも川という川がある。はじめは、ごみなどをほかす人が多く、水がきたなかった。でも今はちがう。前よりましになったその川に入る人がよくいる。だから川にながされて行方不明になった人もいる。そんな人を少なくするために、川の前にさくやあみをはったりした。そのために、お金などよく使う。それはたいへんなことだ。よく町内の人もがまんした。工事がうるさくとも、砂ぼこりが出ても、がまんした。文句をいう人は、一人もいなかったときいた。ほんとにいい町内でもあり町内の人でもある。59

前の中学生の作文とも共通して言えることだが、地域に対する思いが包み隠さず率直に書かれている。こうした思いが表出されるのは、希望の家の日常活動のなかで、周囲の大人との間に信頼関係が構築されていることを物語っている。しかしその反面、自己の存在を見つめて書かれたような文章ではない。これらの作文から、作者が日本社会のなかでどのような立場に立っているのかも分からない。

ところが、右に引用したU・Hは、『希望の家新聞』に約一〇年後に再び登場する。第四七号紙上でのことである。シリーズ・街のこえ第五回・東九条の青年おおいに語る②「U・Hさん二二才にきく」という記事である。これは、井手町・東九条交流合宿において希望の家OGのUが、後輩たちに向けて語ったメッセージを再録したものである。（収集した資料の欠号分に①が掲載されていると思われる。極めて残念である）。

いま、西陣児童館というところで勤めさしてもらっています。そこは希望の家と生活館が合体しているような感じで、京都市民福祉センターと西陣児童館が一緒になっているところなんですね。老人福祉とか障害児の介護、ボランティアとの交流、児童館…といろんなグループがあって何も知らない私にとっては見てびっくりすることばっかりだったんですけど、まずこの職場では自分が韓国人であることがはっきり言えました。今まで隠し通して生活してたわけではないんですが、ちょっと言えたことが自分にとっては安心感がでてきたんです。[60]

社会人として働いているUは、現在の職場で「韓国人という立場」を周囲に伝えることができ、「安心感」をもって働けている。こうした姿は、小学校六年生の作文から想像するのはなかなか難しい。中学生以降の、学習会その他の希望の家における青少年事業への参加を通して、自らの民族的ルーツと肯定的に出会いなおすことができたからこそ、後輩にこうしたメッセージを語ることができるのである。

子ども達に接して初めてわかるっていったらおかしいですけど、やっぱりその子はその子で生きるのに一生懸命だし、あと生まれてきたのをもうどうかえることもできないし私にとって韓国人だっていうこともそれはもう運命であって宿命である、大げさに言えばそうなのかもしれないですけれども、かといって「私は韓国人だから誇りを持っています！」っていう意味でもないんですけどね。でも子どもの原点で私らみんなそうやったと思うんです。[61]

たった一つの事例から一般化するのは困難であるが、それでも希望の家出身者の在日韓国・朝鮮人青年の中に、こうした人材が生まれていることは、希望の家が在日韓国・朝鮮人青年にとっても、従来の「民族教育」の場とはまた異なる可能性をもつ、自己肯定と飛躍を準備する場だったのではないかと考えられる。

おわりに

これまで、希望の家における学童保育・児童館事業と青少年対策事業を中心に、駆け足でその断面を振り返ってきた。東九条地域は行政から「福祉対策地区」の指定を受け、行政上の位置づけとしては同和地区に準ずるところの、何らかの特別の配慮や施策の対象とはなった。しかしながら、東九条地区において設置された生活館の事業の大半の運営や、あるいはのちに設置された児童館の運営も、すでに地域での活動実績のある希望の家に委託するという形となり、事実上は宗教法人をバックとする（のちに社会福祉法人に移行）希望の家に施策の実行を依存していたといった方が適切かもしれない。こうした地域福祉のあり方は、セツルメント・ハウスが都市部にあちこち開設され、社会改造運動の色彩を帯びた慈善博愛事業が花盛りであった二〇世紀初頭のアメリカにおける状況と、やや似かよっているかもしれない[62]。当時のアメリカがレッセフェール（自由放任）を原則とし、公的な福祉政策が極めて未発達であった空白部を、慈善博愛事業が補填していたのと同様に、東九条地域においても、行政の力不足を結果的には補う役割を希望の家が果たしたと言えるのではないか。

それでも一九七二年以降、山王小学校や陶化中学校で学力向上のための補習が取り組まれるようになるなど、子どもの成長に関わる他のエージェントとの連携関係も少しずつ芽ばえるようになったことが、資料から読み取ることができた。また学童保育・児童館事業においては、在日韓国・朝鮮人は言うまでもなく、ほかに障害者に対してもインクルーシブな態度で一貫してかかわり、差別や排除を許さないという姿勢を鮮明にし続けてきた希望の家の存在は、東九条地域に生きるさまざまな立場のマイノリティに「希望」を与える場として、地域へのエンパワメント機能を担ってきたものと考えられる。

ただ、行政と希望の家との連携によって進められた児童・青少年対策事業の意義は高く評価しつつも、その実効性を検証し課題を明らかにする作業は必要である。たとえば中学生に対する補習授業がどの程度の効果をあげたのか。その指標として一般的に用いられるのはもっぱら高校進学率である。その数値をもってしても、少なくとも一九八〇年代の時点で、東九条四ヶ町と陶化中学校全体、さらに京都市全体の平均値とでは少なくない格差が存在した[63]。しかし進学率はあくまで目安に過ぎず、高校進学後の学業の継続状況やその後の進路まで総合的に見極めなければ、真の意味での教育的効果を推し量ることはできない。今後の検討課題である。

また東九条地域に対する行政施策は構造上、さらに大きな問題点を抱えていた。四ヶ町（東岩本町、南岩本町、北河原町、南河原町）だけが対象エリアとして指定されたことが、逆に東九条地域に大きな分断をもたらし、差別構造をいっそう複雑な問題にしてしまったという点である。ことに、大きな問題を抱えていた南松ノ木町を一連の施策から切り離して扱うことは、のちに大きな禍根を残したと言える。教育面においても、陶化中学校区のなかに対象地区と非対象地区との分断をもたらすことになり、結果的に東九条地域の子どもの福祉のトータルな向上をめざす目標から大きくかけ離れたものとなったことは否めない。こうした分断構造は、希望の家による事業推進にとっても決してプラスになるものではない。おりしも二〇一一年四月からは、京都市生活館条例の失効に伴い、それまで約四〇年間続いた政策の枠組みが大きく変更される。希望の家はじめ現場は、この政策転換への対応に忙殺されているようであるが、この転換を契機に、東九条地域全体をカバーする包括的な子ども施策が構想される必要がある。また地区指定という従来の枠組みがなくなり一般施策に移行することから、東九条地域という範囲を超えてより広域を対象としたサーヴィスを見据えての転換も必要となってこよう。この点では希望の家児童館がすでに、少子化という背景にも促されてのことではあるが他学区の児童の受け入れを進めており、その先駆性が評価されるところである。

■注

1 中西 2008

2 むろん、国籍だけが在日韓国・朝鮮人の指標ではなく、エスニシティをトータルに把握する努力を継続せねばならないことはいうまでもない。なお東九条地域における、在日韓国・朝鮮人の子どもの全体に占める割合については、陶化・山王・東和の三学区をカバーする陶化中学校の在籍生徒数が妥当な指標となるであろう。京都市生活館条例施行前の一九六九年度現在のデータによれば、全校生徒九二四名中、韓国籍一五三名（一七％）、朝鮮籍二九名（四％）、その他九名であり、在日韓国・朝鮮人の子どもが二割を少し超える程度であることが見てとれる（京都市立陶化中学校 1970: 8）。ちなみに陶化中学校が一九五九年二月に刊行した資料に、同校の一九五六〜一九五八年度における同様のデータが掲載されている（ただし「朝鮮人」と表記）が、比率において大きな変化は認められない。一九五六年度：一五一一名中二六九名（一七・八％）、一九五七年度：一三四七名中二六五名（一九・七％）、一九五八年度：一三九九名中二六五（一八・九）（京都市立陶化中学校 1959: 1）。

3 京都市における「福祉教育」の展開を考える上で抜かすことができないのが、市教育委員会部内に一九六二年に設置された生徒福祉課の存在である。よく知られているように生徒福祉課は、そこに配置された生徒福祉主事を中心に、京都市における同和教育の推進エンジンとして非常に重要な役割を担った。同和行政を所轄した民生局福利課同和係（のち同和対策室）と教育委員会生徒福祉課との間には「一五日会」という情報交換の場が設けられ、水も漏らさぬ連携体制がとられていた（『京都市における同和行政の概要 昭和四五年版』五頁）。しかしながら、同和教育課といったようなネーミングでなく、あくまで「生徒福祉課」であったことに象徴されるように、同課は同和教育の枠を超えてさまざまな困難な状況にある子どもたちのための施策を担った。たとえばその一つに就学奨励への取り組みがある。長欠・不就学対策として、生徒福祉主事による学校訪問が行われていた。「昭和三七年度より、生徒福祉主事と二部学級担任教諭の協力のもとに学校を訪問し、担任教諭と懇談のうえ、その防止対策に努力している」。（『京都市教育概要 昭和三九年度版』三四頁）

4 京都市立陶化中学校 1971、三頁

5 前掲、八頁

6 平成一六年度京都市事務事業評価票 №. 220205による。http://www.city.kyoto.jp/somu/gyokaku/hyouka/h16/kohyo/220205.pdf（二〇一一年二月二〇日アクセス）

なお生活館が設置された一九七二年度の『民生局事業概要』は生活館の趣旨を、「近隣地区の生活相談、生活改善の指導、教養文化及び保健衛生の育成、指導に関することを行う」と規定している（前掲、一〇頁）。また生活館の運営業務の所轄は民生局保護課管理係となっている。これは同係が担当する「スラム対策事務」の一環をなしている（前掲、六頁）。さらに開設二年目の一九七三年度利用実績が「利用件数三四三件、利用人員三八〇二人、相談件数二六一〇件」であったと報告されている（『民生局事業概要 昭和五一年度』五八頁）。

7 希望の家が担ってきた事業は、教育や保育関係事業に尽きるものではないことはいうまでもない。たとえば地域住民の経済生活のささえ合いを意図した共済組合は、希望の家開設直後から長く続いたものである。一九九〇年代以降は特に、社会の趨勢を反映して高齢者福祉事業に重点が割かれている。本章ではこれに触れる紙面の余裕はないが、教育関係事業とこれらの事業間では人的交流も行われており、理解において欠かせないことを付け加えておく。

8 一九八五年度時点での生活館事業の実施状況は以下の通りである（〇印が委託事業）。「A．乳児対策事業…家庭児童相談室出張所の設置、〇山王保育所の設置、B．青少年対策…教育扶助資金給付、教育講座、卓球練習、図書の貸出、辞書・参考書の整備、陶化中学校補修教室、〇夏期対策事業、〇青少年教室、C．婦人対策…〇生花教室、○造花教室、○特別事業（社会見学、陶芸教室、文化祭、その他）、D．成人対策…自治講座、成人病検診、E．老人対策…各種サークル、健康相談、○老人教室（やすらぎ教室）、F．障害児対策…車いすの貸出し、キャタピラの設置（福祉センター）、G．地域対策…生活相談・指導、生活館だよりの発行、東九条改善対策事業の推進、生活設備資金の貸付、保健衛生対策、貸館、○公衆浴場（菊湯）の設置、H．防災対策…防災ひろばの設置、防災講座、非常口点検、職員の防災研修」（東九条地区実態調査委員会 1985: 16-17）。○印がついた委託事業のうち、公衆浴場の設置を除く大部分が、希望の家への委託であると考えられる。

9 京都市による東九条地域を対象とした対策事業の開始は、実際には一九六七年一一月とみなすのが妥当と考えられる。『東九条地区社会福祉パイロットプラン』（華頂短期大学社会福祉研究室 1971: 2）によれば、一九六七年八月七日に東九条北河原町で火災が発生、一二一世帯三〇七人が罹災し二名が死亡する。この事態を受けて京都市は同年九月、「東九条地区住民の生活上の実態は、憲法に規定する基本的人権並びに社会福祉にかかわる重要な社会問題である」との認識を示し、年度内に予備調査を行うことを決定、調査を同志社大学小倉襄二教授に委託するとともに、民生局福利課に東九条対策のための主査一名、地元に行政の窓口として駐在員一名を発令する（一九六九年四月より東九条対策の所轄は福利課から保護課へ移管された。『民生局事業概要 昭和四四年度』九一頁）。そして同年一一月、「従来から地元にあったカトリック系の社会福祉団体希望の家の一室を借りて、同地区住民のための生活相談業務を開始」するとともに、「東九条地区の範囲を、南区東九条東岩本町、南岩本町、北河原町及び南河原町の四ヵ町とする」ことに決定した。この指定地区範囲の決定をもって、対策事業は事実上始動したと考えられる。また山本崇記は、八月の火災発生直後に富井京都市長が現地を訪れ、その後「東九条スラム対策要綱」（一九六七年八月）、「東九条スラム対策基本計画」（一九六七年九月）と、非常に短期間に矢継ぎ早に施策が打ち出された点に注意を促している（山本 2011）。

10 希望の家創立五〇周年世話人会 2010

11 京都市児童福祉史研究会 1990

12 中西 2008

13 中西 2008、一九頁

14 前掲、二七頁

15 前掲、二三頁

16 前掲、三三-三四頁

17 前掲、三五頁

18 平成16年度京都市事務事業評価票 №.2202005による。 http://www.city.kyoto.jp/somu/gyokaku/hyouka/h16/kohyo/2202005.pdf （二〇一一年二月二〇日アクセス）

19 『希望の家新聞』：一号（1981.10）、二号（1982.4）、三号（1982.7）、四号（1982.10）、五号（1983新年）、六号（1983春）、七号（1983.6）、八号（1983.8）、九号（1983.10）、一〇号二面のみ（1983.12）、一一号二面のみ（1984.2）、一二号（1984.3）、一三号（1984.4）、一四号（1984.6）、一五号（1984.8）、一六号（1984.10）、一八号（1985.1）、一九号（1985.3）、二〇号（1985.4）、二一号（1985.6）、二二号（1985.8）、二五号（1986.1）、二六号（1987.8）、二九号（1988.4）、三〇号（1988.7）、三一号（1988.10）、三二号（1989.1）、三三号（1989.5）、三四号（1989.7）、三五号（1989.10）、三六号（1990.1）、三七号（1990.4）、三八号（1990.7）、三九号（1990.10）、四〇号（1991.1）、四一号（1991.4）、四二号（1991.7）、四三号（1991.10）、四四号（1992.1）、四七号（1992.10）、四八号（1993.1）、四九号（1993.4）、五〇号（1993.7）、五一号（1993.10）、五二号（1994.1）、五三号（1994.4）、五四号（1994.7）、五五号（1994.10）、五六号（1995.1）、五七号（1995.6）、五八号（1995.9）、五九号（1995.12）、六〇号（1996.3）、六一号（1996.6）、六二号（1996.9）、六三号（1996.12）、六四号（1997.3）、六五号（1997.6）、六八号（1998.3）、六九号（1998.6）、七〇号（1998.9）、七一号（1998.12）、七二号（1999.3）、七三号（1999.6）、七四号（1999.9）、七五号（1999.12）、七六号（2000.3）、七七号（2000.6）、七八号（2000.9）、七九号（2000.12）、八〇号（2001.3）、八一号（2001.6）、八二号（2001.秋）、八三号（2001冬）、八四号（2002春）、八五号（2002夏）、八六号（2002秋）、八七号（2002冬）、八八号（2003春）、八九号（2003夏）、九〇号（2003秋）、九一号（2003冬）、九二号（2004春）、九三号（2004夏）、九七号（2005夏）、九八号（2005秋）、九九号（2005冬）、一〇〇号（2006春）

20 京都市における学童保育事業は、一九六四年度の児童福祉審議会基礎調査の結果を根拠に、対象児が七〇名を超える学区を対象に一九六五年度からスタートする。一九六五年七月の市立砂川小学校（伏見区）が、その第一号として行政文書に名が刻まれているが、同年一〇月に事業開始の希望の家学童保育所は事業規模においても砂川小（六〇名）を上回る九〇名であり、また学校施設利用でなく校外の独立した場所での事業としては、市下第一号の名にも値するものである。学童保育所は一九六五年度の二ヶ所が翌六六年度には九ヶ所、さらに六七年度には一六ヶ所と、その後事業を急速に拡大させていく。なお事業開始当初、民生局内の所轄は母子課児童係であった（『民生局事業概要 昭和四一年度』一三頁、五一頁、『民生局事業概要 昭和四二年度』一三頁）

21 希望の家創立五〇周年世話人会 2010、八頁

22 京都市児童福祉史研究会 1990、二〇〇頁

23 希望の家創立五〇周年世話人会 2010、二一頁

24 京都市児童福祉史研究会 1990、一九九頁

25 『希望の家新聞』一三号、一九八四年四月

26 『希望の家新聞』一四号、一九八四年六月

27 『希望の家新聞』一八号、一九八五年一月

28 『希望の家新聞』一八号、一九八五年一月

29 『希望の家新聞』二一号、一九八五年六月

30 『希望の家新聞』四九号、一九九三年四月

31 こうした住民運動の高まりに強くうながされての結果であるが、行政側にも部署横断的な組織として「東九条改善対策協議会」が設置され、体制の強化がはかられた（一九八二年三月一〇日）。同協議会設置要綱によれば、協議会は担当助役、民生・総務・理財・衛生・住宅・経済・文化観光・消防の各局局長、教育長、南区長、その他担当助役が必要と認める者から構成され、東九条地域の改善対策の推進を図るために有機的連帯を確保することが目的とされた（『第一回京都東九条現場研修・報告書』京都キリスト者現場研修委員会、四五頁）。

32 『希望の家新聞』九九号、二〇〇五年冬

33 本章では引用の際、児童館厚生員や学校教諭など公的立場にある者の氏名は実名のまま引用し、児童館利用者

など一般人の立場にある者の氏名はイニシャルに変更することを原則とした。

34 『希望の家新聞』五〇号、一九九三年七月
35 『希望の家新聞』四九号、一九九三年四月（執筆者は宮川信子）
36 『希望の家新聞』七二号、一九九九年三月（執筆者は宮川信子）
37 『希望の家新聞』九九号、二〇〇五年冬
38 『希望の家新聞』八〇号、二〇〇一年一月
39 『希望の家新聞』四九号、一九九三年四月
40 『希望の家新聞』一二号、一九八四年三月（越知健所長の言葉）
41 『希望の家新聞』四〇号、一九九一年一月
42 『希望の家新聞』五三号、一九九四年四月
43 『希望の家新聞』五六号、一九九五年一月
44 『希望の家新聞』八号、一九八三年八月
45 『希望の家新聞』一五号、一九八四年八月
46 『希望の家新聞』四四号、一九九二年一月
47 『希望の家新聞』六号、一九八三年春
48 『希望の家新聞』九号、一九八三年一〇月
49 『希望の家新聞』一二号、一九八四年三月
50 『希望の家新聞』一四号、一九八四年六月
51 『希望の家新聞』二九号、一九八八年四月
52 『希望の家新聞』一六号、一九八四年一〇月
53 『希望の家新聞』二〇号、一九八五年四月
54 『希望の家新聞』二九号、一九八八年四月
55 『希望の家新聞』三一号、一九八八年一〇月

56 『希望の家新聞』五〇号、一九九三年七月

57 『希望の家新聞』一四号、一九八四年六月

58 『希望の家新聞』一五号、一九八四年八月

59 『希望の家新聞』一七号、一九八四年年末

60 『希望の家新聞』四七号、一九九二年一〇月

61 『希望の家新聞』四七号、一九九二年一〇月

62 こうしたセツルメント活動の中から、スクールソーシャルワーカーの前身となる訪問教師（ビジティングティーチャー）が派生した（倉石 2014）。福祉教育を考える上で、セツルメントの存在は欠かすことができない。東九条地域における一九六〇年代を中心としたセツルメント運動の展開についても、今後研究を進めていきたい。なおこのテーマの日本における比較的最近の成果としては、柴田（2007）がある。

63 東九条地区実態調査委員会 1985、三七頁

終章

教育福祉論のために

はじめに

本書のまとめにあたる本章では、第一部で詳述してきた高知県の福祉教員の実践を、生活・生存保障と教育の論理とのむすびつきをくわだてる教育福祉のプロジェクトのコア部分として位置づけるとともに、福祉教員の時代の「その後」の教育福祉を眺望する。一九八〇年代以降の「不登校」の時代に移るなかで、生活・生存保障と教育とがむすびつく条件は掘り崩され、教育福祉は拡散していった。少子高齢化のなかで迎えた教育の周縁化も、事態を一層困難なものに陥れている。この生活・生存保障と教育のむすびつきの危機を、教育における公共性の危機として捉える視点を提起したい。

また本書第二部で描いてきた在日朝鮮人の子どもをめぐる問題は、教育福祉の外部または境界領域

（グレーゾーン）を構成するものと位置づけることができる。在日外国人（朝鮮人）の教育をめぐっては、義務教育の対象外とされていることから来る「無権利状態」が今日に至るまで最大のネックとされている。しかしこうした教育制度論的見地からは見落とされがちな「意図せざる結果」を、教育福祉論の見地に立つことで視野におさめることができるのではないだろうか。

1　教育福祉（論）のオーバービュー

議論にさきだち本節では、論者によって異なったニュアンスを持ち、漠然とした概念である教育福祉について見取り図を描き、その今日的位相を明らかにしたい。その出発点として、やや古いものになるが「教育福祉」という用語の意味を三通りに整理した市川昭午の議論[1]が、よい手がかりを与えてくれると思われるので参照する。つぎに、生活保障・生存保障と教育との逆説性を鋭くつき、新自由主義的時代状況での教育と福祉の結合を舌鋒鋭く批判する仁平典宏の議論[2]を参照し、それらを参照点として本章のスタンスを確認する。

（1）技術的政策領域としての教育福祉

市川によれば教育福祉とは、「広義の教育サービスに含まれる社会福祉的サービス」、「教育がもたらす経済福祉的帰結」、そして「教育およびその結果が有する総体的福祉機能」の三つの異なる意味を内包している[3]。このうち、もっとも可視化しやすく政策や実践の焦点となるのが第一の意味における教育福祉、すなわち教育の福祉的側面ないし福祉的機能である（本書第一部で展開した福祉教員論もまた、この部分に特化した研究である）。市川によればそこに含まれるものとして、「要保護及び準要保護児童生徒に対する学用品・通学用品・通学・修学旅行・校外活動・学校給食・医療・学校安全会掛け金等の費用援助、ならびに特殊教育就学奨励費等」のほか、「定時制高校と高校通信教育に対する教科書・学習書等の給与、同和地区の高校等進学奨励、高度へき地学校児童・生徒パン・ミルク給食等」があげられるという[4]。また、これらのように特定層に対象が限定されず、該当児童・生徒全員に及びうる福祉的サービスとして「給食、学校医療、特殊教育、就学助成」をあげ、これらも教育の福祉的側面に含めて考えている[5]。今日の視点からすれば、このリストにはまだまだ付け加えるべき項目があるだろう。たとえば、右記のリストでは学校医療のなかに含まれているのかもしれないが、養護教諭や保健室の存在感は今日きわめて大きく[6]、教育の福祉的側面の中心に位置しているとさえ言っても過言でない。

しかしここで注意しなければならないことがある。上記の「教育内部の福祉機能」と並んで市川は、「こんにち、生活の最低限保障には、かならず教育の最低限の保障がともなっている」[7]という認識を示し、「福祉内部の教育機能」にも注意を促しているのである。少し別の言い方をすれば、生活保障という広大なプロジェクトのなかで、主に学齢期の子どもの生活や教育上の問題を守備範囲とする一ブランチとしての教育福祉、という捉え方である。「福祉内部の教育機能」の具体例として市川が挙げているのは「教育扶助（生活保護の一部）や児童手当、…児童福祉や要保護・準要保護児童・生徒に対する就学援助…」[8]などである。ここで言う児童福祉には、児童養護施設や児童相談所など今日的視点からみて極めて重要な働きをなしているものも含まれるであろう。また、東京都江戸川区で一九八〇年代に、福祉事務所のケースワーカーが地域の中学生の学力保障や進路保障に取り組んだケース[9]なども、このカテゴリに該当するだろう。

しかし総じて市川の議論においては、「教育内部の福祉機能」と「福祉内部の教育機能」は互換的に捉えられ、それほど厳密に区分けされていない。そこでリストされている項目も、教育扶助や就学援助など重複している場合が目につく。そこでは基本的に、生活保障の論理と教育の論理が齟齬をきたしたり、乖離したりする可能性は想定されていない。「こんにち、生活の最低限保障には、かならず教育の最低限の保障がともなっている」という文言は制度的事実をなぞったものとしてひとまず妥当だとしても、教育と生活保障の論理との順接性それ自体を疑う余地がここにはない。教育福祉は討究すべき主題ではなく技術的に処理すべき政策課題として捉えられるにとどまっている。

（2）「教育抜きの生存保障」というカウンター

生存保障・生活保障という大きな文脈のなかに、教育を置き直そうとするのが教育福祉論の要諦である。ところがここにもし、「教育抜きの生存・生活保障を考える」というアイデアが対置されたらどうするだろうか。教育を通じた生存・生活保障、という考えはもちろん論外であるが、そこではさらに、生存・生活保障の一部に教育を有機的に組み込むことさえも拒否される。徹底的に教育の外部で、生存・生活保障を構想し実現しようということだ。この議論を展開した仁平典宏の議論[10]を参照したい。

仁平の議論の根底にある時代診断は、福祉国家の後退、新自由主義の台頭によって国家が社会保障から退場し、そこに生じた空洞を埋めるべく流れ込んできたのが、〈教育〉の論理だという認識である。この事態を仁平は、教育の論理による生存権の浸食として批判的に捉えている。それを裏づける事象として挙げられているのが、たとえば学校が規律密度を低下させ、他システムのなかに溶出しつつある「生涯学習社会化」現象、さらには社会保障支出全体を抑制しつつ、その内部で教育・職業訓練抱き合わせの給付の比率を高め、さらに総福祉支出の軽減をめざすワークフェアへの転換という現象などである。

しかし仁平の批判の射程は、より深く教育の内部にも伸びている。俎上にのぼるのは「シティズンシップ教育」である。仁平はまず、福祉国家の弱体化と新自由主義の台頭にともない、シティズンシップ概念そのものが変容を来したことに注意を向ける。かつてシティズンシップ概念の根底にあったのは、国民国家の成員に対する無条件の生存権保障を主張するT・H・マーシャルの「社会的シティズンシップ」概念だった[11]。このマーシャルの概念の特徴は、無条件の生の保障というまさにその主張の根幹部分ゆえに、教育の論理との相性が悪かった。と言うのも社会的シティズンシップにおいては「納税などの義務が形式的・受動的にあるばかり」[12]で、人びとの能動的・主体的社会参加は何ら要請されていなかった。仁平はこの事態を、この概念には「教育の居場所がない」と記述した[13]。一方、社会保障からの国家の撤退とともに、「社会的シティズンシップ」概念は、新たに台頭した「行動的（活動的、能動的）シティズンシップ」へと道を譲ることになる。そこでは国家の退場により生じた公共サービスの空隙を、市民の能動的、活動的参加が埋めていかねばならない。また新たな概念は、能動的で活動的な主体形成をめざす「シティズンシップ教育」と実によくうまが合う。シティズンシップ教育は市民の義務や責任の面も強調し、福祉に依存しない自立性を強調することで新自由主義をアシストする。このようにシティズンシップ概念を介して、教育と福祉の接合は新自由主義の社会状況のもと、社会保障の〈教育〉化として再定位される。仁平はあくまで、教育から自立した社会保障のあり方を構想するべき、と結論するのである。

本節ではまず市川昭午の概念整理を参照し、教育福祉の領域を見定めた。しかしそこでは教育福祉はあくまで技術的問題として捉えられ、生活保障と教育の論理が齟齬をきたしたり乖離したりする可能性は想定されていなかった。他方、より近年の状況をふまえた仁平典宏の議論は、新自由主義体制下の状況ではこの二者の関係を断ち切ることから、新たな生存権保障は出発するしかないと主張した。それに対して本章の立ち位置は、この両者のスタンスの中間にある。つまり生活保障・生存保障と教育の論理との齟齬や乖離を、実態レベルにおいて直視しつつも、両者の関係を断ち切ることにはなお未練を残し、そのむすびなおしの可能性を探っていきたいと考えている。

2 教育福祉のコア部分としての福祉教員の実践

一九五〇年代の長欠・不就学問題の背景に、就学年齢の子どもたち（とりわけ新制中学校の）の家庭環境が置かれた貧困・生活苦の状況があったことは疑う余地がない。このことが学齢期の子どもたちを年少労働へと吸引し、長欠・不就学問題に拍車をかけたわけである。しかしもし、就学を実現するべく当該の子どもを労働から強制的に切り離す、ということが実行に移されたらどうなるだろうか。年少労働の状態にある子どもは、ある意味で労働市場に包摂されることで生活・生存の道をつないでいた。教育福祉の手で労働市場から子どもを切り離し、学校教育システムに包摂することは、生活・生存保障を脅かすことになりかねない。この矛盾に対するクリアな解決策の一つは、中学校夜間学級

（夜間中学）の設置であった。これによって、たとえ昼間に労働に従事したままでも、就学を可能にする道が準備されるからである。しかし夜間中学設置は決して、戦後の長欠・不就学対策のメインストリームにはなりえなかった。より幅広い地域でとられた対策は、高知県の福祉教員制度がまさにそうであったように、訪問教師等を活用した就学督励であった。

ここでは、教育の論理と生活保障・生存保障との接続という観点から、いくつかの福祉教員の事例をもう一度振り返ってみよう。まず、安芸中学校の川島茂生のケースである。木材の集積地であった安芸では、山地から切り出された木材を海岸まではこぶのに、馬追と呼ばれた原始的な方法をとっていた。この馬車引き労働に、中学校相当の就学年齢の子どもが多数従事し、長欠はじめ問題行動の温床と目されていた。川島の勤務する安芸中学校は校区に被差別部落をかかえ、その子どもたちも数多く馬追にたずさわっていた。川島は警察等の諸機関と連携し、馬追という因習そのものの廃絶にむけて動き出す。「強力な世論の醸成」をかかげて積極的に問題を訴えるイベントをうち、地元紙にこの問題を頻繁に露出させた。また警察当局はもちろんのこと、雇用主である馬方、廻送店、船主をまきこみ、こうした当事者を一堂に会させて協議し、少年を馬追に使用しないとの合意をとりつけ、問題を大団円にもちこんだ。

この事例は、福祉教員の実践において、生活・生存保障と教育の論理とが明らかに逆説的な関係にあったことを示すケースである。馬追労働が完全に放逐されたあと、安芸中学校では「仲間の出席を喜ぶ会」が開かれ、その席上で「マイクに立った川島さんの声は感激にふるえていた」と当時の記録には書かれた。しかしその感動の影で、当該の子どもたちの生活・生存が脅かされていた可能性には、学校関係者の思いは至っていない。このように当時の福祉教員は、教育の論理を貫くはてに生活・生存保障の侵害に行きつくというディレンマを抱えていた。

次に高知市長浜地区で福祉教員をしていた水田精喜の記録を振り返ってみよう。

私はよく、休んでいる子ども、そしてその親たちにあうために、浜の木陰で網の上がるのをまちました。その働く姿を眼の前に見て、明日からは学校へ来いとは、どうしても言えませんでした。それよりむしろ、福祉事務所（長浜支所）へ走って、生活扶助をもらう手だてをする仕事の方が多かった。14

ここで水田によって表明されているのも、学校教育への包摂が生活・生存保障にストレートにつながることへの疑念である。ただ水田の場合、先の川島のケースと異なり、教育の論理の行使をおさえ、児童生徒一家の生活保護申請の後押しをしてかれらを福祉システムにつなぐことを通して、生活・生存保障のほうを優先させたわけである。福祉教員という教育システム内部に身をおく一員でありながら、このような判断を下さざるをえなかった苦悩がこの一節にはにじんでいる。

ただ全ての福祉教員が、こうした矛盾を前にただ立ちつくし煩悶していただけではなかった。かれらは自らの実践を生活・生存保障につなげていく活路を、学校教育よりは社会教育の場に求めた。福祉教員第一号の福岡弘幸はその立場を「生産点に立った同和教育」と規定し、のちにそのエッセンスを『腹のふくれる社会教育』という卓抜なタイトルで著書にまとめた[15]。農業学校および農業補習学校教員養成所出身という特異なバックグランドが、その形成に与って大きかった。その系譜を受け継いだのが、室戸市上段地区でキュウリ栽培を普及させた吉本珖や、大方町万行地区でラッキョウ栽培を実らせた植田文彦の実践であった。これらの取り組みは二重の意味で興味深い。第一に、形式上は学校に身分をおく立場の福祉教員が、学校教育という回路を経由させない形で直接的に、部落の生活・生存保障に関与したことである。第二は、その生活・生存保障のすじ道が、労働市場への人々の包摂を経由しないものだったということである。こうしたことが成立するためには、農業県としての高知県の特有性など、いくつかの条件が必要なことは言うまでもない。

このような重要な模索はありつつも、福祉教員は概して、教育の論理が生活・生存保障と滑らかにつながる可能性には悲観的であった。この両者間の齟齬はのちの同和教育運動においては、「進路の保障」というロジックによって埋められていった。それは、生活・生存保障の課題を「職業世界へのスムーズな移行」へとひとまず限定し、それを進路指導という教育システム内実践へとうまく落とし込むことでなし遂げられたのだった。

3　教育福祉の拡散

かつて教育福祉のコア部分を強く規定してきた長欠・不就学問題については、周知のようにその語られ方が一九七〇年代以降、「登校拒否」「不登校」などへと大きく変わっていった[16]。むろんこれらの呼称の変更は、「問題のつくられ方」の変化を示すのであって、必ずしも実態の変化を反映するものではない。したがって一九八〇年代以降になっても、「学校に行かない子ども」のプロフィールがすっかり様変わりしていわゆる「神経症型不登校」の子で占められてしまったわけではなく、貧困や生活困難を背景とする「脱落型不登校」も一定の比率を占め根深い問題であり続けていることが指摘されてもいる[17]。

しかしそれにもかかわらず、かつて一九五〇年代の長欠・不就学対策において微塵も疑われることがなかった「学校に戻る、あるいは行く」という価値は、徐々に自明性を失っていった。取り組みの重心は就通学機会の回復や創造から、たとえば「居場所づくり」といった方向へと移っていった。適応指導教室設置やスクールカウンセラー配置にはじまり、「親の会」や民間のフリースクール・フリースペースといったオルターナティブな学び舎づくりにまで至る多彩な「不登校への取り組み」を、教育福祉という概念で括ることに抵抗をおぼえるむきもあるだろう。しかし社会政策の対象として近年、経済的貧困を基準とするだけでなく、社会関係やアイデンティティの領域にまで広げて概念化する「社会的排除」という捉え方がある。それは「所得の次元だけでなく、市民としての生活の様々な次元における剥奪を問題にする」[18]概念である。またこの概念は状態だけでなく過程を重視する。こうした社会的排除の観点に立てば、学校から疎外された状態を修復しようとする右記の試みを教育「福祉」に包含することも、あながち的外れではない。

また二一世紀に入ってからは、親の虐待や発達障害など、「不登校」要因の多様化が指摘されている[19]。これらのなかには、欠席状態はあくまで問題の「入口」に過ぎず、その奥にさらに難しい対応を迫られる問題が控えているものもある。このように、教育や子どもをとりまく社会状況の複雑化とともに教育福祉の内実もまた拡大の一途をたどり、もはや単一の像を結ぶのが困難なほどに内容が拡散化しつつあるというのが実態であろう。

教育福祉の拡大・拡散化をめぐっては、義務教育段階を超えた年齢層にまでその射程が伸びていることも見落とせないだろう。すでに一九七五年時点での市川の概念規定にも、高校段階のものが含まれていたのは右で見たとおりである。就学義務という後ろ盾がない後期中等教育段階の学びについても、もはや生徒個人、あるいは各家庭の自己責任に任せてはいけないという認識は、今日ほぼ社会的コンセンサスを得ていると思われる。だが義務制段階に比べその支援体制はなお非常に脆弱であり、高校中途退学問題が深刻な事態に立ち至っていることはつとに指摘されるとおりである。その一方で、かつて勤労青少年のために学びを提供していた定時制高校の機能が様変わりし、義務制学校の不登校経験者や高校中退者、さらにニューカマー外国人や発達障害者などの受け皿となり、実質的に学校それ自体がセイフティネットとして機能している面もあるという[20]。

このような「拡散」現象にともなって一層進行しているのが、教育福祉内部における「公／私」乖離の進行とその硬直化である。かつての長期欠席が後景に退くかわりに浮上した「不登校」事象を前に、教育行政当局の茫然自失ぶりはかつての長欠時代より甚だしかった。少なくともかつては、部落解放運動、ＰＴＡ関係者、教員組合など種々のアクターの突き上げを受け、それに呼応し、場合によってはアクターを味方につけながら夜間中学や福祉教員制度を創設するだけの当事者能力を、教育行政が備えていた。特に福祉教員の事例について言えば、時には地域の事情に精通する適任者を求めて民間人に触手を伸ばし、登用する柔軟さをそこに垣間みることもできた[21]。こうした公私の柔軟な有機的連携は、公共性の原義がオープンネスにあることに鑑みたとき、まさに公共性の名に恥じないものだったと言うべきだろう。しかし八〇年代からの「不登校」を前にして、こうした公私の壁を超える柔軟さは発揮されなかった。登校復帰を促すいくつかの散発的手立てが概ね不発に終わった後、行政には何もなすすべがなかった。ただただ民間に筍生した多様な「オルターナティブな学び舎」の活況を前に、その事後的追認（「指導要録上出席扱いとする」）を行うことしかできなかったのである。教育福祉は拡散を遂げるなかで、その事業を完全に「民間委託」してしまったかのようである。結局実現に至らなかったものの、二〇一六年一二月に可決成立した「義務教育の段階における普通教育に相当する教育の機会の確保等に関する法律」の検討段階では、民間のフリースクール等を義務教育体系内に取り込むことが視野に入っていた。こうした動向はしかし、公私の有機的連携というより、「公」の責任放棄による「私」への丸投げというべき性格を持つ点で、近年の大阪市における民間人校長登用の失態などと同列の性格をもつと言わねばならず、教育福祉の拡散に拍車をかけるおそれなしとしない。

この「なすすべのなさ」は、教育行政当局の不作為、あるいはその「無能さ」に起因するものではない。こうした事態を掘り下げて考察するためには、より幅広い文脈に学校や教師を位置づけてみる必要がある。ここで強調したいのは、浜田寿美男が「学校の生活離れ」[22]と名づけた事態、すなわち学校や教師をとりまく環境の変化により、そもそも教育が子どもの属するコミュニティの生活や生産活動との間にもちうる接点が、限りなく希薄化していったという点である。かつて福祉教員の時代にはまだ、人びとの生産の営みからそう遠くない場所に教育があり、教師がいた。上述の福岡や吉本や植田のような人材や実践は、そうした基盤から輩出された。ところが時代が進むにつれ、教育という営みは生活や生産の営みから次第に隔離されて結びつきを失い、官僚制化されていった。また教師自身も、都市化した生活環境のなかで生育する者が大半を占めるようになり、価値観の私事化も相まって地域の生活や生産に対する関心が失われていった。こうして、生活や生存の保障に教育がコミットするための条件が、掘り崩されていった。

まとめよう。一九八〇年代を画期として訪れる「不登校の時代」においては、公私の壁の一層の硬直化が進み、かつてのような柔軟な対応は見られなかった。また教育が、人びとの生産や生活の営みとの間にもちうる接点も限りなく狭くなっていった。このようにして、教育が生活保障・生存保障にかかわりうる基盤が掘り崩されていった。教育福祉はかつて、「就通学機会の回復や創造」という課題に自らの基盤を置いていた。しかしながら今日的位相に照らしたとき、もはや「学校に行くこと（戻ること）」を至上の価値とし続けることは困難である。それは必然的に、教育福祉内部にも根づよく存在した、公教育による人間形成の独占という前提との訣別を要請するものでもある。

4　教育福祉の外部／境界領域——在日外国人（外国籍）の子どもをめぐって

教育福祉の圏域の外部あるいは境界領域を描くに際しては、サービスの人的対象に注目していくことが近道になると思われる。戦後日本における教育福祉の外部を描くため、ここでは在日外国人の存在に焦点化する。

（1）在日外国人と教育福祉

在日外国人については、戦後七〇年を迎えた現在なお、生活の多くの面で「無権利状態」にあることに内外から強い批判が寄せられている。教育面においてもこの批判は該当する。すなわち政府は今日に至るまで一貫して、日本国憲法や教育基本法条文の「すべて国民は…」という文言ならびに国籍法などを根拠に、外国籍子弟を就学義務の対象に含まれないものとして扱っている。学齢期の外国籍児童生徒は、たとえ日本の学校に在籍していても、それは権利としての在籍ではなく、就学の希望に対して「恩恵」により就学が認められている状態に過ぎないことを想起するべきである。

こうした法的地位の問題は、教育福祉のコア部分をなしてきた長期欠席者対策にも影を落とした。最も対策が盛んに取り組まれた一九五〇年代において、在日外国人の大半を占めていた在日朝鮮人児童生徒は公的な長期欠席者調査の対象から漏れていた。その存在は、教育福祉によるカバーの埒外にあったと言わねばならない。関係者および就学事務を扱う第一線職員の尽力により、在日朝鮮人家庭向け「就学案内」の漏れはほとんどなくなったため、在日の不就学問題を問う声は聞かれなくなって久しい。だが、それは問題の根本的解決を意味してはいない。それは、一九七〇年代以降に来日・定住するようになったニューカマー外国人においても「不就学問題」の蔓延が指摘されて今日に至っていることからも明らかである[23]。

ただし教育福祉を、市川昭午のように制度的・機能的側面に注目して捉えた場合、教育福祉からの在日外国人の排除という立論はそう簡単ではない。市川のリストにある教育扶助や就学援助については、本書補章3において一九六五年文部次官通達を検討することで明らかにしたように、比較的早い段階で在日外国人の包摂がはかられた。児童手当や児童扶養手当などについてはさらに平等化に時間を要したが、インドシナ紛争などの国際情勢の変化、それを受けた国際人権規約加入（一九七九年）、難民条約批准（一九八二年）などによる制度改正の結果、平等化が実現する[24]。これらの給付は全て、教育行政ではなく福祉行政（児童福祉）ラインの法に根拠づけられた、「福祉内部の教育機能」に属するものである。こうした「外圧」を契機としたシティズンシップの在日外国人への拡大は、教育福祉からの在日外国人の排除を不可視化し、認識を困難にするという意図せざる結果をもたらした。こうしたあいまいな性格をもって本章では、これらを教育福祉のグレーゾーンと呼びたい。

また、在日の民族教育を目的に日本の公立学校内にかつて設置されていたさまざまな場についても、グレーゾーンの一部をなすものとして目を向ける必要がある。よく知られているように戦後（解放後）の在日の民族教育は、まず各地に「国語講習所」が開設され、その後在日民衆の献身的下支えによって朝鮮学校が設立され、そこを軸として進められることとなった。しかしながら、占領下の在日朝鮮人はなお日本国籍者であり、日本国民は須らく日本の学校に就学すべしとの形式論理から朝鮮学校は廃止の対象とされ、一九四九年に強制的に閉鎖された[25]。これによって多くの在日児童生徒が行き場を失ったが、日本の公立学校も受け皿として十分に機能せず、長欠・不就学状態が蔓延した。そのなかで、一五校の都立朝鮮人学校や大阪市立西今里中学校分校のような「公立朝鮮人学校」が全国各地に一定期間存在したことが知られている。これらの学校では、サンフランシスコ条約発効による日本国籍の喪失という重要な節目を挟んでなおしばらくの間、不十分ながら「民族教育」が展開された。民族教育の場であること自体が、長欠状態にある在日児童生徒にとって「就通学支援」であり教育福祉である、というロジックはあまりに牽強付会かもしれない。それがそもそも、「長期欠席対策」のある種の機能を果たしたのかどうか、慎重に検討する必要がある。これらもまたグレーゾーンと呼べるであろう。

(2) 教育福祉の「戦略的位置取り」

前項で示した教育福祉の境界領域（グレーゾーン）の存在は、生活・生存保障の論理と教育の論理との関係にとって、どんな意義を有するだろうか。ここで参考になるのが、1節において紹介した仁平典宏の議論である。仁平は、生活保障の領域から教育を外部に放逐することを一貫して主張していたが、だからと言って教育に何の可能性も見出していないわけでなかった。社会保障が「不安を国境の外に押し出す」ものであり、本質的に国民国家の枠にしばられた限界性をもつ一方で、その社会保障の外部に位置する教育は、「『シティズンシップを問い直す』という自己意識ゆえに、国境を相対化する思考にもつながりうる」[26]。つまり教育が有するトランスナショナル／脱国家へのポテンシャルに、希望をつないでいるわけである。だが本章では、在日外国人教育の故知に基づきながら、仁平とは少し異なるところに「希望」を見出したい。

教育福祉における一つの特徴として、「教育内部の福祉機能」と「福祉内部の教育機能」との見かけ上の一致という論点を先に指摘した。そしてその具体的あらわれの一つが、在日外国人教育の教育福祉領域で見られると先に述べた。さまざまな「外圧」の結果として、生存に直結する社会保障制度における内外人の差別はほぼ撤廃されており、そこには教育福祉の内部に位置づけられるものも多数含まれていた。「教育内部の福祉機能」と「福祉内部の教育機能」の見かけ上の一致ゆえ、それがあたかも教育資源の在日外国人への配分増のように見えてしまうため、結果的に教育福祉からの在日外国人の排除が不可視化されかねない、と論じた。この事例は、生活保障の内部に教育が位置を占めていたことが、在日の子どもたちにささやかながら利益をもたらしたことを示す事例なのではないだろうか。

仁平によれば社会保障は強く国民国家の枠にしばられる一方、教育はその外側にあるゆえ、最良の場合にトランスナショナル／脱国民国家的なポジションを確保できる可能性がある、ということだった。しかし現実には逆に、教育の側が国民国家の枠にこだわる頑なな態度を崩さないなかで、生活保障（福祉）の領域にさきに風穴があいた。同じ事象が「教育内部の福祉機能」であり同時に「福祉内部の教育機能」であるため、結果としてそれは在日外国人教育そのものに微小ながら改善をもたらした。このように、教育という閉域内部の論理にいくらたずねても動かすことのできなかった事態が、外部システムとの連動でいとも簡単に前に進む場合がある。筆者はこのように教育を、生活保障というシステム内部に位置づけることに、戦略的な意味があると考えている。それを外部化することはかえって、

〈仁平も強く批判するであろう〉教育の閉域化、自足化を加速させることにつながるのではないか。

5 「教育そのものの周縁化」を目前にして——少子高齢化の論理的帰結

本章では教育における公共性の危機を、市場原理の浸透や教育の民営化といった公／私二分論を前提とした枠組みとは異なる視角、すなわち浜田が言うところの「生活離れ」、つまり教育が生産や生活の営みとの間にもつ接点の縮小に由来する、生活・生存保障にかかわる余地の極小化として捉えた。この視点を押し広げたとき、言い古された少子高齢化問題もまた、教育における公共性の危機という、新たな相貌をもって立ち現れるのではないだろうか。

一般に、生活保障全体と教育との関係は、順接的なものとして捉えられている。すなわち生活保障や福祉全般の充実は、当然のこととして教育福祉にも恵みをもたらすものと考えられている。だが今日、人口動態の変動とともにこの前提は大きな揺らぎを見せている。ここでは社会における、教育そのものの周縁化という問題を考えたい。

引き金を引いたのは、少子高齢化の背後にあると言われる晩婚・晩産、もっと言えば〈非婚の時代〉の到来である。子どもの絶対数の減少は、生活保障や社会政策全体のなかに占める子ども関連部門の重みが、端的に相対的に軽くなることを意味する。そればかりでなく、人生行路における子育て経験はコンティンジェントなものとなりつつある。「わが子を持たぬ者」の増加は、教育の家族依存という状況が揺るがぬ限り、教育そのものの周縁化を確実にもたらす。つまり、少子高齢化を背景とする教育の周縁化という「鉄の檻」に締めつけられ、教育が人びとの生活・生存保障にたずさわる余地は、日がな一日縮小・後退を余儀なくされているのだ。

教育の周縁化の一方で、老いに伴う老後の不安は万人を確実にとらえる。こうした構造的な要因によって、生活保障全体の充実が自動的に、教育福祉の向上をも意味するという状況は消失しつつある。むしろ、生活保障あるいは福祉全般への公的関心の高まりは、教育福祉にとって逆風となることさえ想定される。教育福祉の大部分が公費を運用することによって営まれているとするならば、その支出には納税者の同意が不可欠である。だがいま見たように、幅広い同意をえる基盤はすでにかなりの程度掘り崩されてしまっているのではないだろうか。よく参照される「教育とは人生前半の社会保障である」というテーゼ[27]も、こうした状況を踏まえた上で緊張感をもって放たれた言明であろうと思われる。

この状況に風穴を開けるのは容易ではない。わが子をもたぬ生を生きている人々（納税者）は、いかなる論理をもってすれば教育を支える輪のなかに加わることが可能か。ここでキーとなるのは家族のあり方である。一つの筋道は、子育ての社会化を極限まで推し進め、責任を社会で分有することで家族依存の状況を無化することである。これによって、教育に関わる者／関わらない者の境界は、わが子を持つ者／持たぬ者の境界と同時に消失する。だがこの筋道にあまり現実味があるとも思えない。もう一つの筋道は、家族依存の構図に手をつける前にさしあたり、家族のあり方を柔軟に考えていこうとする道である。たとえば同性婚や里親制度の普及によって、フォーマルな婚姻関係にないパートナーが双方に血のつながりのない子どもと家族をなすことが考えられる。こうした現象の広まりによって、教育に関わる者／関わらない者の境界の垣根が少しでも下がることが期待される。

だがこうしたアイデアも、「教育に関わらない自由」が承認された上で検討されなければ規範の押しつけに終わってしまうだろう。

おわりに――公共性の復権のために

本章では、生活・生存保障と教育の論理とのむすびつきを探るくわだてを教育福祉のチャレンジと捉え、教育福祉の系譜を戦後日本社会の流れのなかで追いながら、その可能性をさぐってきた。だが本章の分析結果は概して否定的なものであった。教育福祉の草分けでありフロントランナーであった福祉教員たちは、教育の論理の追求のはてに生活・生存保障が実現するというような楽観論に与しなかった。その実践の軌跡にはどれも苦渋のあとがうかがえた。教育福祉「拡散」の時代に入ると、両者のむすびつきを展望するのは一層困難になった。また、教育福祉の外部／境界領域としての在日外国人問題の領域において、教育を生活・生存保障の外ではなく内側にポジショニングすることが、在日外国人児童生徒にとってのささやかな状況改善という「意図せざる結果」をもたらすことを述べた。だがこれも、むすびつきの可能性を積極的に示す論拠にはならない。最後に人口構造の変化による「教育そのものの周縁化」によって、生活・生存保障の領域のなかで教育福祉が疎外されかねない可能性を指摘した。教育福祉のチャレンジがある種の「後退戦」とならざるを得ないことに注意を促す意図があるが、これも教育を閉域として絶対化せず、他の隣接システムとの緊張関係において捉える視座から導出された論点である。

教育がもっとも広い意味において、人びとの生命をつなぐ営みであることには筆者も賛同する。それゆえに教育が、生活・生存保障の一角に位置を占めるというのは悪くない考えだ。だが本章において見てきたように、戦後日本における時代の変遷のなかで教育が生活・生存保障に関わりうる余地は徐々に狭まっていった。今日、教育福祉論が一定の隆盛をみているが、その議論を子細に点検すれば、結局のところ困窮者が学業をできるだけ長く継続するよう手助けし、より有利な条件で労働市場に包摂されるよう支援するというすじ道以外の可能性は十分に思い描けていない。新自由主義的施策の浸透で教育の公共性が脅かされているとの議論は多いが、生活・生存保障にかかわる余地の後退という点を公共性の危機に結びつけた議論は、管見の限り知らない。もはや、それが公費支出により支えられた「公教育」であるだけで、公共性を主張するに事足りる時代ではなくなった。その状況を反転させ、公共性を復権させようと思うならば、教育が人びとの生活・生存保障と切り結ぶ余地がなぜ、どのように失われていったかということにまず思いを馳せるべきではないだろうか。

■注

1 市川 1975
2 仁平 2009、2014
3 市川 1975、二一〇‐二一一頁
4 前掲、二三頁
5 前掲、二三頁
6 すぎむら 2014
7 市川 1975、二二一頁
8 前掲、二二頁
9 宮武 2014
10 仁平 2009、2014
11 Marshall, 1950=1993
12 仁平 2009、一八九頁
13 前掲、一八九頁
14 水田 1976、一八頁
15 福岡 1987
16 加藤 2012
17 酒井 2015

18　福原 2007、五一 - 五二頁
19　不登校問題に関する調査研究協力者会議 2003
20　濱中 2015
21　江口 2013b、および本書第4章を参照。
22　浜田 1998
23　宮島・太田 2005、佐久間 2006
24　田中 1995、一六一頁
25　木村 2015
26　仁平 2009、一九七頁
27　広井 2006

増補新版あとがき

本書旧版は、生活書院より二〇〇九年に刊行した『包摂と排除の教育学——戦後日本社会とマイノリティへの視座』である。旧版は幸いにも多くの関係者の目にとまり、二〇一〇年度日本教育社会学会第四回奨励賞（著書の部）を受賞するという身にあまる栄誉にも浴した。だが月日が経つにつれ、旧版に手を入れアップデートした新たな本を出さなければならないという思いが募っていった。その背景として、旧版刊行後わずか八年ほどのあいだに私たちの社会が経験した、数えきれないほどの大激変を思い起こしておきたい。思いつくまま列挙すれば以下のようにもなろうか。

・国内における貧困・格差の拡大、それを背景とする二〇〇九年の政権交代と民主党政権による一連の包摂的社会政策の挫折。そのバックラッシュとして二〇一二年に政権が再交代し、安倍政権のもと「再分配なき社会保障」路線が推進されている。たとえば「子どもの貧困対策推進法」、それを受けた「大綱」制定など一見熱心に取り組む姿勢が見られるが、その内実は国民に対する寄付の呼びかけや「子ども食堂」など民間の散発的な事業の称揚など、とても抜本的対策とは呼べないものである。

・二〇一一年三月の東北巨大地震の発生、東京電力福島第一原子力発電所事故を含む一連の「東日本大震災」の発生。その後右記の通り政権が再交代し現在に至るが、この間の新自由主義政策の一層の昂進には「ショック・ドクトリン」の影がちらつく。

・二〇〇九年秋の京都の朝鮮初級学校への攻撃を嚆矢とする「ヘイトスピーチ」の跋扈。カウンターの運動の一定の高揚を見ながらも、尖閣諸島・竹島をめぐる「領土問題」を契機としたナショナリズムの空気は、政権再交代後いっそう密度を増している。また拉致問題を背景に在日の民族教育への圧力は一層強まり、無償化はおろか補助金カットを決定する自治体が相次ぎ朝鮮学校は一層の窮地に立たされている。

・民主党への政権交代を機に生じた障害者政策の見直し、応益負担の原則が強い批判を受けてきた障害者自立支援法から障害者総合支援法への改定。また国連障害者権利条約が日本でも批准され、障害者差別解消法が施行された。だがこうした法制度改変の動きと、障害児者をとりまく社会意識の実情とはまた別問題である。二〇一六年七月に起きた相模原市のやまゆり園障害者殺害事件は関係者に計り知れない衝撃を与えた。またこうした大きなうねりとほとんど断絶したままの障害児教育では「インクルーシブ」バブルの勃興が見受けられる。特別支援教育への看板架け替えから十年ほどの歳月が経つが、現場の実態はインクルージョンに逆行し、特別支援学校に在籍する子どもが増加している。そんな中、大阪市立大空小学校を取材したドキュメンタリー『みんなの学校』はあたかも一服の清涼剤のように歓呼をもって迎えられた。

・右記のヘイトスピーチ問題や障害者問題のほか部落差別についても、二〇一六年に「差別規制」「差別解消」をうたう立法が成立した。LGBTについても立法化が検討されているという。各々についてその不徹底ぶりを批判する議論はあるけれども、安倍政権のこうした「進歩的」姿勢は広範な肯定的評価を集めており、社会運動側、左翼・リベラル勢力は当惑・混乱の度を深めている。

これらの事象の多くが、根底のところで本書の主題とつながっているものである。それゆえ、本書収録のために旧稿に手を入れるなかで、ところどころこうした現実的関心が投影されたかもしれない。本書は戦後の歴史事象に焦点を合わせたものではあるが、歴史叙述は「現在」という観点につよく左右される。こうした現実社会の激しい動きを前にして、旧著をアップデートしなければならないという焦燥感にかられるようになった。筆者をリライトに向かわせた背景の一つがこれであった。

アップデート版を世に問いたいと思わせたより直接的な理由は、高知県の福祉教員に関する研究が旧版刊行後、資料調査の面で格段の進捗をみせ、その成果を著書に反映させたいという気持ちであった。旧版のうち特に第二部の福祉教員に関する部分は一次資料に乏しく、忸怩たる思いがあった。しかしその後も現地に通いほそぼそと研究を続けているうち、思わぬ僥倖にめぐまれ貴重な資料を手にすることができた。このことについては、旧版刊行前から継続して学兄としてご指導いただいている、高知在住の部落史研究者吉田文茂氏のご助力によるところが大きい。吉田氏から得た示唆は数知れないが、特に高知県教育会館所蔵の高知県教組文書は、氏の尽力がなければ絶対にアクセス不可能な資料であった。また同じく、古くから筆者の研究に好意的関心を持ち続けてくれている高知新聞記者の塚地和久氏からは、高知県人教所蔵の谷内照義メモについて示唆をいただいた。まだまだここにお名前を挙げきれないほど多くの方々に、高知県ではお世話になり続けている。そのご好意に少しでも応えなければならないという気持ちが、筆者を本書のリライトに駆り立てたのである。

さらに『包摂と排除の教育学』をふたたび世に問うことを後押ししてくれた存在として、比較教育社会史研究会を通して結びついた歴史研究者の仲間たちとの出会いが大きい。イギリス、ドイツ、東欧などさまざまな地域の歴史研究を専門とするこのメンバーは、専門家から見れば稚拙で瑕疵だらけにちがいない、私の福祉教員に関する議論を真剣に受け止めてくれた。大半が私より年下であるこの「先生」たちが教えてくれたのは、非常に限定された狭い対象を扱っている自分の研究を、福祉国家と教育をめぐるきわめて刺激的で豊かな最先端の議論に結びつけてみることで得られる知的興奮である。何よりも議論の過程で「生存」という、本書にも大きなインスピレーションを与えるキーワードを教わったのはかけがえのない事だった。共同研究の一端は、三時眞貴子・岩下誠・江口布由子・河合隆平・北村陽子編『教育支援と排除の比較社会史――「生存」をめぐる家族・労働・福祉』（昭和堂、二〇一六年）所収の拙論文として結実し、その一部を本書補章1として収録した。転載を許可して下さった昭和堂さんと併せて、研究会のメンバーに心から御礼申し上げたい。

また本書は、大学院時代の恩師、岡田敬司先生の存在に刺激を受けて書かれたという面も大きい。先生はたまに小生の研究室をお訪ねになり四方山話に花を咲かせるのだが、旺盛な研究熱は今なお衰えることを知らない。そのお姿にはいつも、不肖の弟子として我が身を省みて慄然とさせるものがある。先生のますますのご健勝をお祈りする次第である。またこんな私のもとにも、指導を受けようと馳せ参じてくれる大学院生・学部学生諸君が研究室に集っている。日々の議論を通じてかれらから受けた刺激も大いに参考にさせていただいている。ここに謝意を表したい。

最後に、初めての単著『差別と日常の経験社会学』を出していただいて以来いつも私を温かく見守って下さっている生活書院社長髙橋淳さんに御礼を申し上げたい。生活書院は二〇一六年に創立一〇周年を迎えた。厳しさを増していると言われる出版業界にあって、気骨ある仕事をし続けている髙橋さん・生活書院には敬服する思いである。今後のますますの発展を祈りたい。今回の増補改訂版刊行にあたっても格別のご配慮をいただいた。本当にありがとうございました。

二〇一七年七月二六日　岳父の一周忌に

倉石一郎

初出一覧

序　章　本書初出

第一部

第１章　旧版『包摂と排除の教育学』第４章を加筆・修正のうえ再録

補章１　「長期欠席者対策にみる国民国家の再編：戦後高知県の福祉教員制度」三時眞貴子・岩下誠・江口布由子・河合隆平・北村陽子編『教育支援と排除の比較社会史：「生存」をめぐる家族・労働・福祉』昭和堂、138-169 頁、2016 年（一部を転載）

第２章　旧版『包摂と排除の教育学』第５章を加筆・修正のうえ再録

第３章　旧版『包摂と排除の教育学』第６章を加筆・修正のうえ再録

第４章　「戦後初期の中学校における長欠・不就学対策の実相――高知県初代福祉教員・谷内照義の個人メモを手がかりに」『日本語・日本学研究』東京外国語大学国際日本研究センター、2017 年

補章２　本書初出

第二部

第５章　旧版『包摂と排除の教育学』第３章を加筆・修正のうえ再録

補章３　本書初出

第６章　旧版『包摂と排除の教育学』第１章を加筆・修正のうえ再録

第７章　旧版『包摂と排除の教育学』第２章を加筆・修正のうえ再録

第８章　「京都市における〈福祉教育〉の実態史解明に向けて：東九条地域における「希望の家」に注目して」『研究紀要』世界人権問題研究センター、16、53-77 頁、2011 年

終章　「生活・生存保障と教育をむすぶもの／へだてるもの――教育福祉のチャレンジ」『教育学研究』日本教育学会、82 巻 4 号、571-582 頁、2015 年

旧版からの再録の場合も含め、各章とも初出のものに多かれ少なかれ、加筆・修正が施されている。

索　引

【さ行】

【は行】

【ま行】

【や行】

【ら行】

文献

阿部彰 1978「地方における占領教育政策の展開に関する研究序説」『大阪大学人間科学部紀要』4号

阿部彩 2011『弱者の居場所がない社会――貧困・格差と社会的包摂』講談社

赤塚康雄 1987『現代日本教育史――戦後反差別の教育実践』明石書店

秋葉淳・橋本伸也編 2014『近代・イスラームの教育社会史――オスマン帝国からの展望』昭和堂

安芸中学校 1955『かけがえのない生命を育てて――私どもの実践記録』

安芸第一小学校 1954「本校の特殊教育」『教育月報』第6巻2号、高知県教育委員会、42-46頁

Arendt. H.1958 *The Human Condition*, University of Chicago Press. = 1994（志水速雄訳）『人間の条件』ちくま学芸文庫

Bakhtin, M .(Бахтин, M .) 1929/1963 *Проблемытворчества Достоевского* (Problemy tvorchestva Dostoevskogo). Ленинград:Прибой = 1995（望月哲男・鈴木淳一訳）『ドストエフスキーの詩学』ちくま学芸文庫

Bhalla, A. S. & F.Lapeyre, 2004 *Poverty and Exclusion in a Global World*, 2nd Ed. Palgrave Macmillan.=2005（福原宏幸・中村健吾監訳）『グローバル化と社会的排除――貧困と社会問題への新しいアプローチ』昭和堂

Biesta, G. 2010 *Good Education in an Age of Measurement: Ethics, Politics, Democracy*, Paradigm Publishers. =2016（藤井啓之・玉木博章訳）『よい教育とはなにか――倫理・政治・民主主義』白澤社

部落問題研究所 1958,「特集 農村部落の構造分析――高知県長岡郡後免町野中部落」『部落問題研究』第2輯、部落問題研究所

部落問題研究所編 1978『資料戦後同和教育史』（戦後部落問題の研究第二巻）部落問題研究所出版部

Cram, W. A. 高知縣弘報委員会事務局編集 1949『高知縣における教育』高知縣教育用資材供給協会発行

江口怜 2013a「敗戦後の不就学・長欠問題を巡る言説と対策の構図―― 1950年代における都市の貧困を中心に」日本教育学会第72回大会【テーマB-3】部会報告レジュメ

江口怜 2013b「学校社会事業としての夜間中学―― 1950-60年代の京都市の事例に着目して」『東京大学大学院教育学研究科紀要』53、7-17頁

江口怜 2014「学校社会事業としての夜間中学―― 1950-60年代の京都市の事例に着目して」『東京大学大学院教育学研究科紀要』53巻, 7-18頁

江口怜 2015a「被差別部落の人間形成と義務教育――神戸市内の夜間中学に学んだ

夫婦の語りに焦点を当てて」『日本オーラル・ヒストリー研究』第11号、83-104頁
江口怜 2015b「1950年代の和歌山県における部落子ども会と夜間学級——新宮市立城南中学校の事例を中心に」『研究室紀要』41巻、101-113頁、東京大学大学院教育学研究科基礎教育学研究室
Foucault, M., 1982, " The Subject and Power" , in Dreyfus,H. and Rabinow, P.(eds.) 1982, *Michel Foucault: Beyond Structuralism and Hermeneutics,* The University of Chicago Press.=1996（山田徹郎訳）「主体と権力」, 山形頼洋・鷲田清一他訳『ミシェル・フーコー　構造主義と解釈学を越えて』筑摩書房、287-307頁
福原宏幸 2007「社会的排除／包摂論の現在の展望」福原宏幸編 2007『社会的排除／包摂と社会政策』法律文化社
福岡弘幸 1953「第四分科会雑感」『るねさんす』高知県教職員組合, 57号, 71-74頁
福岡弘幸 1987a「回想」『鳶ヶ池中学校創立百周年記念誌』
福岡弘幸 1987b『腹のふくれる社会教育』同和教育実践選書刊行会
福岡弘幸 1990『道のない道〈中〉』川北印刷
福吉利雄 1950a「社会福祉教育協議会の誕生について」『教育月報』高知県教育委員会、第2巻第5号, 24-25頁
福吉利雄 1950b「教育扶助について」『教育月報』高知県教育委員会, 第2巻第9号, 13-16頁
不登校問題に関する調査研究協力者会議 2003『今後の不登校への対応の在り方について（報告）』
Goodson, I. (ed.) 1992, *Studying teachers' lives.* Routledge.
Goodson, I. 藤井泰・山田浩之編訳 2001『教師のライフヒストリー——「実践」から「生活」の研究へ』晃洋書房
Goodson, I. & Sikes, P.2001, *Life history research in educational settings.* =2006（高井良健一・藤井泰・山田浩之・白松賢訳）『ライフヒストリーの教育学——実践から方法論まで』昭和堂
Goodson, I. Walker, R. 1991 *Biography, identity, and schooling : episodes in educational research.* Falmer Press.
浜田寿美男 1998「共生の倫理と教育」佐伯胖ら編『岩波講座　現代の教育』1巻
濱中敢太郎 2015「定通教育の再編と教育の機会均等」木村元編『日本における学校化社会の形成過程』文部科学省科学研究費補助金研究成果報告書
韓裕治・藤川正夫監修 2008『多文化・多民族共生教育の原点——在日朝鮮人教育から在日外国人教育への歩み』明石書店
反差別国際連帯解放研究所しが編 1995『語りのちから——被差別部落の生活史から』弘文堂
橋本伸也 2013「近現代世界における国家・社会・教育——「福祉国家と教育」と

いう観点から」広田照幸・橋本伸也・岩下誠編『福祉国家と教育』昭和堂
橋本碩治 1954「高知県福祉教育発展のために」『教育月報』高知県教育委員会，第6巻第2号，58-60頁
東九条地区実態調査委員会 1985『東九条地区整備に関する調査報告書』東九条地区実態調査委員会
広井良典 2006『持続可能な福祉社会』筑摩書房
広瀬典民 1970「W・A・クラム博士と高知県の教育」『研究誌』9号、高知県立高知小津高校
広田照幸・橋本伸也・岩下誠編 2013『福祉国家と教育』昭和堂
Holstein, J. & Gubrium, J. 1995 *The Active Interview.* Sage.=2004（山田富秋・兼子一・倉石一郎・矢原隆訳）『アクティヴ・インタビュー』せりか書房
市川昭午 1975「現代の教育福祉：教育福祉の経済学」持田栄一・市川昭午編『教育福祉の理論と実際』教育開発研究所
市川純子 1957「在日朝鮮人生徒の教育について——公立学校の場合」第六次教育研究全国集会第十一分科会報告書。本文13頁＋資料37頁　（マイクロフィルム資料）
飯田正 1974-1981「ある日本人教師の在日朝鮮人教育とのかかわり」(1) ～ (25)、『朝鮮研究』日本朝鮮研究所、139号-216号
稲富進編 1988『ムグンファの香り——全国在日朝鮮人教育研究協議会の軌跡と展望』耀辞社
稲富進著・中村水名子編 2008『ちがいを豊かに——多文化共生教育の明日を拓く』三一書房
伊藤悦子 2004「戦後の同和地区における長欠問題の実態と要因——奈良県の長欠及び進路調査に関する一考察」『関西教育学会紀要』28号、161-165頁
岩下誠 2016「教育社会史研究における教育支援／排除という視点の意義」三時眞貴子・岩下誠・江口布由子・河合隆平・北村陽子編『教育支援と排除の比較社会史——「生存」をめぐる家族・労働・福祉』昭和堂
岩田正美 2008『社会的排除——参加の欠如・不確かな帰属』有斐閣
華頂短期大学社会福祉研究室 1971『東九条地区社会福祉パイロットプラン』華頂短期大学社会福祉研究室
梶井陟 1974『朝鮮人学校の日本人教師』亜紀書房
上岡武猪 1950「特殊教育について訴える」『教育月報』高知県教育委員会、2巻9号、31-35頁
上岡武猪 1954「特殊教育の概況：精神遅滞児教育について」『教育月報』高知県教育委員会、第6巻第2号、4-8頁
苅谷剛彦 2009『教育と平等——大衆教育社会はいかに生成したか』中央公論新社
加藤美帆 2012『不登校のポリティクス——社会統制と国家・学校・家庭』勁草書房
Katz, M. B. 2013 *The Undeserving Poor: America's Enduring Confrontation with Poverty 2nd*

Edition, Oxford University Press
川島茂生 1956「わたし達はこうして長欠の原因を絶滅させた」『青少年問題』第3巻3号、48-56頁
川島茂生 1989『おもいでの記』
希望の家創立50周年世話人会 2010『地域と共に50年――希望の家創立50周年記念誌』社会福祉法人カトリック京都司教区カリタス会地域福祉センター希望の家
木村元 2015『学校の戦後史』岩波書店
木村元・小玉重夫・船橋一男 2009『教育学をつかむ』有斐閣
Kitsuse, J. I. ; Spector, M. B. 1977 *Constructing social problems*, Cummings Pub. Co. = 1990（村上直之ほか訳）『社会問題の構築：ラベリング理論をこえて』マルジュ社
小玉重夫 2013『難民と市民の間で：ハンナ・アレント『人間の条件』を読み直す』現代書館
駒込武・橋本伸也編 2008『帝国と学校』昭和堂
小村一夫 1958「在日朝鮮人生徒の教育について――公立学校の場合」第七次教育研究全国集会第十三分科会報告書。本文13頁＋資料14頁 （マイクロフィルム資料）
高知県部落史研究会編 1994『流れるまゝに――谷内照義聞き取り集』平和プリント
高知県同和教育研究協議会 1977『日の当らない谷間』明治図書
高知県同和教育研究協議会 1980『解放教育の遺産と課題』高知県同和教育研究協議会
高知県同和教育研究協議会 2000『解放教育の父　谷内照義が遺したもの』高知県同和教育研究協議会
高知県同和教育資料編集委員会 1955『明るい社会を子供らに――同和教育推進のために』高知県教育委員会
高知県議会 1949『高知県議会会議録　第十七回定例会』
高知県教育委員会 1951-1965『高知県教育年報』(昭和26年版－昭和39年度版) 高知県教育委員会
高知県教育史編集委員会 1972『戦後高知県教育史』高知県文教協会
高知県教職員組合 1953「特異児童の問題とその対策〔第四分科会研究報告要項〕」『るねさんす』高知県教職員組合, 56号, 44-66頁
高知県教職員組合 1956『第五次教育研究全国集会・第五目標第二分科会報告書――片隅の子等に太陽を』（マイクロフィルム資料）
高知県教育史編集委員会 1972『戦後高知県教育史』高知県文教協会
高知市福祉部会 1954『きょうも机にあの子がいない』高知市福祉部会（2012 復刻、高知・高岡解放教育研究会）
高知市福祉教員部会 1961『子らをみつめて』高知市教育委員会
高知市立朝倉中学校 1962-1968『あさかぜ――同和教育資料』高知市立朝倉中学校

高知市立南海中学校 1963『教育をさせてほしい』高知市立南海中学校白書
高知市少年補導センター 1962『今日も雑踏の中を歩いていく：昭和三六年度活動年報』高知市少年補導センター
熊沢昭二郎 1975「ひとつの総括――南海中のあゆみから（1）」『るねさんす』高知県教職員組合、2-17 頁
倉石一郎 1998「『教育の語り』における画一性と多様性の問題」中島智子編『多文化教育』明石書店
倉石一郎 2006「紙の世界の向こう側での邂逅――オーラル資料と文字資料の併用をめぐる『未 - 経験』記」『日本オーラル・ヒストリー研究』第 2 号、日本オーラル・ヒストリー学会、84-102 頁
倉石一郎 2007『差別と日常の経験社会学――〈解読〉する私の研究誌』生活書院
倉石一郎 2009『包摂と排除の教育学――戦後日本社会とマイノリティへの視座』生活書院
倉石一郎 2012「包摂／排除論からよみとく日本のマイノリティ教育――在日朝鮮人教育・障害児教育・同和教育をめぐって」稲垣恭子編『教育における包摂と排除――もう一つの若者論』明石書店
倉石一郎 2014『アメリカ教育福祉社会史序説――ビジティング・ティーチャーとその時代』春風社
倉石一郎 2015「語りにおける一貫性の生成／非 - 生成」桜井厚・石川良子編『ライフストーリー研究に何ができるか――対話的構築主義の批判的継承』新曜社
倉石一郎 2016a「戦後教育における『必要の政治』」佐藤学・秋田喜代美・志水宏吉・小玉重夫・北村友人編『社会のなかの教育（岩波講座教育変革への展望第 2 巻)』岩波書店
倉石一郎 2016b「アメリカにおけるスクールソーシャルワーカーの歴史――現代日本の教育と福祉の連携を見すえて」『石井十次資料館研究紀要』石井記念友愛社、第 17 号、196-206 頁
栗原彬 1982「野槌の声を聞く――原型的聞き書と精神分析の光源から」栗原『管理社会と民衆理性――日常意識の政治社会学』新曜社
『教科書無償』編集委員会編 1996『教科書無償――高知・長浜のたたかい』解放出版社
京都市児童福祉史研究会 1990『京都市児童福祉百年史』京都市児童福祉センター
京都市立陶化中学校 1959『朝鮮人教育資料』京都市立陶化中学校
京都市立陶化中学校 1970『生徒指導のための実態調査』京都市立陶化中学校
京都市立陶化中学校 1971『生徒指導の反省と課題　昭和 45 年度』京都市立陶化中学校
Lipsky, M. 1980. *Street-level Bureaucracy: Dilemmas of the Individual in Public Services,* The Russel Sage Foundation. =1986（田尾雅夫訳）『行政サービスのディレンマ：ストリート・レベルの官僚制』木鐸社

Luhmann, N., 2002, *Das Erziehungssystem der Gesellschaft,* Suhrkamp. = 2004（村上淳一訳）『社会の教育システム』東京大学出版会
Marshall, T. H. 1950 *Citizenship and Social Class,* Cambridge University Press.=1993（岩崎信彦・中村健吾訳）『シティズンシップと社会的階級』法律文化社、所収
Meyer, J., Ramirez, F., Rubinson, R., Boli-Bennett, J. 1977 "The World Educational Revolution, 1950-1970." *Sociology of Education,* Vol.50, pp.242-258.
宮寺晃夫 2014『教育の正義論』勁草書房
宮原誠一他編 1979『資料日本現代教育史』三省堂
宮武正明 2014『子どもの貧困――貧困の連鎖と学習支援』みらい
宮島喬・太田晴雄編 2005『外国人の子どもと日本の教育――不就学問題と多文化共生の課題』東京大学出版会
水田精喜 1964『未完成の記録――高知県の同和教育運動１』部落問題研究所
水田精喜 1982『草分けの同和教育――地域とともに歩んだ教育実践』文理閣
水田精喜 1987『小中一貫する同和教育』同和教育実践選書刊行会
水田精喜・熊沢昭二郎 1976『同和教育創造――南海中学校の歩み』部落問題研究所
望田幸男・橋本伸也編 2004『ネイションとナショナリズムの社会史』昭和堂
文部省社会教育局 1942『国民同和への道』（財）同和奉公会発売
森直人 2013「20 世紀福祉レジームの形成と教育をめぐる諸問題」広田照幸・橋本伸也・岩下誠編『福祉国家と教育』昭和堂
森重雄 1999「近代・人間・教育：社会学的人間論からの構図」田中智志編『〈教育〉の解読』世織書房 , 67-165 頁
本山百合樹 1961「怒りを高める」高知県教育委員会『傾斜のある社会』（同和教育実践の記録第一三集）高知県教育委員会
村越良子・吉田文茂 2014「回顧教科書無償闘争 1」『部落解放』2014 年 12 月号、97-107 頁
村越良子・吉田文茂 2016a「回顧教科書無償闘争 17」『部落解放』2016 年 4 月号、109-117 頁
村越良子・吉田文茂 2016b「回顧教科書無償闘争 18」『部落解放』2016 年 5 月号、112-123 頁
村越良子・吉田文茂 2017『教科書をタダにした闘い――高知県長浜の教科書無償運動』解放出版社
村越末男・横山嘉道編 1984『高知県の部落問題と同和教育』明治図書
中河伸俊 1999『社会問題の社会学――構築主義アプローチの新展開』世界思想社
中西宏次 2008「被差別部落と小学校――京都・東三条を中心に」『教育実践研究』第２号、大阪教育大学教職教育研究開発センター、19-40 頁
中野耕太郎 2015『20 世紀アメリカ国民秩序の形成』名古屋大学出版会
中尾健次 2000「差別の現実から学ぶ教育のあゆみ」中野陸夫・池田寛・中尾健次・森実『同和教育への招待』解放出版社

仲田陽一 1978「戦後教育における機会均等問題の構造――昭和二〇年代長欠・不就学克服過程の研究」部落問題研究所編『部落問題の教育史的研究』部落問題研究所出版部
中山秀雄編 1995『在日朝鮮人教育関係資料集』明石書店
南国市史編纂委員会 1982『南国市史（下)』南国市
那須耕介 2009「教育をめぐる自由と平等――日本戦後教育史からの問い」井上達夫編『現代法哲学講義』信山社
仁平典宏 2009「〈シティズンシップ／教育〉の欲望を組みかえる――拡散する〈教育〉と空洞化する社会権」広田照幸編『自由への問い⑤　教育』岩波書店
仁平典宏 2014「再生産レジームと教育の位置――公教育の外側から」広田照幸・宮寺晃夫編『教育システムと社会――その理論的検討』世織書房
日本教職員組合編 1953-1966『日本の教育』第二集 - 第一五集
日本の学校に在籍する朝鮮人児童・生徒の教育を考える会 1981『むくげ　復刻版』亜紀書房
日本スクールソーシャルワーク学会編 2008『スクールソーシャルワーカー養成テキスト』中央法規出版
西滋勝 1955「長欠現象の社会経済的基盤―― O 部落の実態を中心として見たる」『和歌山大学学芸学部紀要　教育科学』4 巻、111-129 頁
野口道彦・野口良子 1985『反差別の学級集団づくり――荒れる子と荒れさせる状況と』明石書店
小川太郎 1980『小川太郎教育学著作集 5』青木書店
大方町解放のまつり実行委員会 2000『おらんくの先人Ⅱ――笑い、涙し、闘い、生きた』
大黒敏周 1954「〝同和問題は教育で解決する〟(受賞者のプロフィール)」『教育月報』高知県教育委員会 , 第 6 巻第 10 号 , 47 頁
大村英昭・宝月誠 1979『逸脱の社会学――烙印の構図とアノミー』新曜社
大阪教職員組合（飯田正）1959「公立学校における在日朝鮮人教育について」第八次教育研究全国集会第十三分科会報告書。本文 8 頁 + 資料 10 頁　（マイクロフィルム資料）
大阪市外国人教育研究協議会 1979『外国人教育資料　市外教　合冊　大阪市外国人教育研究協議会機関紙（合冊号）創刊号～第 23 号』、
大阪市外国人教育研究協議会 1986『外国人教育資料　市外教　合冊　創刊号～ 30 号』
大阪市外国人子弟教育問題研究協議会 1969, 1970, 1971, 1972『研究報告』
小沢有作 1973『在日朝鮮人教育論　歴史篇』亜紀書房
朴正恵 2008『この子らに民族の心を――大阪の学校文化と民族学級』新幹社
坂本清泉 1972『生活教育運動論』明治図書
佐久間孝正 2006『外国人の子どもの不就学 ―― 異文化に開かれた教育とは』勁草書房

桜井厚 2005『境界文化のライフストーリー』せりか書房
桜井厚・岸衛編 2001『屠場文化――語られなかった世界』創土社
桜井哲夫 1996『フーコー――知と権力』講談社
三時眞貴子・岩下誠・江口布由子・河合隆平・北村陽子編 2016『教育支援と排除の比較社会史――「生存」をめぐる家族・労働・福祉』昭和堂
佐藤学 1997『教師というアポリア』世織書房
沢山美果子・橋本伸也編 2014『保護と遺棄の子ども史』昭和堂
柴田謙治 2007『貧困と地域福祉活動――セツルメントと社会福祉協議会の記録』みらい
志水宏吉 1996「学校＝同化と排除の文化装置」井上俊ほか編『こどもと教育の社会学』（岩波講座現代社会学 12）岩波書店
新藤こずえ 2010「高知県における福祉教員の実践とスクールソーシャルワーク活動に関する考察」『高知女子大学紀要　社会福祉学部編』59 巻、125-138 頁
孫・片田晶 2016「1960 年代の日教組教研の在日朝鮮人教育論――「在日朝鮮人教育」の変容」『社会学評論』日本社会学会、第 67 巻 3 号、285-301 頁
すぎむらなおみ 2014『養護教諭の社会学――学校文化・ジェンダー・同化』名古屋大学出版会
鈴木祥蔵・横田三郎・村越末男編 1976『戦後同和教育の歴史』解放出版社
武川正吾 2007『連帯と承認――グローバル化と個人化のなかの福祉国家』東京大学出版会
田中宏 1995『在日外国人――法の壁、心の溝』岩波書店
田中智志 1996「教育方法の思想――教育可能性はどのように説明されるか」原聰介編『教育の本質と可能性』八千代出版，119-134 頁
谷内照義 1976a『解放教育の展開　谷内照義解放教育著作集 1』明治図書
谷内照義 1976b『教育実践と理論　谷内照義解放教育著作集 2』明治図書
谷内照義 1987「私の生活こよみ（自筆メモ）」高知県人権教育研究協議会所蔵
谷内照義 1996『あさかぜとともに――ひとにかえる』平和プリント
谷内照義 1976a『解放教育の展開　谷内照義解放教育著作集 1』明治図書
谷内照義 1976b『教育実践と理論　谷内照義解放教育著作集 2』明治図書
谷内照義 1982『人物でつづる戦後同和教育の歴史（上）』部落問題研究所
塚田守 2002『女性教師たちのライフヒストリー』青山社
内山一雄 1982『在日朝鮮人と教育――朝鮮を知る教材と実践』三一書房
内山由理 2016「コラム　学校に行かない子どもたち――前世紀転換期イングランドの就学督励官」三時眞貴子・岩下誠・江口布由子・河合隆平・北村陽子編『教育支援と排除の比較社会史――「生存」をめぐる家族・労働・福祉』昭和堂
山本崇記 2011「京都市東九条におけるスラム対策と同和行政――高度成長期の部落問題と政策的認識」京都部落問題研究資料センター『二〇一〇年度部落史連続講座　講演録』京都部落問題研究資料センター

山崎俊雄 1982『部落解放の歩み（同和問題資料）』南国市教育委員会
梁永厚 1980a「大阪における四・二四教育闘争の覚え書き（1）」『在日朝鮮人史研究』第6号、70-88頁
梁永厚 1980b「大阪における四・二四教育闘争の覚え書き（2）」『在日朝鮮人史研究』第7号、41-69頁
梁永厚 1981「大阪における朝鮮人学校再建運動——一九五〇～一九五三」『在日朝鮮人史研究』第8号、47-59頁
矢野智司 2008『贈与と交換の教育学——漱石、賢治と純粋贈与のレッスン』東京大学出版会
吉田文茂 2010「戦後初期部落解放運動の担い手の性格をめぐって——高知県友愛会の運動を素材に」黒川みどり編『近代日本の「他者」と向き合う』解放出版社
吉本珖 1963「羽根上段婦人学級の歩み」高知県教育委員会社会教育課編『キューリと子供と行政』、85-119頁
全国解放教育研究会編 1985『部落解放教育資料集成』第8巻、明治図書
全国在日朝鮮人教育研究協議会編 1980『第2回全国在日朝鮮人教育研究集会資料』
全国在日朝鮮人教育研究協議会編 1982『第3回全国在日朝鮮人教育研究集会資料』
全国在日朝鮮人教育研究協議会編 1983『第4回全国在日朝鮮人教育研究集会資料』
全国在日朝鮮人教育研究協議会編 1985『第6回全国在日朝鮮人教育研究集会資料』
全国在日朝鮮人教育研究協議会編 1986『第7回全国在日朝鮮人教育研究集会資料』
全国在日朝鮮人教育研究協議会編 1987『第8回全国在日朝鮮人教育研究集会資料』
全国在日朝鮮人教育研究協議会編 1988『第9回全国在日朝鮮人教育研究集会資料』
全国在日朝鮮人教育研究協議会編 1989『第10回全国在日朝鮮人教育研究集会資料』
全国在日朝鮮人教育研究協議会編 1990『第10回全国在日朝鮮人教育研究集会資料』
全国在日朝鮮人教育研究協議会編 1991『第11回全国在日朝鮮人教育研究集会資料』
全国在日朝鮮人教育研究協議会編 1992『第12回全国在日朝鮮人教育研究集会資料』
全国在日朝鮮人教育研究協議会編 1993『第13回全国在日朝鮮人教育研究集会資料』
全国在日朝鮮人教育研究協議会編 1994『第14回全国在日朝鮮人教育研究集会資料』
全国在日朝鮮人教育研究協議会編 1995『これからの在日朝鮮人教育’95』

◉本書のテクストデータを提供いたします
本書をご購入いただいた方のうち、視覚障害、肢体不自由などの理由で書字へのアクセスが困難な方に本書のテクストデータを提供いたします。希望される方は、以下の方法にしたがってお申し込みください。

◎データの提供形式：CD-R、フロッピーディスク、メールによるファイル添付（メールアドレスをお知らせください）
◎データの提供形式・お名前・ご住所を明記した用紙、返信用封筒、下の引換券（コピー不可）および200円切手（メールによるファイル添付をご希望の場合不要）を同封のうえ弊社までお送りください。

◉本書内容の複製は点訳・音訳データなど視覚障害の方のための利用に限り認めます。内容の改変や流用、転載、その他営利を目的とした利用はお断りします。

◎あて先：
〒160-0008
東京都新宿区三栄町17-2 木原ビル303
生活書院編集部　テクストデータ係

【引換券】
[増補新版]
包摂と排除の教育学

倉石一郎（くらいし・いちろう）

1970年兵庫県生まれ。京都大学大学院人間・環境学研究科人間・環境学専攻教授。

主要著訳書に、『差別と日常の経験社会学——解読する〈私〉の研究誌』（生活書院、2007年）、『アメリカ教育福祉社会史序説—ビジティング・ティーチャーとその時代』（春風社、2014年）、『テクストと映像がひらく教育学』（昭和堂、2019年）、『教育福祉の社会学——〈包摂と排除〉を超えるメタ理論』（明石書店、2021年）、『黒人ハイスクールの歴史社会学——アフリカ系アメリカ人の闘い1940-1980』（共訳、昭和堂、2016年）、『教育依存社会アメリカ——学校改革の大義と現実』（共訳、岩波書店、2018年）、『インクルーシブ教育ハンドブック』（共監訳、北大路書房、2023年）など。

［増補新版］包摂と排除の教育学
——マイノリティ研究から教育福祉社会史へ

発　行——二〇一八年三月三〇日　増補新版第一刷発行
　　　　　二〇二三年九月一〇日　増補新版第二刷発行
著　者——倉石一郎
発行者——髙橋　淳
発行所——株式会社　生活書院
〒一六〇—〇〇〇八
東京都新宿区三栄町一七—二　木原ビル三〇三
ＴＥＬ　〇三—三二二六—一二〇三
ＦＡＸ　〇三—三二二六—一二〇四
振替　〇〇一七〇—〇—六四九七六六
http://www.seikatsushoin.com

印刷・製本——株式会社シナノ

Printed in Japan

ISBN 978-4-86500-077-1
定価はカバーに表示してあります。
乱丁・落丁本はお取り替えいたします。